国家社科基金项目成果

（缩小居民收入差距的金融对策研究/编号：12BJY034）

当代世界金融
发展特征与趋势研究

康书生　蔡　辉　赵岩青　王晓冉
高　颖　王学伟　马丽华　康　宁　著

人民出版社

目　录

前　言 …………………………………………………………… 1

第一章　金融国际化 …………………………………………… 1

第一节　金融国际化概述 ………………………………… 1

第二节　金融国际化的动因分析 ………………………… 19

第三节　中国金融业的国际化 …………………………… 23

第二章　金融市场一体化 …………………………………… 38

第一节　金融市场一体化概述 …………………………… 38

第二节　金融市场一体化的动因分析 …………………… 47

第三节　中国在金融市场一体化中的对策 ……………… 53

第三章　金融自由化 ………………………………………… 62

第一节　金融自由化概述 ………………………………… 63

第二节　金融自由化的动因分析 ………………………… 73

第三节　发达国家金融自由化的实证分析及启示 ……… 79

第四节　发展中国家金融自由化的实证分析及经验借鉴 … 89

第五节　中国金融自由化进程中的对策 ………………… 99

第四章　金融电子化 ………………………………………… 112

第一节　金融电子化概述 ………………………………… 112

第二节　金融电子化的动因分析 ……………………… 120

第三节　发达国家金融电子化的发展 ……………………… 122

第四节　金融电子化挑战金融监管 ……………………… 133

第五节　中国金融电子化发展问题探讨 ……………… 135

第五章　金融资产证券化 ……………………… 146

第一节　金融资产证券化概述 ……………………… 146

第二节　金融资产证券化的动因分析 …………………… 170

第三节　美国金融资产证券化的发展及启示 …………… 180

第四节　中国资产证券化问题探讨 ……………………… 191

第六章　金融制度同质化 ……………………… 204

第一节　金融制度同质化概述 ……………………… 204

第二节　金融制度同质化的动因分析 …………………… 225

第三节　中国金融制度的改革 ……………………… 229

第七章　金融危机全球化 ……………………… 238

第一节　金融危机 ……………………… 238

第二节　当代金融危机发展的新趋势——金融危机全球化 …… 243

第三节　典型案例一：东南亚金融危机 …………………… 258

第四节　典型案例二：美国次贷危机引发的全球金融危机 …… 270

第五节　典型案例三：欧洲主权债务危机 ………………… 276

第六节　中国在金融危机全球化环境下的对策 …………… 281

参考文献 ……………………… 289

后　记 ……………………… 311

前　言

　　金融,作为与商品经济相伴随的货币资金的融通活动,自其产生的那一刻起,就是一种市场行为、市场活动。它经历了一个由萌芽到成型、由低级到高级、由不发达到发达的发展过程。金融产生于市场经济,又服务、作用于市场经济。在现代市场经济条件下,金融成为整个社会经济的核心,世界进入金融经济时代。这是因为,现代市场经济是高度发达的商品经济,商品与货币、商品经济与货币资金运动密不可分,商品经济越发达,其经济货币、信用化程度越高,金融在市场经济发展中的作用也就越大。

　　第二次世界大战后,在世界经济、科技、政治三大力量的推动下,金融步入快速发展的轨道。自20世纪60年代起,金融创新层出不穷,金融自由化浪潮席卷全球,金融国际化、金融市场一体化迅猛推进,金融电子化、网络化日新月异……世界范围内,金融工具、产品令人眼花缭乱,金融市场纷繁复杂,金融制度也经历着深刻变革。在市场经济条件下及市场机制的作用下,这股强大的金融力量极大地推动了世界经济的快速发展和人类社会福利的改善,同时,也成为世界经济动荡、金融经济危机频发的重要因素。

　　处在这样一个经济金融环境下,作为一个转轨经济国家,我们只有清楚了解掌握当代世界金融发展的现状,深刻分析、准确把握其特点与趋势,才能明确我们自己所处的发展阶段、地位,才能发现我们的问题及差距,才能确定今后改革和发展的方向。在经济全球化发展潮流中,审时度势,趋利避害,更好更快地发展。这也正是本书研究写作的目的。

　　本书根据作者的分析判断,将当代世界金融发展归纳为七大特征与趋势,即:金融国际化、金融市场一体化、金融自由化、金融电子化、金融资产证券化、金融制度同质化及金融危机全球化。每一部分大致包括概念释义、表现及特征、正负效应、主要动因、案例与借鉴以及我国的因应对策等方面的内容。从浩繁纷杂的金融表象中,梳理出既有一定的逻辑关系又相对自成体系的几大主要特征与趋势,并通过对其效应与动因的深刻剖析获得有益启迪,进而探讨我国金融经济顺势而为、自主创新发展的对策措施,是本书的作者想作出的主要贡献。

　　希望本书能供经济金融决策者、管理者、研究机构学者、企业家、高等院校金融经济管理类高年级学生及研究生工作、学习与研究之参考。

第一章　金融国际化

金融国际化,已经成为当代世界金融发展的基本特征。

作为世界经济发展中的一种必然现象,作为经济全球化的一部分,金融国际化不管受不受欢迎,它已不可抗拒地来临了。正如世界贸易组织前总干事鲁杰罗(Ruggiero)所说:"阻止全球化无异于想阻止地球自转。"①既然如此,对于每一个国家,尤其是像中国这样的发展中国家来说,除了积极参与、努力趋利避害以外,别无选择。研究金融国际化的双重效应,探讨在金融国际化中趋利避害的策略,将是我们面对金融国际化滚滚浪潮的唯一切实可行的选择。

第一节　金融国际化概述

20 世纪金融业的快速发展构成了世界经济发展的主线,而在这其中,金融国际化又扮演了极为重要的角色:在世界范围内进行资源的优化配置、促进经济增长的同时,也削弱了国家的经济政策、加剧了金融风险的传播。

一、金融国际化的涵义

关于金融国际化的涵义,可谓众说纷纭,我国经济学界有代表性的观

---

① 鲁杰罗(Ruggiero):《经济全球化是被贸易发展推着走的一列高速火车》,1996 年 5 月 10 日斯德哥尔摩演讲。路透社 1997 年 2 月 18 日英文电。

点归纳起来主要有以下几种:

第一种观点,认为金融国际化是指金融活动超越国界,由局部的、地区性的传统业务活动发展成为全球性的、创新性的业务活动。①

第二种观点,认为金融国际化就是各国在金融领域的相互开放、交流和相互依存。它包括两个方面:一是金融的外向国际化,即金融业向国际市场的出击;二是金融的内向国际化,即全面开放本国金融市场,使资金的进入完全自由。②

第三种观点,认为金融国际化应包括以下几个方面的内容:第一,金融自由化推动各国金融制度和市场结构进一步趋同;第二,越来越多的金融机构进行跨国经营;第三,金融机构实行跨国经营的方式越来越多;第四,未来国内金融市场将更多地成为国际金融市场的组成部分并与国际市场联成一体。③

第四种观点,认为金融国际化是指一国金融活动跨出国界,日益与各国金融融合在一起,它包括金融机构、金融市场、金融工具、金融资产和效益的国际化及金融立法和交易习惯与国际惯例趋于一致的过程和状态。④

第五种观点,认为金融国际化就是指一国的金融业务国际化、金融市场国际化、金融机构国际化和货币国际化。⑤

第六种观点,认为金融国际化也称金融全球化,是指分散的民族、国家的金融活动超越国界及货币差异直至在一定程度上超越国家管制、形成整体运动状态的过程。金融的国际化伴随着国际资本的流动而发生

① 李忠平:《中国金融国际化问题研究》,中国财政经济出版社 1997 年版,第 1 页。
② 宋绍英:《日本经济国际化》,东北师范大学出版社 1997 年版,第 125、130 页。
③ 李转良:《全球经济一体化》,天津人民出版社 1999 年版,第 72—73 页。
④ 王自力:《中国金融市场化与国际化论纲》,中国金融出版社 1997 年版,第 86—87 页。
⑤ 刘光灿、孙鲁军:《中国外汇体制与人民币自由兑换》,中国财政经济出版社 1997 年版,第 361—362 页。

变化。①

综合上述观点,并考虑到金融国际化的作用,我们认为所谓金融国际化就是指一国金融活动通过不断开放,日益与国际金融活动相融合,并且在世界范围内进行资源的优化配置,它包括金融市场、金融工具、金融机构、金融监管、金融协调和金融信息的国际化,是一个逐渐趋同的过程和状态。

二、金融国际化的表现:分类与实证

(一)金融市场国际化

这里所说金融市场的国际化是指一国国内金融市场与国际金融市场融为一体,国内金融市场成为国际金融市场体系的组成部分。金融市场国际化主要表现为货币市场国际化、资本市场国际化和外汇市场国际化。

1.货币市场国际化

货币市场国际化主要是指银行间的国际资金拆借业务活动。次之,还包括国际化的国库券、商业票据、可转让存单等货币工具的交易活动。货币市场的国际化是与欧洲货币市场、亚洲货币市场以及其他一些离岸金融市场的产生和发展密切相关的。众所周知,跨国银行为追求利润最大化,总是充分利用其掌握的资源进行生息运营,在这个过程中不可避免地会出现资产和负债相搭配上的矛盾。为了在降低风险的同时获取最大利润,跨国银行需要进行短期融资,国际金融市场就是其中一条重要的渠道。

从事欧洲货币业务的银行与一般的国内银行相比具有更强的竞争力:由于欧洲货币市场没有储备要求、不交保险费,换言之,欧洲货币存款利息率高、贷款利息率低;同时,欧洲货币市场没有国家干预,筹集资金的条件宽松、金额巨大,这就吸引了各个国家和地区的金融机构参与欧洲货

---

① 万君康、梁积江:《金融国际化与中国金融发展取向》,《中南财经大学学报》2000年第2期,第62—67页。

币市场,从而在欧洲货币市场形成了对全球货币市场具有指导性意义的银行同业拆放利率(即LIBOR)。在全球其他开放性货币市场上,短期资金利率根据风险等级的差异和交易成本的大小无限趋近于LIBOR,它所体现的是短期资金收益均等化的趋势,而这正是金融市场国际化的本质。继欧洲货币市场之后,新加坡亚洲货币市场以及中国香港、巴林、巴拿马、开罗群岛、卢森堡等一系列离岸金融市场的发展大大丰富了货币市场国际化内涵。

货币市场除了提供流动性这个最基本的功能外,还具有很强的提高微观经济主体管理效率和为政府宏观调控提供传导渠道的功能。以美国为例,美联储之所以能够有效调控其国内的金融体系,与其国内成熟、健全的货币市场是分不开的(见图1-1)。货币市场和资本市场的共同发展是一国促进经济发展和提高金融效率的重要保证。这种认识在美、英、日等以金融市场为基础的发达国家已得到实践,以国库券市场、商业票据市场、可转让定期存单市场、欧洲货币市场和同业拆借市场为代表的工具种类齐全、规模巨大、交易频繁的货币市场获得了长足的发展,使得其金融体系日益成熟高效。

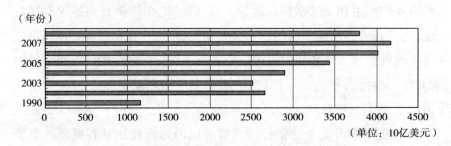

图1-1 美国货币市场工具交易量

资料来源:美国统计署:《2010年美国统计摘要》,表-1162,http://www.census.gov/。

2.资本市场国际化

资本市场的国际化,不仅指各国资本市场的对外开放、市场主体国际化,更重要的是指资本市场制度、规则渐趋一致,与国际惯例接轨。

首先,市场主体国际化主要表现在以下方面:

第一,外国上市公司在本国交易市场中占据重要地位。随着经济与市场的国际化,国内企业可以在全球范围内配置资源,不仅可以在国内发行证券融资,而且可以到境外交易市场上市发行证券融资。两地上市、多地上市、全球登记股票(GRS)等跨国上市形式层出不穷,著名的戴姆勒·克莱斯勒(Daimler Chrysler)集团已经在全球21家交易所上市。

第二,跨国证券交易量大幅增长。20世纪80年代以来,跨国证券交易量增长迅速。80年代初,发达国家跨国证券交易金额仅占其GDP的10%左右,到90年代末,跨国证券交易额已远远超过了其GDP。1998年,美国、德国、法国的年跨国证券交易量占其GDP的比重分别达到230%、334%和415%。① 另外,实力雄厚的机构投资者在全球范围内寻求投资组合的动力,也推动了证券投资全球化的高速发展。

第三,证券公司经营全球化。随着国际金融市场壁垒逐步消除和金融管制的放松,证券公司、投资银行等中介机构能够在国内外资本市场上提供证券投融资服务。国际竞争的压力使得各大投资银行纷纷调整业务布局,通过收购、兼并或设立分支机构向海外扩张。高盛(Goldman Sachs)、美林(Merrill Lynch)、摩根士丹利(Morgan Stanley)等投资银行巨头几乎在所有资本市场规模较大的国家或地区都发展了投资银行业务。国际证券业务的重要性也在迅速提高,华尔街的主要投资银行获得的海外收入已占其总收入的30%左右,甚至更多(见图1-2)。

第四,交易所的联合趋势。随着证券公司经营全球化、企业跨国上市融资的发展,证券交易所出现联合趋势。除了国内交易所联合之外,各国交易所也在谋求合并或联盟,以节省交易成本,提升竞争力。例如,20世纪90年代以来,美国证券交易所与纳斯达克股票交易所合并;香港联交所、期交所及中央结算所合并;巴黎、阿姆斯特丹、布鲁塞尔、葡萄牙交易

---

① 刘慧敏:《我国资本市场国际化的战略选择》,《证券市场导报》2004年第4期,第4—9页。

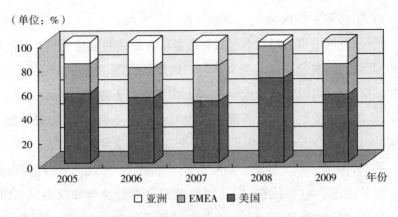

（单位：%）

□ 亚洲　▨ EMEA　■ 美国

图1-2　2005—2009年高盛投资银行收入结构比重

资料来源：根据 http://www.goldmansachs.com 网站上2005—2009年有关数据整理。

所与伦敦衍生品交易所合并组建新的交易所（EURONEXT）；纽约、巴黎、东京等十大交易所组成全球股市联盟等。

其次，资本市场制度、规则渐趋一致，与国际惯例接轨。遵循全球统一的制度规则和技术标准是资本市场国际化的重要标志。在证券市场开放方面，各国须遵循WTO"金融服务贸易协议"中相同、固定的规则；在证券上市和投资者保护方面，各国证券监管部门趋于遵循国际证监会组织的监管原则和框架内容；在会计制度及准则方面，国际会计准则正在为各国证券市场所采用等等，这些制度规则的国际化使得全球资本市场纳入国际化框架之中。

3.外汇市场国际化

在国际金融市场中，外汇市场最能体现金融国际化、一体化的特征。外汇市场并不是指某一个具体的交易场所，而是全球各个国家和地区的中央银行、商业银行、经纪人、企业和个人共同参与的、利用通讯系统24小时连续交易的复杂网络。伦敦、法兰克福、巴林、中国香港、新加坡、东京、纽约等是分布在这个网络上的中心点。这些通讯枢纽中心的存在使连续的外汇交易成为可能。

（二）金融工具国际化

金融工具国际化包括两个方面的内容：一是指一国或地区金融业或

企业充分运用国际金融市场上大量的创新工具,在国内及国际金融市场进行金融活动;二是指通过本国金融工具的创新来推动世界金融业的发展。① 由此可见,金融工具国际化要以金融工具的创新作为必要的前提,金融工具创新推动了金融工具的国际化和金融市场的一体化。

金融工具创新源于20世纪60年代美国银行对银行业管制的规避,但是在20世纪90年代单纯用"规避管制"来解释金融衍生产品的急剧膨胀显然已经很困难,特别是发达国家已先后放松了对银行业的管制。因此,90年代的金融产品创新的动力更多的是源于跨国商业银行和投资银行在激烈的竞争中规避风险、降低交易成本和追求利润最大化的动机。

金融工具创新对金融工具国际化和金融市场一体化的影响主要表现在以下两个方面:

一是金融工具创新加速了金融工具的国际化。一些创新的金融工具在某一国内金融市场面世之后,交易规模急剧放大并迅速向国际金融市场拓展,而这又在客观上要求这些金融工具的交易惯例、市场交易价格及投资收益率在不同的金融市场上大体趋同,从而促进了各个不同金融市场之间的关联度提高。

二是创新的金融工具,特别是金融衍生工具,不仅为金融交易主体规避风险和套期保值提供了有效手段,而且由于同种货币的浮动利率与固定利率之间、不同货币的利率之间存在差异,进而为金融主体套汇套利,赚取投机收益提供了可能。这类套利套汇活动不仅仅发生在一个市场,涉及一种货币,而是涉及不同市场和多种货币。在后一种情况下,则可起到促进金融市场一体化的作用。

(三)金融机构国际化

金融机构是金融活动的组织者和服务者。金融机构国际化是指金融机构在国外广设分支机构,形成国际化或全球化的经营。早在20世纪50年代,美国银行为了逃避本国管制,就到欧洲设立跨国机构,开展跨国

---

① 王金龙:《金融国际化效应研究》,中共中央党校出版社2003年版,第10页。

业务。80年代以来,为了应对日益加剧的金融服务业的全球竞争,各国大银行和其他金融机构竞相以扩大规模、扩展业务范围和推进国际化经营作为自己的战略选择。有些国家的金融机构对非居民提供的服务占全部金融服务的百分比已经达到了相当高的水平(见图1-3)。90年代末以来,世界各国先后不同程度放松了对别国金融机构在本国从事金融业务或设立分支机构的限制,各国银行等机构纷纷拓展海外市场。1997年年底,世界贸易组织102个成员国签署"金融服务贸易协议",允许外国在其境内建立金融服务公司并将按竞争原则运行作为加入该组织的重要条件,进一步促进了各国金融业务和机构的跨国发展。在此期间,跨国银行的对外资产规模迅速扩张(见表1-1)。

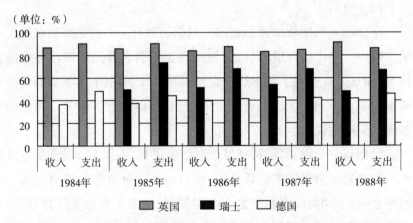

(单位:%)

图1-3 金融机构向非居民提供和接受的金融服务占全部金融服务的百分比

资料来源:根据 OECD"1989年和1990年金融服务贸易"数据编制。

表1-1 国际银行业的对外资产　　　　　　(单位:亿美元)

年份	1990	1993	1996	1999
所有国家	62545	65026	82899	98235
欧盟15国	32439	35641	46353	57907
美国	5784	5427	6671	8710
日本	9506	9186	11235	11738

资料来源:根据国际清算银行相应年份统计数据编制。

　　跨国银行在增加对外服务的基础上,还表现出了一些新的特征:

　　第一,竞争的主体和空间得到了空前的扩展。从竞争主体来考察,进入 20 世纪 80 年代以来,发达国家为了扩大商业银行的生存空间和提高其国际竞争力,开始放松对本国商业银行经营业务的限制。如美国在 1999 年废除了《格拉斯—斯蒂格尔法》关于金融业务经营限制的条款,使得银行业、证券业和保险业进一步交叉。日本经济企划厅提出在 1998 年 3 月完全解除对商业银行、信托银行及证券公司分支机构业务的限制,以加强竞争。与此同时,新兴工业化国家、东欧转轨国家和其他发展中国家也同时推进了旨在提高金融体系运行效率的金融自由化改革,配合本国的对外直接投资,鼓励银行进入国际金融市场。这样,国际银行业不仅增加了来自发展中国家、新兴工业化国家和转轨国家银行的同业竞争,而且还增加了来自非银行金融机构的竞争,竞争主体空前增加。从竞争空间来看,20 世纪 80 年代以来,工业化国家、新兴工业化国家以及发展中国家都在不同程度上减少了本国金融市场的进入壁垒,从而吸引了跨国银行在全球范围内设立分支机构,争夺市场份额。

　　第二,兼并和重组是跨国银行提高国际竞争力和拓展国际市场的主要手段。银行业的激烈竞争必然导致利差的缩小,而全球性营销网络的扩张将导致成本的上升,这就促使大型跨国银行通过扩大规模以取得规模经济效益,通过兼并以尽量降低扩张的成本。如美国银行业在 80 年代受到日本银行的冲击,在国际银行业中的地位大幅度下降,为了重新夺回已经失去的优势,美国金融管理当局鼓励大型商业银行进行增强实力、扩大势力范围的兼并活动;在世界金融业兼并浪潮中,欧洲在加快欧洲货币统一步伐的同时,也通过银行的兼并来加强金融实力。

　　国际金融市场上另一个活跃的主体是非银行金融机构,如投资银行、保险公司、财务集团等,尤其是投资银行。投资银行的国际化经营是与 20 世纪 60 年代以来全球金融证券化趋势相联系的,初期主要是经济发展水平相近的发达国家之间的相互投资。近年来,在全球金融自由化的浪潮下,各大投资银行已经把触角延伸到亚太地区、拉美地区和东欧地区。日本的野村(Nomura)、大和(Daiwa)、日兴(Nikko)、山一(Yamaichi)四家证券公司在国内外拥有的分支机构已达到607个;美国的高盛集团和摩根士丹利则充实了在中国香港和新加坡的分支机构,补充了大批雇员。在国际化经营过程中,跨国投资银行的业务范围也在不断扩展,从初期的资本保值增值、证券交易和经纪业务扩展到资产管理、项目融资、财务咨询、代理收购兼并、风险控制工具的交易与创造等等。

(四)金融监管国际化

具有数百年历史的巴林银行倒闭事件再次表明,衍生金融工具的交易具有很大的风险性,操作的规范化和加强对交易的监管是解决这一问题的关键。由于金融市场已高度国际化,证券市场、证券商和交易所跨越国界,任何一国的金融当局都难以有效地统一管理,再加上交易本身的复杂性,这种监管尤其迫切需要国际社会的合作。

1.金融监管国际化的含义与目标

所谓金融监管国际化,是指金融监管活动超越国界,各国金融监管立法逐渐趋于一致,金融监管规则日益具有国际性的过程和状态。

维护一国金融体系的安全与稳定,保护存款人、投资者和其他社会公众的利益,促进一国金融业发展,是各国金融监管目标体系中不可或缺的内容,这种目标是针对一国封闭的国内市场而言的。金融监管国际化已不再仅着眼于一国金融体系而转向更广阔的国际金融市场,决定其具有更高、更宽的监管目标:一是维护国际金融市场的安全与稳定;二是获得全球资本市场的利益。这两个目标之间既存在冲突又相辅相成。

2.金融监管国际化的要求

金融监管国际化的具体要求主要有以下方面:一是监管机构的综合化,即金融业混业经营发展要求分散的、多层次的监管机构向统一的、综合性的监管机构过渡;二是监管标准的统一化;三是监管内容的趋同化;四是监管国际合作化。

3.金融监管国际化的表现

随着金融全球化的发展,金融监管的范围和方式都在进行变革,尤其是随着金融机构的国际化,金融监管的国际合作必须加强。总的说来,在金融监管体制模式和监管内容方面,不同国家出现了趋同和融合的趋势。在金融监管方式上,各国普遍强调金融法规监管、行业约束和市场约束方面的有机结合,同时监管范围也扩大了。在监管方法上,各国普遍强调管理手段的现代化,充分利用计算机辅助管理,并且促进金融机构日常监督、现场检查和外部审计的有机结合。在监管的内容上,统一的资本充足率监管正在被各国普遍采用。具体说来,金融监管领域的趋同融合趋势表现为以下几点:

第一,金融监管范围扩大。一方面,从维护整个金融体系的安全性出发,各国金融监管当局把原来不受监管的机构纳入监管范围之内。比如英国把一些原本不受监管的小金融机构纳入了受监管的范围,因为这些小金融机构的流动性危机会使大银行受到牵连。另一方面,随着金融创新的发展,金融机构受监管的业务范围也扩大了。一个典型的例子是随着银行表外业务的不断增长,资本充足率的要求从单纯的表内业务扩大到包括表外业务在内的所有业务。

第二,并表监管普遍推行。所谓并表监管就是对母行和分支机构的资产负债表、损益表和其他业务数据进行逐项合并,并根据合并之后的报表来对银行的经营状况和风险作出全面评价。随着银行海外分支机构的业务不断扩展,母行对分支机构和附属公司在业务经营方面所负的责任越来越大。各国金融监管当局逐步意识到,要客观地评价一个银行的经营风险状况,必须全面考虑包括分支机构业务在内的全部业务活动,因此并表监管是很有必要的。

第三,关于资本充足率的国际监管合作得到加强。1988 年通过的《关于统一国际银行资本衡量和资本标准的协议》——即《巴塞尔协议》,其主旨就是通过制定资本对风险资产比率,即确定最低资本比例的办法来加强国际银行的稳固性。该协议要求所有经营国际业务的国际性银行其资本对风险资产的比率不低于8%,其中核心资本不低于4%。1997 年巴塞尔委员会又提出了《银行有效监管的核心原则》,对旧的原则进行了进一步完善。2004 年新版《巴塞尔协议》获得通过,新协议由三大支柱组成:最低资本要求、监管当局的监督检查、市场纪律,其最终形成和实施必然会对全球银行业产生深远的影响。新、旧版《巴塞尔协议》的签订是在金融全球化程度不断提高的背景下,国际社会对国际银行监管方面实施的具有里程碑意义的重要措施。

第四,金融监管体系由分业监管朝着统一监管的方向发展。随着金融全球化的发展,各国的金融机构开始普遍实行混业经营,与此相适应,金融监管也应从分业监管走向统一监管。发达国家正在作法律上和监管机构设置上的调整,以适应新的形势。比如英国成立了金融监管服务局,该局负责对银行、住房信贷机构、投资公司、保险公司和互助金融机构进行审批和谨慎监督。这意味着英国改变了过去的多头分业监管工作惯例,建立起大一统的金融监管体系。

(五)金融协调的国际化

金融领域的国际协调既是全球经济协调的组成部分,又以经济各领域的国际协调为基础。金融领域的国际协调主要包括以下内容。

1.汇率的国际协调①

由于发达国家之间经济活动高度的相互依赖,而且汇率的变化不仅关系到对外贸易投资关系和国际收支问题,还关系到国内经济增长率、就业水平和通货膨胀率等宏观经济指标,因此,汇率的协调十分必要。

进入 20 世纪 90 年代后,国际协调主要表现为双边谈判和各国政策协调。90 年代初,美国、日本及其他发达国家一再出现大幅度的汇率变动,在这种情况下,美国与日本达成了著名的"广场协议"。在哈利法克斯召开的西方七国财长会议,各国首脑进一步认识到,在各国经济相互依赖不断加深的情况下,为实现全球宏观经济和金融方面的稳定而进行汇率协调的必要性;认识到各国在宏观经济政策上进行密切磋商和实行有

---

① 汇率的国际协调可以追溯到布雷顿森林体系的建立。在这种制度下,美元与黄金挂钩,各国货币与美元挂钩,只有经过国际货币基金组织的同意,一国才可能调整其汇率。由于这个货币体系的根本性矛盾,到 20 世纪 70 年代初便完全崩溃。

效合作,是促进持久的无通货膨胀的经济增长、避免内外收支出现大的不平衡和促进外汇市场稳定的重要因素。并提出要对已经存在多年的部长间磋商(包括各国同国际货币基金组织的磋商)的结构作出调整,以便更好地加强合作。

2.利率的国际协调

利率的变化对汇率的波动具有制约作用:从短期来看,利率的提高或降低可以吸引或排斥短期国际资本的流入,从而影响到外汇市场上本币和外币的短期供求变化,产生汇率的短期波动;从长期来看,利率作为主权政府宏观经济调控的工具,它的变化对于一国或地区的经济增长、就业水平、通货膨胀和国际收支等经济指标也会产生重要的影响,从而制约长期资本的流动和汇率的长期变化趋势。

不仅如此,主要国家和地区利率水平的变化还可以通过国际经济传递机制的作用对世界经济增长和国际金融市场产生影响。东南亚爆发金融危机之后,由于危机对全球经济产生的负面影响逐渐加深,协调利率政策以防止新一轮金融危机和世界经济陷入衰退成为主要经济国家和地区的共识。中国政府在1997年和1998年两年间先后四次调低利率以支持港元的稳定;美国联邦储备委员会1998年在国内经济状况仍然良好的情况下也先后两次调低利率;亚洲的中国香港在极其困难的情况下调低了港元的利率;欧洲的西班牙、爱尔兰、丹麦等国家也调低了本国的利率水平。1998年12月3日,在俄罗斯和巴西金融形势恶化,世界经济增长前景暗淡的情况下,欧元区的11个国家又联合调低了短期基准利率。这是在利率方面比较成功的一次国际性协调。

3.资本流动的国际协调

20世纪末的墨西哥金融危机和东南亚金融危机再次表明,短期资本的流动可能对一国经济金融造成极大冲击,不仅会影响到受冲击国本身,而且受冲击国作为产品市场或债务国也会影响到其他国家。除了墨西哥政府和东南亚国家自身的政策调整外,国际协调也是墨西哥和东南亚国家渡过危机的重要原因。

在资本流动的国际协调方面,一个有效的措施是建立和改善经济"预警系统"。全球性预警系统的建立主要依靠国际货币基金组织。国际货币基金组织规定重要的经济和金融数据的基准尺度和鉴定程序,并对各国政府的政策提出建议。建立预警系统问题的提出是国际社会在墨西哥金融危机,尤其是东南亚金融危机之后,试图通过信息优化、集中和有效反馈来影响各国政府决策的一种新的协调尝试。

(六)金融信息的国际化

及时充分的信息是提高金融市场效率和降低金融市场风险的基础之一。金融信息国际化是指随着金融中介、金融工具和金融市场的国际化,金融市场的参与者与监管者在进行决策时不能仅仅依据国内的经济和金融信息,而是必须广泛地考虑其他国家和地区的变化因素。金融信息的国际化主要通过三个层面进行:

第一,国际性经济组织和区域性经济组织在主权政府的配合下所进行的信息国际化工作。如国际货币基金组织和世界银行通过定期刊物介绍成员国的金融制度变革的经验和教训,收集成员国的利率水平、汇率水平、货币风险、国际收支状况、对外债务等金融指标。国际货币基金组织在每一年度都定期出版刊物回顾和展望国际金融市场的发展和变化,对于高风险的新兴资本市场给予特别的关注。在区域性经济组织中,欧盟对信息共享问题的处理非常典型。除了编制类似国际货币基金组织的定期刊物和报告外,《马斯特里赫特条约》第18条对各国金融监管当局的信息披露提出了指导原则,要求相关国家的监管当局与欧洲中央银行系统(或中央银行)进行信息合作和信息共享,甚至规定如果信息仅用于监管目的,双方可以相互提供保密信息。

第二,各个国家和地区政府以白皮书、蓝皮书等形式提供的国内金融形势分析报告。在通讯技术高度发达的今天,这些报告都会成为国内外投资者关注的信息。

第三,大型跨国金融评估机构为全球范围内的客户提供的调研报告,以及为金融业服务的中介机构对全球范围内主要金融机构、金融工具和金融市场的评估报告。它们构成了国际化金融信息的一个重要部分。如摩根士丹利、美林、量子基金经常发布的对全球各个金融市场的投资分析报告；标准普尔、穆迪等资信评估公司对全球范围内的主要金融机构的评级报告等，都会产生国际性的影响。

三、金融国际化的效应

经济以及金融国际化的发展，在推动世界经济增长、优化生产要素配置的同时，也提高了金融业自身运作的效率，为全球经济的发展注入了活力；但同时金融国际化的发展也削弱了各个国家宏观调控的能力，加速了金融风险在全球的传递，增加了各国金融监管的难度。可以说，作为经济全球化一个重要构成部分的金融国际化是一把"双刃剑"，既有积极效应，也有消极影响。

（一）金融国际化的积极效应

1.推动世界经济增长

金融国际化通过促进国际贸易和投资的发展，推动世界经济的增长。

第一，促进国际贸易的发展。国际贸易的发展要求金融国际化，而金融国际化又促进了国际贸易的发展。

以金融体系主体的银行业为例，银行的国际化经营为一国进口提供了融资贷款保证；同时，银行的国际化经营又为一国出口提供资金支持。特别是对于发展中国家来说，跨国银行为出口企业提供资金上的支持，不仅能够克服资金短缺给出口货源组织带来的约束，而且能够促进这些国家实现出口导向型经济的发展。

第二，促进国际投资的发展。金融国际化提高了金融资本的流动性，推动了国际投资的发展。各国金融机构的国际化经营使得资本筹措与投放不再局限于某一个国家或某一个地区。各国的资本均可在世界范围内流动，使得一国的经济发展在一定程度上不再受国内储蓄和资本积累的约束。因此，金融国际化促进了国际投资的发展，进而推动了世界经济的增长。特别是为一些发展中国家创造了良好的发展机遇。

2.优化资本等生产要素配置

金融国际化通过推进全球金融的市场化改革,优化资本等生产要素的配置。

第一,推进全球金融市场价格自由化改革。即取消利率、汇率限制,取消证券交易固定佣金制度,发挥金融市场价格的自发调节作用。其中,放松利率管制最为重要。

第二,放松各类机构进入金融市场的限制,促进金融工具的创新和融资技术水平的提高。

第三,扩大各类金融机构的业务范围和经营自主权,使它们能够公平竞争。

金融国际化,加速了资本等生产要素在全球范围内的自由流动和优化配置,促进了全球市场主体之间自由、公平竞争,从而推动了全球产业结构的调整,使得以资本为纽带的国与国之间的相互联系增强。值得注意的是,现阶段国际资本在发达国家、发展中国家或新兴市场国家间,不再是单向流动,而是双向互动(见图1-4)。

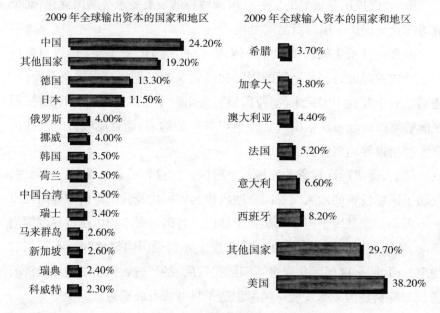

2009年全球输出资本的国家和地区	2009年全球输入资本的国家和地区
中国 24.20%	希腊 3.70%
其他国家 19.20%	加拿大 3.80%
德国 13.30%	澳大利亚 4.40%
日本 11.50%	法国 5.20%
俄罗斯 4.00%	意大利 6.60%
挪威 4.00%	西班牙 8.20%
韩国 3.50%	其他国家 29.70%
荷兰 3.50%	美国 38.20%
中国台湾 3.50%	
瑞士 3.40%	
马来群岛 2.60%	
新加坡 2.60%	
瑞典 2.40%	
科威特 2.30%	

图1-4　2009年全球主要国家资本流动变化

3.促进全球金融业自身效率的提高

金融国际化通过扩大和加强各国金融业之间的竞争,促进全球金融业自身效率的提高。

第一,促进金融机构交易费用降低。在竞争的作用下,1980 年下半年至 1990 年 3 月,日本都市银行的经费比率由 1.7%降至 1.19%,地方银行由 2.33%降至 1.64%。[①] 经费比率的下降,有利于增加资金供给方的利息收入或者减少资金需求方的筹资成本,或使双方获利,流通费用的节约,增加了社会财富。

第二,促进金融资本配置和运行效率的提高。由于各个国家、各个地区资本市场相互衔接,使得融资者可以在世界范围内选择成本最低的资本,投资者则选择利润最丰厚的项目,实现全球范围内的最佳投资组合。而国际化投资组合可以减少风险、提高收益,实现金融资本配置优化和效率的提高。

随着电子通讯技术的应用和普及,国内外资金供求主体缩短了资金融通时间,扩大了资金融通范围,使资金得到更充分、有效的利用。各国为了提高市场竞争力,相继放松或减少外国投资者、筹资者和证券公司的进入障碍,降低了交易成本,市场容量不断扩大,资本市场的运行效率不断提高。

(二)金融国际化的消极效应

作为一把"双刃剑",金融国际化在对世界各国经济产生积极效应的同时,也有其消极的一面。

1.削弱国家宏观经济政策的功效

随着金融国际化的发展,一国经济金融的发展越来越受到外部因素的影响,一个国家制定的经济政策尤其是货币金融政策的功效常常会因为国际因素影响而弱化。

金融国际化的发展使得国际性金融市场之间、国内外金融市场之间

---

① 王金龙:《金融国际化效应研究》,中共中央党校出版社 2003 年版,第 34 页。

的联系日益紧密,它们相互促进,相互影响。由于"溢出效应"的作用①,使得国内货币政策往往难以达到预期效果。例如,当一国国内为抑制通货膨胀而采取紧缩货币政策,使国内金融市场利率提高时,国内银行和企业可从国际金融市场获得较低成本的资金,使得本国金融当局对货币量、利率等政策指标的控制效果大打折扣。国际游资也会大量涌入利率高的国家,从而弱化该国紧缩货币政策的功效。

2.加快金融风险在全球范围内的传递

金融国际化使各国的经济金融联系不断加强、市场关联度日益提高的同时,金融风险传递的范围也在逐步扩大,程度逐步提高,速度逐步加快。当一个国家出现经济波动或国际金融领域某一环节出现问题时,会产生连锁反应和放大效应,危及相关各国甚至国际金融体系的安全。

在这样的条件下,一国的金融安全不仅取决于国内货币政策和宏观经济状况,而且还取决于别国特别是主要国家经济波动和国际金融市场状况,维护金融安全变得日趋困难,2007 年后因美国次贷危机引发的全球金融危机说明了这一问题。另一方面,20 世纪 80 年代以来,一些发展中国家加快了金融国际化步伐,实行金融自由化改革,放开金融市场,这虽然给国际金融注入了新的生机与活力,但是,由于这些国家经济基础薄弱,金融体系不健全,常常因为国际投机资本的冲击而引发金融动荡,并波及其他国家,增加了国际金融体系的不稳定性。20 世纪 90 年代末爆发的亚洲金融危机是典型的案例。

3.增大金融监管的难度

在过去的几十年中,金融服务业的变化无论在范围和速度上都是前所未有的(见图 1-5)。金融业的发展与创新在促进经济增长的同时,也增加了一国金融监管的难度。在金融国际化的条件下,这种难度因为增加了更复杂的因素而进一步增大。

---

① "溢出效应"在此主要是指国内货币政策没有或者只有很小一部分作用于国内经济变量,从而使货币政策达不到预定的最终目标。

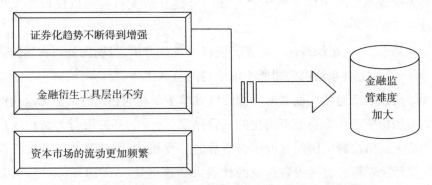

图 1-5 金融服务的快速发展变化所导致的监管难度日益增大

第一,金融业的主体业务由间接融资向直接融资转变,表现出日益明显的证券化市场直接融资趋势。金融监管面临的主要问题已不仅仅是与信贷有关的风险,而且还包括了与证券融资相关的各类风险。

第二,金融衍生工具层出不穷,交易的复杂性大大增加,导致金融监管的难度增加。譬如像英国的巴林银行,作为一家具有 230 多年历史的国际著名银行,因为在管理衍生金融产品的交易方面存在的缺陷和漏洞,最终导致巨额亏损而被他行兼并。

第三,金融市场的全球化发展,资本流动更加频繁,且在通讯技术突飞猛进条件下,金融交易可能从全球任意市场、任意地点开始,单凭一国政府难以有效地实施监管。

第二节 金融国际化的动因分析

一、经济理论的解释

(一)海外直接投资理论解释

该理论对于跨国公司包括跨国银行等金融机构的分析,主要是在利润最大化原则假设下进行的,主要内容有以下两个方面。

第一,企业降低成本的需要。包括劳动力成本、运输成本、交易成本和关税成本。跨国金融机构通过在海外建立分支机构可以使成本支出减少。

第二,产业组织理论。根据产业组织理论分析,投资国公司在异国进行经营,一定有东道国公司所不能获得的特殊优势,投资国的寡头垄断市场结构鼓励或迫使厂商到海外投资以寻求垄断利润和通过出口无法获得的市场份额。作为企业跨国化的一种结果,企业的开户银行为防止客户的流失而纷纷跨出国门开设了跨国界的分支机构,因此导致了金融机构的国际化。海外直接投资理论的代表人物鲁格曼(A.M.Rugman)将风险分散理论从产品市场引申到要素市场,进一步解释了银行跨国经营的原因。

(二)金融结构理论解释

该理论的代表人物雷蒙德·W.戈德史密斯(Raymond W.Goldsmith)在《金融结构与金融发展》一书中提出,外国银行的引进和金融技术的转让对一国的金融发展起着举足轻重的作用。因为"在大多数国家,外国银行在引起存款和投资业务,引导这些国家越过最初困难的适应阶段方面起着决定性的作用,因而所在国的环境迥异于这些业务的发源地——西欧。""这种转让不需要任何资本,而只需要部分地引进掌握一定技能的外国工作人员,这些人包括上自银行经理下至会计和一般职员,就能发挥作用。"由此可见,引进外国银行及国外先进金融技术、提高本国金融开放程度,对一国主要是发展中国家而言,方便、节约、成效卓著,是迅速提高本国金融发展水平的有效方式。因而开放本国金融市场,引进银行等外资金融机构就是顺理成章的了。

(三)金融引导理论解释

金融发展初期,经济发展促进金融的发展;金融发展后,反过来引导经济的发展,即金融引导经济。最终是金融与经济相互促进。因此,金融顺应经济与金融引导经济是一个问题的两个方面,二者并行不悖。只是随着世界经济从商品国际化、生产国际化发展到金融国际化阶段,金融对经济的引导作用越来越明显,越来越重要。经济国际化要求金融国际化来加以引导和服务,客观上导致了金融国际化发展。

(四)金融创新理论解释

熊彼特(Joseph Alois Schumpeter)在《经济发展理论》一书中把创新归纳为五个方面:引入一种新产品或提供一种产品的新的质量;采用一种新生产方法;开辟一个新市场;获得一种原料或半成品的新供给来源;实行一种新的生产组织形式。

西尔柏(W.L.Silber)和凯恩(E.J.Kane)分别从约束诱导和规避金融管制的角度对金融创新进行了分析。在金融领域中,出于减轻外部金融压制、规避各种规章制度的限制、降低交易成本或提供新金融中介服务的需要,金融创新活动在战后迅速兴起,离岸金融市场的产生、衍生品市场的发展、金融证券化、银行业兼并等创新形式层出不穷。其涉及内容几乎囊括了金融制度、金融机构、金融市场、金融工具、金融组织和管理方式等各个方面,直接或间接导致了对金融管制的放松,使资本流动、机构设置、经营方式、交易种类及市场主体等更加国际化。

(五)金融功能观点解释

兹维·博迪(Zvi Bodie)和罗伯特·默顿(Robert C.Merton)将金融体系的基本功能作为分析和观察金融体系的一种新方法——功能观点,于20世纪90年代中期提出了著名的"金融功能观点",认为金融具有六大基本功能:清算和支付结算、转移经济资源、管理风险、储备或聚集资源和分割股份、提供信息和解决激励问题。从金融功能观出发,无论是为了提高经济资源配置与使用的效率,还是为了便利结算与清算,以及为了防范金融风险,金融国际化都是一种必然的发展趋势。

二、实体经济、金融创新及金融自由化因素

(一)实体经济因素

以经济和科技为代表的实体经济因素在促进金融国际化发展中的作用是显而易见的。全球直接投资的增长,表明国际分工正在由传统的以自然资源为基础的产业部门间的分工,向以现代工艺、现代技术为基础的

功能分工发展,向产业内部生产要素的分工发展。科学技术发展对金融国际化的推动作用,无论怎样强调都不过分。特别是电子信息技术的迅猛发展,使得整个世界各类活动日益具有"全球性"。

推动金融国际化的直接动力是跨国公司和跨国金融机构的发展。1996 年,全世界跨国公司的母公司共有 4 万多家,其境外分支机构已发展到 28 万家。1/3 的全球产量,2/3 以上的全球贸易量,90%左右的对外直接投资由跨国公司直接控制或与其相关,排名全球前 1000 的大银行几乎垄断了商业性金融服务。① 在跨国公司内部,经济资源的配置直接跨越了国家和地区的界限;同时,通过它们与各国民族企业的生产、加工和销售的联系,跨国公司不仅加深了全球经济在国家层次的往来,而且拓展了各国经济在产业层次、企业层次、产品层次、工艺层次的全面联系。

(二)金融创新因素

目前活跃在全球金融市场中的主要产品,从欧洲货币、全球债券和国际股票,到各种货币衍生品、利率衍生品和证券衍生品,无一不是金融创新的产物。新的金融工具、金融机构和金融市场不断出现,为金融国际化提供了载体。在金融创新的推动下,全球资本流动的形式,从银行信贷为主,转向以公开市场上市交易的证券为主。融资证券化的趋势大大促进了全球金融市场的联系、发展和繁荣。

(三)金融自由化因素

金融自由化是金融国际化的重要条件。金融自由化,在发达国家主要表现为金融规制的放松,在发展中国家则主要表现为金融深化。全球金融自由化奠定了金融活动的国际基础,独立运行的各国金融活动日益融入全球金融的大潮。

过去,跨国金融活动通常与国内金融市场相对分割,并同时受到本国法律法规和国际惯例的制约。现在,跨国金融活动,越来越在相同的"游

---

① 李扬、黄金老:《金融全球化研究》,上海远东出版社 1999 年版,前言部分第 6—7页。

戏规则"下,采用相同的工具,在全球范围内选择投资者和筹资者。国际、国内金融的界限日渐模糊,世界各国的金融市场正在成为全球金融市场的一个有机组成部分。

实体经济、金融创新和金融自由化共同推动了金融国际化的产生与发展(见图1-6),而在这三者之中,又是以实体经济因素为基础、为根本。生产、贸易与投资的国际化,使得金融服务业必须紧随其后;为了融入国际市场以及国内同业竞争的需要,金融业进行不间断的创新,发达的现代科学技术则提供了强大的技术支持;各国政府为了保持本国金融业的国际竞争力,同时也是为了适应本国实体经济发展的需要,必须放松金融管制,推行金融自由化政策,最终使得全球金融业融于一体。只要生产在发展,技术在进步,金融国际化就不会停顿。尽管,金融国际化的发展历程可能是曲折的,但这却是一个自然的、不可逆转的历史过程与趋势。

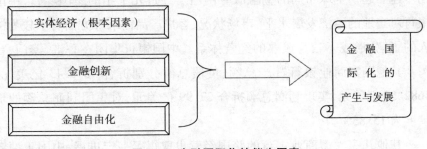

图1-6 金融国际化的催生因素

第三节　中国金融业的国际化

纵观我国金融国际化的历程,虽然已有较大的进展,但同发达国家相比,仍有较大差距。根据我国国情,扬长避短,选择一条适合本国金融业国际化发展的道路以尽快缩小与国外同业的差距,是我们的当务之急。以下将从金融机构的国际化、资本市场的国际化、金融监管的国际化等方面对我国金融国际化之路进行初步探讨。

一、中国金融机构国际化的发展战略

（一）中国金融机构跨国经营的有利条件与不利因素

1.跨国经营的有利条件

第一，金融国际活动法制化有了一定的基础。中国已经确立了鼓励境外投资的优惠措施。20 世纪 90 年代先后颁布实施的《金融机构管理规定》《中华人民共和国中国人民银行法》《中华人民共和国商业银行法》等金融法规有助于促使各金融机构的业务活动与国际惯例接轨，从而为国际化经营奠定了基础。

第二，长期以经营国际业务为主的中国银行几十年的跨国经营实践，为中国金融业的跨国发展提供了可资借鉴的经验。截至 2013 年 6 月末，中国银行已在亚、欧、澳、非、南美、北美等六大洲共设立 623 个分支机构，初步建立起了全球布局的金融服务网络。经过几十年的跨国经营，中国银行对当地的经济发展水平、市场状况、客户产品需求等方面有了较为深入的了解，形成了较为成熟的经营体系。中国银行集团在香港、澳门、台湾及其他国家商业银行资产总额、负债总额分别折合 4896.43 亿美元、4682.55 亿美元，实现利润总额折合 27.99 亿美元，对集团利润总额的贡献度为 15.83%。[①]

其他几家大型商业银行的跨国经营也取得了一定进展：中国工商银行 2013 年上半年，跨境人民币业务交易量超过 1 万亿元，清算网络覆盖全球 70 个国家和地区，已在全球 39 个国家和地区设立了 388 家营业性机构，与 141 个国家和地区的 1661 家境外银行建立了代理行关系，境外机构总资产 1821.77 亿美元，占集团总资产的 6%[②]，网络布局不断优化，国际化、综合化经营平台进一步完善。这些宝贵的经验完全可以为国内

[①] 《中国银行股份有限公司 2013 半年度报告摘要及公告》，《证券时报》2013 年 8 月 30 日。

[②] 《中国工商银行股份有限公司 2013 半年度报告摘要及公告》，《证券时报》2013 年 8 月 30 日。

其他金融机构的跨国经营所借鉴。

第三,经过近三十年金融改革开放实践,中国的金融企业日臻成熟。伴随着金融国际化和金融市场一体化程度的不断加深,中国的金融企业正在逐渐融入世界金融市场,无论是从传统的信贷业务和证券业务,还是现代的互换、期货、掉期等金融衍生工具业务以及信托、理财等中间业务,都有中资金融机构身影,中国的金融机构已逐渐熟悉国际市场上的规则与惯例。特别是近些年来随着外资金融机构的大量进入,在带来先进技术与产品的同时,也带来了先进的经营理念与管理手段,通过学习、交流与竞争,中外金融机构的整体差距正在逐渐缩小,中资金融机构有能力跻身国际市场。

2.跨国经营的不利因素

第一,体制约束。虽然在深化金融体制改革的过程中,原有金融机构的商业化转换取得了显著成效,但并未彻底地解决金融机构产权制度这一根本问题。尽管四大国有银行和一些中小银行、保险公司、证券公司等都已陆续上市,这些金融机构名义上是股份制公司,但国有股仍占主体,它们或多或少仍存有国有企业的弊端。所以,从总体上看,中国的金融业实际上仍处于"准"企业化状态,时常出现金融活动背离价值规律运行的现象,这必然导致中国金融企业运作的低效率,而使其无法在激烈的国际市场竞争中生存和发展。

第二,金融市场环境不利于金融企业的跨国经营。汇率和利率的市场化是促使一国银行走向跨国经营的重要因素,但其前提是该国货币的自由兑换。在目前人民币仍然不能完全自由兑换的情况下,僵化的外汇和利率管制构成与中国金融企业跨国发展不利的环境。

第三,缺乏跨国经营的高素质人才。目前人才问题已经成为中国金融企业跨国发展的重要制约因素之一,其表现是数量不足、素质不高。在金融机构的海外分支机构和国内机构的国际业务部门工作人员中,既懂得国际金融专业知识,又通晓国际金融业惯例和有关国家金融法规的人才很少,不能迅速了解、掌握和分析处理国际金融市场信息,国际风险预测经验不足,决策、创新和应变能力较差,无法适应大规模开拓海外金融市场的需要。

(二)积极稳妥地推进金融机构国际化

我们所说的金融机构的国际化,不仅仅指"请进来",更多的还是要"走出去",只有这样才能使我们的金融机构真正融入国际金融市场当中。

1.深化改革,建立真正意义的产权清晰的现代金融企业

党的十一届三中全会后的三十多年间,金融业的跨国经营有了长足的发展,但是与金融企业市场主体相适应的产权制度以及相伴随的法人治理结构问题尚未真正解决,改革的不彻底性严重制约了我国金融业的跨国经营。因此,改革金融企业的产权关系、完善公司治理结构,应是我国金融企业国际化经营的基础和根本性措施。

2.稳步推进利率市场化改革

利率市场化是发挥市场配置资源作用的重要内容,是加强我国金融间接调控的关键,是完善金融机构自主经营机制、提高竞争力的必要条件。但是在中国,由于体制的特殊性,利率市场化的推进可能遇到一些障碍。其中,实体经济部门和政府机制改革的不到位,商业银行特别是国有商业银行治理结构的缺陷,市场化的基准利率在短时间内较难形成等几个方面,是其中最突出者。[①] 因此,应把以下几个方面作为利率市场化改革的重点:

第一,完善服务于利率市场化的经济环境。主要是积极推动国企制度改革和政府体制改革,为利率市场化提供经济环境保证。同时,为市场化的利率发挥稳定市场、引导资源有效配置的作用创造经济制度条件。

第二,完善商业银行特别是国有商业银行的改革,使之成为利率市场化的积极参与者。同时,鼓励商业银行进行金融创新,主动参与资本市场

---

① 这里较多的借鉴了李扬的观点,详见:李扬:《中国的金融改革:现状及未来发展》——2004 年 9 月 10 日在由中国社会科学院金融研究所和三星经济研究院主办的《中韩经济论坛》上的演讲。

活动,努力发展非存贷款业务,进而促进其存贷款利率的市场化。

第三,加速发展债券市场,理顺利率的风险结构。所谓理顺利率的风险结构,其要旨是要发展包括公司债券、金融债券、市政债券和证券化债券在内的各种类型的债券市场。

第四,继续发展货币市场,通过不断增加市场参与者,增加交易品种、扩大交易规模、建立统一的支付清算体系的途径,将其培养成中央银行能够有效调控,又能对其他市场的利率产生直接影响的市场。

第五,继续完善以公开市场操作为核心的央行市场化政策调控体系,提高央行对利率的敏感性。

3.进一步完善有管理的浮动汇率制度

我国进行汇率改革,开始实行以市场供求为基础、参考一篮子货币进行调节、有管理的浮动汇率制度。人民币汇率不再盯住单一美元,这符合我国贸易对象多元化的趋势(见图1-7)。要不断完善有管理的浮动汇率制度,应重点把握好以下几个方面:一是大力推进外汇市场建设,为浮

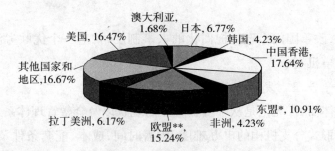

图1-7 外贸产品出口结构

注:*东盟:包括文莱、印度尼西亚、马来西亚、菲律宾、新加坡、泰国,1996年后增加越南,1998年后增加老挝和缅甸,2000年后增加柬埔寨。

**欧盟:1994年前称欧共体,包括比利时、丹麦、英国、德国、法国、爱尔兰、意大利、卢森堡、荷兰、希腊、葡萄牙、西班牙,1995年后增加奥地利、芬兰、瑞典。自2004年5月起,统计范围增加塞浦路斯、匈牙利、马耳他、波兰、爱沙尼亚、拉脱维亚、立陶宛、斯洛文尼亚、捷克、斯洛伐克。自2007年1月起,增加罗马尼亚、保加利亚。自2013年7月起,增加克罗地亚。

资料来源:商务部:《中国对外贸易形势报告》(2013年秋季),2013年10月30日。

动汇率提供制度支持。二是在有管理的浮动汇率制度下,建立人民币汇率间接调控体系,建立外汇一级交易商制度。三是扩大人民币汇率浮动区间,增强人民币汇率灵活性。四是改进外汇管理,逐步实行外汇流出流入均衡管理,促进国际收支基本平衡。

4.培养和造就精通国际金融业务的复合型、专家型人才队伍

国际金融业务相对于国内金融业务要复杂得多,拥有一定数量和素质的专家型人才是极为重要的。人才短缺,成为我国金融国际化的一个制约因素已是不争的事实。因此,尽快研究一套与国际金融市场相适应的人才培养、引进和使用方案是我国金融国际化迫在眉睫的问题。

第一,应在金融机构内部大力培养精通外语、国际金融、国际贸易、法律、电子计算机知识和技术,能按国际惯例行事并善于经营管理的复合型人才。

第二,稳定现有人才,派出各层次人才到国际金融中心和跨国金融集团培训,并尽可能地引进具有从事国际金融业务经营和管理经验的有用人才。

第三,改革国内金融机构僵化的人事制度,构造一个优胜劣汰、竞争高效的人事机制。

5.科学合理地发展海外分支机构

就整体而言,无论是从中国金融业的现状以及金融管理体系来看,还是从不同形式分支机构的申办难度、所需时间、成本、配套条件及生成能力分析,中国跨国金融机构都应根据各自特点和条件,科学合理、有步骤有计划地设立海外分支机构。

例如,实力雄厚、海外分支机构多、跨国经营经验丰富的中国银行可以一步到位,直接采取以独资的代表处和分行为主要形式、以多数股权控制的附属行为补充形式的战略。而对于海外分支机构不多、跨国经营经验不足的其他金融机构来说则应分步到位,即先采取以多数股权控制的附属机构为主,以合资的代表处或分、支行为辅的"渗透"战略,然后,逐步过渡到以独资的代表处和分支机构为主的形式。

二、中国资本市场国际化的路径选择

资本市场国际化已成为不可逆转的潮流。但我国资本市场目前仍处于"新兴+转轨"阶段。借鉴境外资本市场国际化的经验和教训,健全国内资本市场,适时稳妥地推进国际化,确保金融市场的健康发展,是当前我国资本市场国际化过程中的重要问题。

(一)建立与资本市场相匹配的货币市场

没有一个与资本市场相匹配的货币市场,一国金融市场的结构和功能就会出问题。货币市场是金融市场的重要组成部分:货币市场的本质是流动性管理,以维持短期经济活动的正常进行,一方面为中央银行的货币政策操作提供广阔的空间;另一方面也是商业银行流动性管理的重要场所。因此,其发展水平对于中央银行货币政策实施具有重要意义。

就我国目前的金融市场发展现状而言,与资本市场发展相比,货币市场发展严重不足。因此,在推进货币政策调控机制间接化改革的进程中,应尽快建立起与整个金融市场相匹配的货币市场,满足金融市场发展的迫切要求。促进货币市场的发展,首先必须促进货币市场内部不同子市场的一体化,逐步消除货币市场内部的同业拆借、回购、短期国库券等子市场之间存在的严重的市场割裂现象,加强相互之间的联系,以提高货币市场的运行质量。要加速金融创新的步伐,继续丰富、完善和规范货币市场的各种交易工具,充分体现货币市场所具有的调节流动性、进行短期资金融通的本质功能。同时要将利率市场化改革与货币市场发展有机结合起来,提高货币政策的有效性。

(二)积极扩大公司债券发行规模,有效调整证券产品结构

债务性资金相对过剩和资本性资金相对紧缺的矛盾,不可能通过间接金融的机制予以化解,只能通过加速发展资本市场,更多地进行直接融资,运用市场机制才能使企业发展所急需的资金问题得到有效解决。在西方国家中,就每年融资额而言,公司债券和政府债券的融资额

远高于股票。① 但在我国,看似规模很大的债券市场中,企业债券只占较小的比例(见表1-2、表1-3)。可以说,我国的债券市场有着极大的发展前景。积极发展企业债券市场,成为扩大企业筹资渠道、降低银行业系统风险、维护金融稳定的现实选择。

表1-2　2013年国内债券市场债券发行情况　　(单位:亿元)

	本月		本年		上年	
	次数	发行量	次数	发行量	次数	发行量
合计	75	2931.26	1150	56453.94	1405	58119.44
政府债券	4	964.90	86	19044.01	77	16062.26
记账式国债	4	964.90	52	13374.40	45	12032.80
储蓄国债(电子式)	0	0.00	10	2169.61	14	1529.46
地方政府债	0	0.00	24	3500.00	18	2500.00
央行票据	0	0.00	20	5362.00	0	0.00
政策性银行债	27	1385.80	285	19960.30	175	21400.00
国家开发银行	21	1085.80	206	11435.80	129	12250.00
中国进出口银行	0	0.00	42	4100.00	27	4500.00
中国农业发展银行	6	300.00	37	4424.50	19	4650.00
政府支持机构债券	2	300.00	12	1500.00	15	2000.00
商业银行债券	0	0.00	34	1117.00	57	3933.70
普通债	0	0.00	33	1115.00	22	1680.00
次级债	0	0.00	1	2.00	34	2247.20
混合资本债	0	0.00	0	0.00	1	6.50
资本工具	0	0.00	1	15.00	0	0.00
二级资本工具	0	0.00	1	15.00	0	0.00
非银行金融机构债券	0	0.00	11	189.00	0	0.00
企业债券	33	251.50	374	4752.30	484	6499.31
中央企业债券	0	0.00	10	473.00	18	1170.00

---

① 王国刚:《资本市场发展应注意解决四个问题》,《金融时报》2004年6月29日。

续表

	本月		本年		上年	
	次数	发行量	次数	发行量	次数	发行量
地方企业债券	33	251.50	363	4275.30	461	5314.50
集合企业债	0	0.00	1	4.00	5	14.81
资产支持证券	9	29.06	10	109.06	0	0.00
中期票据	0	0.00	314	4400.10	563	8153.30
集合票据	0	0.00	3	5.17	34	70.87
外国债券	0	0.00	0	0.00	0	0.00
国际机构债券	0	0.00	0	0.00	0	0.00
其他债券	0	0.00	0	0.00	0	0.00

资料来源:中央国债登记结算有限责任公司债券信息部:统计资料——《债券》2014年第1期,第91页。

表1-3 中国资本市场概览(截至 2013 年 11 月底) (单位:亿元)

	2012 年年年底	2013 年 11 月	比 2012 年年年底
境内上市公司数(A、B 股)(家)	2494	2488	-0.24%
境内上市外资股(B 股)(家)	107	106	-0.93%
境外上市公司数(H 股)(家)	179	181	1.12%
股票总发行股本(A、B、H 股亿股)	38395.00	40292.48	4.94%
其中:流通股本(亿股)	31339.60	36501.90	16.47%
股票市价总值(A、B 股亿元)	230357.62	247684.61	7.52%
其中:股票流通市值(亿元)	181658.26	206533.51	13.69%
股票成交金额(亿元)	314667.41	40165.73	—
日均股票成交金额(亿元)	1294.93	1912.65	
上证综合指数(收盘)	2269.13	2220.50	-2.14%
深证综合指数(收盘)	881.17	1089.60	23.65%
股票有效账户数(万户)	14045.91	13206.79	-5.97%
平均市盈率(静态)			
上海	12.30	11.47	-6.75%

续表

	2012 年年年底	2013 年11 月	比 2012 年年年底
深圳	22. 01	28. 44	29. 21%
证券投资基金只数(只)	1173	1505	28. 30%
交易所上市证券投资基金成交金额(亿元)	8667. 36	963. 98	—

资料来源:根据中国证券监督管理委员会编:《中国证券期货统计年鉴 2013》,中国统计出版社 2013 年版;中国证券监督管理委员会编:《中国证券期货统计年鉴 2014》,中国统计出版社 2014 年版有关数据整理。

由表 1-2 可以看出中国的债券市场有以下几个特点:一是发行主体单一。发行单位以央行、财政部、政策性金融机构为主,所占份额达到 80%以上,企业发行人中中央国有企业为绝对主体,地方企业所占比例较小。二是企业债券规模小,无法满足企业融资需求。同股票市场相比,企业债券只占很小的比例,和间接融资相比更是无法相提并论。此外品种单一也是债券市场不成熟的典型特征①,这些都是中国债券市场发展初期的典型表现。

根据上述特点,要建立一个高效、健康和有序的债券市场,以适应实体经济发展。可以考虑从以下方面着手工作。

一是在《证券法》框架下完善相关法律制度。在债券管理制度方面,《证券法》与《中国人民银行法》《商业银行法》《企业债券管理条例》等相关法律调整的边界模糊,甚至存在冲突。应当明确《证券法》在公司债券市场法制建设中的基础地位,完善证券法律体系。

二是加快金融创新步伐,创造新的债券品种适应市场需求。例如,积极发展证券化储蓄产品、资产支持债券、可交换债券、浮动利率债券、嵌入期权债券等等,通过对风险和收益的重新配置,以满足不同投融资主体的需要。

---

① 所谓品种单一是指目前债券市场的产品以普通的定期支付利息的债券为主,缺少条款设计灵活以及利率灵活浮动的债券品种。

三是建立多层次的公司债券市场。在加快债券发行的法律制度和资信评级制度建设的基础上,在加强金融监管以及严格企业信息披露的条件下,建立多层次的公司债券市场,满足不同类型企业的融资需求以及不同交易主体对公司债券及其派生产品的交易需求。

此外,还有一点应引起注意,就是应建立企业债市场的债权收购和退市机制,应特别强化债权人对企业的约束,以防范道德风险。

(三)发展多层次资本市场体系,保障经济持续发展

建立多层次的资本市场,不仅能够有效满足实体经济特别是中小企业融资的需求,也能加速金融改革的进程。中国实体经济部门近年来存在两个明显的结构失衡现象(见图1-9):

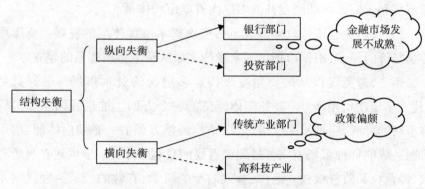

图1-9 中国实体经济部门失衡的表现

横向结构失衡主要表现为传统产业与高科技产业获得资金的失衡,近年来在刺激内需的财政政策和货币政策背景下,出于短期盈利的考虑,增量资金绝大部分流入了与基建相关的传统产业部门,而一些本应获得关注、具有成长潜力的新兴产业却因缺少资金而在"嗷嗷待哺"。而纵向结构失衡主要是由于国内金融市场的不健全、金融体系建设的不成熟而导致国内储蓄不能有效地转化为国内投资,全社会大部分金融资源主要集中在银行,而银行又由于实体经济欠佳以及金融市场的不发达苦无好的投资项目,从而造成金融资源配置效率低下。要调节这种结构失衡,建立多层次的资本市场是一个现实而有效的手段。一般情况下,资本市场

体系越完善、功能越强,银行体系的业务压力和风险压力就越小,储蓄向投资转化的流程就越短、越顺畅,实体经济部门的效率也能在资源更多地流向成长型企业的过程中得到明显提高①。在建立多层次资本市场体系中,应注意以下几点:

第一,重视发展具有辐射力的区域性市场。金融管理部门往往偏好于运用行政机制建立多层次的全国性统一的资本市场。但是,在经济发达地区适合的金融产品与服务在欠发达地区往往并不适合,大一统的资本市场的建立将无助于不同地区、不同层次的实体经济问题的解决。因此,本着提高金融资源配置效率的要求,应根据经济发展、企业经营和投资者的需求,按照市场机制的原则,建立全国性和区域性市场相结合,有形市场和无形市场功能互补的多层次资本市场体系。

第二,避免运用行政标准规范多层次资本市场体系的发展。要运用市场经济的标准,根据市场机理来规范多层次资本市场体系的建立。

第三,避免仅仅从融资角度来构建多层次的资本市场。融资只是"建立多层次资本市场"服务实体经济的一个方面。推进我国多层次资本市场的发展,应把解决经济、金融结构调整方面的一系列由体制、信用机制造成的种种市场不完善提到更重要的日程上来②。毕竟建立起所有权、经营权和监督权独立运作、有效制衡的科学、有效的公司治理机制才是我们追求的目的。

(四)坚持渐进式资本市场国际化道路

资本市场的国际化,是指一国资本市场中的参与者,很大比例来自其他国家和地区。现阶段,我国资产价格、经济发展以及人民币升值的态势,使资本市场国际化面临良好机遇。

我国应把握住这一历史机遇,坚持走渐进式资本市场国际化道路。在完善、加强资本市场监管的条件下,逐步加快境外资金进入我国资本市

---

① 王松奇:《熊市快速扩容思路亟待矫正》,《中国证券报》2003 年 10 月 21 日。
② 王国刚:《建立多层次资本市场体系,保障经济的可持续发展》,《财贸经济》2004年第 4 期,第 7 页。

场的步伐,逐步吸引境外企业和机构进入我国资本市场上市融资。这个渐进式的资本市场国际化道路可以概括为:加强监管、逐步放开资金跨境流动、引进境外企业和机构上市融资三位一体、稳步推进的模式①,使我国逐步建立起具有较大影响力的国际化资本市场,并以此推动我国经济金融更好更快的发展。

三、中国金融监管国际化的构想

中国自 2001 年加入 WTO 后,金融业正经受着巨大的竞争压力与挑战,构建起我国符合国际化要求和 WTO 规则的高质量、高效率的金融监管体系,是保障我国金融业稳健运行的必然选择。

(一)逐步修订、废止与国际惯例相悖的金融法规,适应国际金融监管规则与标准

随着中国金融服务市场的开放和竞争的国际化,我国金融法规体系的改革与完善愈加迫切。金融监管部门首先应迅速对现行的法律规章进行清理,按照法制统一和公开透明的原则,对与国际惯例不一致的规定,进行相应的修订或废止,尽可能使我国的金融法规和金融监管手段符合国际通行做法。其次,要深入研究、学习并贯彻实施巴塞尔银行监管委员会制定的《新巴塞尔协议》,培养一大批具有较高的金融、外语、法律知识水平,熟悉并能熟练地运用国际规则的专门人才。

(二)加快金融立法,促进并规范金融创新

当代金融业的一个显著特点,是金融创新技术、工具等层出不穷,金融产品花样翻新,金融服务领域迅速扩展。加入世贸组织后,诸如金融租赁、典当、保险中介、消费信贷和新兴的金融衍生工具等迅速扩展,大量呈现在我国商业银行面前;同时,国外商业银行的进入使得我国政府开禁国内商业银行混业经营不可避免。因此,与之相应的法律法规必须适时出台和完善。

---

① 李稻葵:《中国资本市场应该国际化》,《新财富》2007 年 6 月 15 日。

在网上银行盛行的时代,许多国际组织、国家和地区都积极通过立法规范金融电子商务,在协调内部关系的同时努力争取利己的国际规则的制定。我国的信息网络技术发展较快,网上银行已经出现并迅速发展。针对网上银行的风险问题,我国金融监管的任务应当是:健全网上银行相关法律及规章制度,营造有法可依的外部环境;督促网上银行强化内部管理,从内部控制制度入手查堵漏洞;加强金融监管技术力量,建立网上银行业务审批和监管机制;增进金融监管的国际合作,共同监管网上银行跨国金融业务。

(三)建立健全金融机构内部控制与风险管理制度

1.明确各类金融机构的功能定位,科学制订各类金融机构的准入标准

制定、明确金融机构的功能定位及市场准入标准,有利于形成合理的金融业布局和适度竞争;有利于金融机构发挥专业优势,提高金融服务的质量和效率;有利于确定各类金融机构的风险特征和监管重点,合理分配监管资源,提高监管的效率和专业化水平。

2.建立有效的内部控制制度

金融机构能否稳健运营,关键在于其自身是否建立了良好的公司治理结构和有效的内部控制制度。目前,各国监管当局及国际监管组织都非常重视金融机构的内部控制和风险管理制度的建设,以此实现金融业的稳健经营和健康发展。金融监管当局应通过自身职能作用的发挥,促成并保障作为被监管对象的金融机构内部控制制度的建立、完善并有效实施。

3.实行全面风险监管

从我国目前监管法规来看,主要强调资本充足性监管,这主要是针对信贷风险而言的。随着金融国际化的发展和竞争的加剧,我国金融机构将面临信用风险、市场风险、利率风险、流动性风险、操作风险、法律风险、声誉风险等各种风险。因此,从资本充足性监管过渡到全面风险监管,是有效监管的必然要求,也是监管国际化的必要措施。这方面,我们应充分吸收巴塞尔委员会的先进成果。

（四）加强金融监管国际协调与合作

随着我国金融国际化进程的加快,国内外金融联系日益密切,跨市场、跨境金融交易日益频繁,世界金融市场联动效应日益明显,客观上要求我们在金融监管方面加强国际协调与合作。首先,我国金融监管机构应积极参与国际金融监管机构活动,争取在国际金融监管规则制定中的话语权和主动性。其次,我国金融监管机构应与国际金融组织、外国监管当局建立信息交流共享、监管协商合作机制,探索实现有效跨境监管的路径。最后,国内金融监管制度、规则和标准应基本统一到巴塞尔委员会对国际银行监管的要求上来,使金融监管处在国际统一的平台上。

第二章　金融市场一体化

在过去的几十年间,国际金融市场有了惊人发展。金融管制的放松及其金融业务的融合,新的信息传输技术的发明及应用,金融工具的不断创新,这一切使全球金融市场渐成一体。金融市场一体化,是金融国际化的重要发展阶段,也是其发展的高级目标。

第一节　金融市场一体化概述

一、金融市场一体化的涵义

(一)一体化的涵义

"一体化"一词的英文是 Integration,源于拉丁语 Interatio 一词。一般的解释是:将部分结合为整体,或成为一个社会的平等的成员。基于这一解释,国际经济学家平德(J.Pinder)从静态和动态两个角度解释了"一体化"。他认为,一体化是将各个部分合并成为一个整体,而联盟是指各个部分或成员联合起来而形成的一个整体。因而,一体化是达到一种联盟状态的过程。

加拿大经济学家利普西(R.Lipsey)根据经济一体化程度的不同,将经济一体化分为六个类型:特惠关税区、自由贸易区、关税同盟、共同市场、货币与经济联盟和完全的经济一体化,这种分类法为人们广泛接受。

比较一致的观点是,"一体化"应包括以下内容:

其一,它以共同利益为基础,以部分和整体间利益交换为手段,从相互独立的部分或个体整合为一个新系统或新个体的过程和结果;其二,这个新系统或新个体不是原有的各个独立部分的简单相加,它具有原各个组成部分所不具有的新特征;其三,一体化可以是从动态角度表示的从部分到整体转变的过程,也可以表示这种从部分到整体转变的结果;其四,一体化存在程度的差别;其五,一体化可以指称不同的范围①。

(二)金融市场一体化的涵义②

金融市场一体化是指国内外金融市场日益紧密的联系及相互影响、相互促进,逐步形成了统一的金融市场的状态和趋势。

罗依·C.史密斯(Rory C.Smith)和英格·沃特(Ingo Walter)指出,金融市场一体化包含三层涵义:各国银行和金融机构跨国经营而形成的各国金融市场的联系;由于各国金融市场之间联系的形成,极大地促进了各国金融市场之间的金融交易量的增长;各国金融市场的利率定价机制相互影响,相同金融工具在不同金融市场上的价格趋于一致。

第一,金融市场联系形成。一是新技术的推广和运用使货币资金在全球范围快速流动,金融市场的地理障碍消除。二是电子通讯技术的采用,使金融批发市场由有形市场交易转向无形市场交易(电子交易);自动交换机和电子报价系统的应用,开创了金融零售市场交易的新局面;金融市场的交易者不再局限于一个国家或地区,而是可以进行跨国界、跨地区在全球范围内连续交易。三是国际金融市场资金清算系统的建立和发展(如美国的票据交换所银行间互相支付系统、英国的银行自动收付清算系统和环球银行金融电讯协会的清算系统等),使国际金融市场向着电子化和一体化的方向发展。

第二,国际金融市场交易增长。目前世界各国金融机构的相互渗透使各国金融市场的交易联成一体,先进的通讯技术和资金清算系统又为市场交易提供了有力保障。各类国际金融市场的参与者不断扩大,交易

---

① 李建民:《独联体经济一体化十年评析》,《东欧中亚研究》2001年第5期,第9页。
② 杨培雷:《论国际金融市场一体化的涵义、原因及影响》,《经济评论》1999年第4期,第108—111页。

量迅速增长。

第三,国际金融市场资产价格相关性增强。1978 年格尔伯德(Garbade)和西尔伯(Silber)的研究表明,由于电子通讯技术的运用和洲际电缆的铺设,使国际金融市场之间的价格差异迅速缩小。其后阿格曼(Agmon)和赫利德(Hiliard)分别运用月度和每日数据资料,证实了各国证券市场价格指数的相关性。1993 年阿夏拉帕里(Arshanapali)和杜克斯(Doukas)基于大量的资料和事实,证明了各国金融市场的相关性。近期迈杰·克伯兰(Maggie Copeland)和汤姆·克伯兰(Tom Copeland)的分析也显示了这一结果。

二、金融市场一体化的表现

金融市场一体化是指金融市场交易活动超越时空限制而趋于一体。20 世纪 90 年代以来,随着经济金融全球化的快速推进,全球各金融市场之间的联系越来越密切,金融市场一体化程度日益加深。具体表现为:

(一)货币市场一体化

全球货币市场一体化是全球金融市场一体化的有机组成部分。其最为突出的表现就是通过银行的跨国经营,将世界各地的货币市场紧密地联结在一起。

一般意义上,金融机构跨国发展是指它们在世界各地普遍建立分支机构,以适应日益扩大的金融交易需求。但在当代,尤其是 20 世纪 90 年代以来,跨国金融机构的发展突出地表现为金融机构在国内和国外的联合或兼并。1998 年全球企业并购浪潮中,银行、保险公司和证券公司的并购占并购总额的 40%。这不仅使各金融机构在世界的排名发生变化,更重要的是反映了金融市场一体化程度的加深。

跨国金融机构发展的另一个重要表现是金融机构的经营战略、方式和业务的国际化。为了适应经济、金融全球化竞争以及防范风险的需要,国际金融机构逐步从专业化经营向多样化、全能化、综合化转变。

金融控股公司是金融市场一体化环境下产生的一种跨国金融集团,

它是以控股公司形式存在的跨越不同金融领域的综合经营集团。金融控股公司具有独特的"集团控股、整体综合、法人分业"架构，既带来了综合经营的协同效应，促进了资源在不同金融市场之间的流动，又满足了分隔不同金融市场风险的需要，是国内外一些大型金融机构竞相追逐的发展目标。据调查，在我国国内至少有数十家企业集团形成了对两类以上不同金融机构的控股地位或掌握了实际控制权。其结构大体分为三类：一是由非银行金融机构形成的金融控股公司，如中信公司；二是由银行在海外设立的投资银行类机构，如中银国际等；三是企业集团形成的对金融机构的控股结构，如新希望集团、海尔集团等。

（二）资本市场一体化①

资本市场是金融市场的组成部分。在 20 世纪 90 年代中期，耶鲁大学的泛波兹（Fabozzi）教授和麻省理工学院的摩迪格里亚尼（Modigliani）教授就提出金融市场全球化问题，并认为金融市场的全球化就是各国金融市场的一体化。资本市场一体化是指全球各主要资本市场日益融合形成的统一市场网络组织体系。

资本市场一体化是当前全球资本市场发展的重要趋势。它作为金融市场一体化的有机组成部分，并成为整个金融市场一体化的核心。资本市场一体化具体表现在以下方面：

第一，资本市场组织形式的全球网络化。指全球各主要资本市场通过合并、联盟等形式相互联结而形成统一的资本市场网络体系。这种网络组织体系成为资本市场一体化的体制基础。分布在世界各地的证券交易所（中心）共同构成了国际证券市场，各市场的营业时间相互衔接，共同构成一个全天 24 小时不间断交易的全球化市场。

第二，筹资主体的国际化。指企业、政府及其所属机构等筹资主体在世界范围内的证券市场进行股票或债券筹资交易。20 世纪 80 年代以

---

① 本书在此较多地借鉴了孙立的观点，详见孙立：《论资本市场全球一体化趋势》，《东北师大学报》（哲学社会科学版）2002 年第 3 期，第 10—18 页。

来，随着各国金融市场的开放，股票、债券交易日益具有全球化的性质，改变了企业或政府机构通常在本国市场发行证券融资的传统方式。发达国家的证券交易所逐步成为世界性的金融中心，国外上市公司数量日益增加。截至 2007 年年底，在伦敦交易所上市的公司总数达 3305 家，其中英国公司 2588 家，外国公司 717 家。主板上市的英国企业总市值为 38640 亿美元，外国企业为 45860 亿美元。

第三，投资者的机构化及投资活动的全球化。指以机构投资者为主体在全球范围内的资本市场上进行证券投资活动。20 世纪 80 年代以来，从事大规模证券投资的机构投资者快速发展，成为资本市场上的主导力量。机构投资者主要包括各种共同基金、对冲基金、养老基金、银行和保险公司等。

第四，资本流动的全球化。指资本在全球范围内的大规模流动。20 世纪 80 年代以来，国际资本流动呈现出不断加速和扩大的趋势，特别是 90 年代以来，国际资本以惊人的数量、速度和日新月异的形式膨胀。在国际债券市场上，包括银行贷款、票据融资和债券发行三项业务的融资额，1973 年为 622 亿美元，1979 年为 1450 亿美元；进入 90 年代后，由 1990 年的 4276 亿美元增加到 1996 年的 15139 亿美元。在国际证券市场上，发达国家证券资本的年平均流出入总额，1976—1980 年间为 476 亿美元，而在 1991—1994 年间则增加到 6311 亿美元。共同基金的融资规模更令人叹为观止，美国 1970 年的共同基金数为 400 个、资产总额约为 448 亿美元，到 1994 年则相应增加到 5300 个和 21000 亿美元。[①] 与此同时，各类金融衍生工具的开发和普及，更是加速了国际资本的流动速度。

第五，金融资产价格趋同化。指同质的金融资产在全球市场交易中的价格趋于一致的现象。究其原因，一是因为全球各主要证券交易所及

---

① 王元龙：《金融全球化有关问题的探讨》，《经济研究参考》2003 年第 80 期，第 20—32 页。

其交易高度融合,市场相关性提高,联动性增强;二是因为现代化的通讯技术使各种影响市场价格的公开信息几乎同时在市场内传播,市场参与者行为趋于一致,导致同质的金融资产价格趋同化。

(三)外汇市场一体化

国际经济交往形成外汇的供给与需求,外汇的供给与需求导致外汇交易,而从事外汇交易的场所或活动则是外汇市场。国际经济贸易往来离不开外汇交易,只要有商品、劳务以及资本在国际间流动,那么,为进行支付而跨越国界的货币运动就不可避免。随着世界经济全球一体化趋势的增强,国际外汇市场日益紧密地联系在一起。

目前,约有30多个主要的外汇市场分布在世界不同国家和地区。根据地域不同,可划分为亚洲、欧洲、北美洲等几大部分,其中,重要的有伦敦、纽约、东京、新加坡、法兰克福、苏黎世、中国香港、巴黎、悉尼等市场(见表2-1)。另外,一些新兴的区域性外汇市场如巴拿马、开罗和巴林等,也大量涌现,并逐渐走向成熟。

表2-1　全球主要的外汇市场

地区	城市	开放时间(GMT)	收市时间(GMT)
亚洲	悉尼	23:00AM	7:00PM
	东京	0:00AM	8:00PM
	中国香港	1:00AM	9:00PM
欧洲	法兰克福	8:00AM	16:00PM
	巴黎	8:00AM	16:00PM
	伦敦	9:00AM	17:00PM
北美洲	纽约	12:00AM	20:00PM

从20世纪70年代以来,由于亚太地区的中国香港、新加坡等外汇市场的兴起,从时差上使世界各地外汇市场的营业时间相互衔接,加上现代化通讯设备和电子计算机大量应用于金融业,从而使全球外汇市场一天24小时都在营业,可以连续不断地进行交易,形成一个全球一体化运作、

全天候运行的统一的外汇市场。

具体来说,由于英国与欧洲各国的格林威治时间改成欧洲标准时间,英国与欧洲各国间的一小时时差消失,从而欧洲各国形成了一个大规模的统一市场。从欧洲时间上午9时开始营业起,至欧洲时间下午14时闭市时,纽约外汇市场开始营业。之后是旧金山、东京、中国香港、新加坡、孟买、中东外汇市场陆续开业。每天东京、中国香港外汇市场即将收盘时,伦敦等欧洲外汇市场又重新开市了。如此周而复始,世界外汇市场形成一个遍布全球各地的相互间有机联系的巨大网络,使国际外汇市场获得空前的拓展。在现代电子通讯技术的支持下,世界各地的外汇市场能够畅通无阻地进行交易,一个外汇市场的汇率变动会立即波及其他市场。

据国际清算银行2010年4月初步统计,全球外汇交易的日均交易量估计为39810亿美元,比2007年增长20%。直接远期和掉期交易的市场份额为63%,即期交易的重要性在下降,占外汇市场总交易量的37%。经纪商之间的交易量占比下降,其市场份额为39%,较1998年下降24个百分点。美元仍然是交易最为活跃的货币,占外汇市场交易量的85%,其次为欧元、日元、英镑。

三、金融市场一体化的效应

金融市场一体化是一个自然的、历史的过程,它在给世界各国带来发展机遇和经济利益的同时,也会带来一些不可忽视的消极影响。

(一)金融市场一体化的积极效应

1.提高资源配置和金融市场效率

有效率的资本流动,会提高资源的全球配置效率,促进国际贸易增长和各国经济的发展。在国际资本流动中,得益最大的首推跨国公司、跨国银行和各种机构投资者。国际收支不平衡的国家,会因国际金融市场的存在和发展,得以便利地运用其国内盈余或弥补国际收支逆差。发展中国家会因为国际金融市场的存在和发展而获得国际资金的支持。

2.降低金融交易成本,为各国投融资活动提供便利

金融市场一体化极大地压缩了国际金融市场上的时空限制,减少了资本进入与退出市场的障碍,使国际资本流动可以在全世界范围内瞬间完成,资金交易的成本大幅度降低,为世界各国的投融资活动提供了便利。对于发达国家而言,由于它们是金融市场一体化的推动者和规则的制定者,也是国际金融市场上资金的主要供应者,其国内存在着强大的金融资本和机构投资者,通过在全球一体化的市场上进行分散、组合投资,可以减少风险、降低成本、提高收益。对于发展中国家来说,在金融开放的条件下,大量的外资涌入发展中国家进行套利,在客观上补充了这些国家的资本供给,弥补了其国内建设资金的不足,进而促进了经济的发展。

(二)金融市场一体化的消极效应①

1.导致金融资产价格波动频繁

金融市场一体化增强了国际间资本的流动性,从而加剧资产价格的波动,使金融资产价格的波动幅度超过基本经济变量的波动幅度。股价、汇率等金融资产价格的频繁剧烈波动,又刺激了缺期投机活动,加大了市场的风险,增加了国际金融体系的不稳定性。

2.加快金融危机的传播,增加金融市场的脆弱性

一体化形成了各国金融市场之间日益密切的链条关系,极易发生"多米诺骨牌"效应。当一个国家或地区的金融市场发生动荡时,可能会迅速波及、扩散到其他国家或地区的金融市场,甚至引发全球金融动荡或危机。

金融市场一体化在促进金融信息传递的同时,也扩大了信息的不对称性,市场中普遍存在的从众心理,容易导致市场恐慌,甚至酿成金融危机。20世纪90年代以来金融危机的传染性和溢出效应日益突出,1997

---

① 杨培雷:《论国际金融市场一体化的涵义、原因及影响》,《经济评论》1999年第4期,第111页。

年的东南亚金融危机和 2007 年美国次贷危机引发的全球金融危机是金融市场一体化条件下金融市场脆弱性的典型例证。

3.削弱各国经济政策的独立性和有效性

全球金融市场一体化,导致各国货币政策的自主性被削弱,降低了各国金融政策的功效。

第一,由于"溢出"和"溢入"效应,干扰和削弱了货币政策所要达到的预期效果。金融市场一体化增加了各国金融市场之间的联系和影响,导致国内货币政策只是部分地作用于国内经济变量,而国外货币政策效应则会影响到国内,从而干扰国内货币政策预期目标的实现。譬如,提高再贴现率或法定存款准备金率的目的是减少货币供应量,但结果可能会导致利率攀升,境外资本流入。

第二,金融市场一体化提高了不同货币资产的相互替代性,从而影响货币政策的效果。

第三,金融市场一体化会使货币定义模糊,增加货币政策指标的不确定性。如果将货币总需求划分为交易性需求、预防性需求及投机性需求三部分,那么,金融市场一体化条件下,交易性和预防性货币需求会有所下降,投机性货币需求则会增大,进而影响着货币政策指标的确定性。

4.增加了各国金融监管的难度

金融市场一体化下,金融市场和金融机构将更加迅速的发展,金融创新也变得更加活跃,这些都给各国的金融监管带来严峻的挑战。首先,随着金融结构的复杂化及金融创新产品的不断涌现,不稳定性和系统性风险增加,监管难度加大。从历史经验来看,金融创新往往是为规避金融监管而产生的,当然也是促使金融监管不断完善的重要因素。其次,随着混业经营趋势的不断加深,银行、证券、保险交叉经营现象越来越普遍,相互之间的界限愈发难以划清,从而对监管模式提出了新的更高的要求。如何有效进行金融机构风险的全面监管是一大难题。再次,跨国金融集团往往有着更广泛的业务种类和经营范围,在世界许多国家和地区设有分支机构。对这些金融集团进行有效的监督,需要在更高层次上进行国际金融监管的合作。但是,由于缺乏统一的监管协调机制,跨国界金融监管难以实施。最后,随着金融市场一体化程度的加深,国际金融市场风险不仅可以在全球范围内迅速转移和传播,而且具有数倍扩张效应,对世界经济运行的破坏力更强,这使得一些传统的注重隔离风险的"防火墙"作用渐失。

第二节 金融市场一体化的动因分析

为了更清楚的说明问题,我们将导致金融市场一体化的因素归纳为三类:制度因素;经济、市场因素;技术因素。

一、制度因素

(一)国际货币制度的变化

国际货币制度变迁对金融市场一体化进程有着重要的影响。国际货币制度大体可以分为金本位制下的国际货币制度、布雷顿森林体系和牙买加体系三个典型时期。

1.金本位制度对金融市场一体化进程的推动作用

金本位制是以黄金作为本位货币并发挥世界货币职能的一种货币制度。黄金作为国际支付手段、购买手段和社会财富的代表在各国之间转移。自1821年英国在法律上实现了完全的金本位制之后,至1890年,各主要工业国家相继实行金本位制,标志着国际金本位制度的形成,从而为世界统一金融市场的形成奠定了基础。

金本位制为世界商品贸易提供了流通媒介,黄金输送点限制了汇率波动幅度,保障了国际贸易与信贷关系的安全稳定,从商品交换和资本流动两个方面推动了统一的世界经济的发展。总体上看,第一次世界大战前50年是有史以来国际资本流动程度最高时期。这一点可以通过衡量国际资本流动程度的重要指标——资本流动性指数(CMI)变动得到证明。1880—1914 年,资本流动性指数(CMI)平均为 3135%,而 20 世纪 90 年代,该指数只是 216 %。从经常账户余额占国内生产总值比重的 5 年平均值来看,1870 年至 20 世纪 60 年代初,英、法、德、美等 12 个西方主要国家的国际资本流动甚至高于 20 世纪 70 年代末以后的水平。在 1890 年和 1915 年前后,金融资本在全球的自由流动出现了两次高峰,当时英国输出的金融资本占英国的 GDP 比重高达 9%,并初显了全球金融市场某种程度的一体化特征:当时英美两国之间的在岸利差和离岸利差不断缩小,实际利率的离散也比较低,表明金融产品在世界各个主要金融市场之间的价格趋向一致。

但是,由于各国储备对于黄金存在高度的依赖性,金本位制的存在使金融资本的扩张规模限制在与黄金存量相适应的范围内,黄金总量制约着金融资本和社会信用的扩张规模。随着世界经济贸易的发展,金本位制本身的局限性,最终导致萌芽状态的金融市场一体化进程中断或发展缓慢。

2.布雷顿森林体系对金融市场一体化进程的推动作用

布雷顿森林体系的核心内容是实行黄金——美元本位制,据以建立起可以调整的钉住汇率制度。布雷顿森林体系以其特定的制度安排确立了美元的"纸黄金"及国际货币地位,并使货币体系走向信用货币体系,为金融市场一体化创造了有利条件。由于只有美元与黄金(以 35 美元折合 1 盎司黄金)直接挂钩,其他国家的货币只能先与美元挂钩再与黄金间接挂钩,导致美元纸币及各种美元金融资产迅速向全球扩张。同时,根据"协定"其他国家有维持全球固定汇率制度的义务,须在美元汇率下跌时抛出本币吸收过多的美元。布雷顿森林体系使得金融全球化以美元资本剥夺全球真实资源的法定形式迅速扩展,统一的国际信用货币搭建了统一的国际信用交易平台,为金融市场一体化进一步发展奠定了基础。

但是,布雷顿森林体系的基本规则来自国际金本位制,不同的只是"双挂钩"的制度安排。因此,这种金本位制成为阻碍金融市场一体化进程迅速推进的障碍。著名的"特里芬难题"即是对这一过程的注解。

3.牙买加体系对金融市场一体化进程的推动作用

20世纪70年代布雷顿森林体系崩溃后的牙买加体系①,实行黄金非货币化,纯粹信用货币体系得以确立,成为金融资本全球化的现实基础,成为世界各个市场统一的制度保障。同时,布雷顿森林体系的崩溃也标志着固定汇率制度的瓦解,牙买加协定确定了各会员国可以自由选择汇率制度安排,因而固定汇率制度和浮动汇率制度可同时并存。固定汇率制度的瓦解使国际金融市场上金融产品的价格真正由市场定价,缩小了金融产品之间的价差,刺激了全球金融市场的发展。

布雷顿森林体系的崩溃,直接导致金融衍生产品的出现与迅猛增长。金融衍生产品是金融市场一体化进程中里程碑式的标志。

布雷顿森林体系崩溃前两个月,即1972年5月16日,美国首次推出包括7种货币在内的外汇期货,标志着金融期货的问世。随后,美国商品期货交易委员会正式将金融期货纳入监管范围,使它有了合法地位并因此获得长足发展。金融衍生产品从诞生之日起就具有鲜明的全球性质。它的相继开发和推广在金融领域掀起了一场革命。据国际清算银行统计,20世纪80年代末期以来,几乎每个月都有一种新型衍生交易合约产生。截至2010年4月,世界上已有53个交易所可以进行金融衍生产品

---

①　国际货币基金组织于1972年7月成立一个专门委员会,具体研究国际货币制度的改革问题,由11个主要工业国家和9个发展中国家共同组成。委员会于1974年6月提出一份"国际货币体系改革纲要",对黄金、汇率、储备资产、国际收支调节等问题提出了一些原则性的建议,1976年1月在牙买加首都金斯敦举行会议,讨论国际货币基金协定条款,签订了著名的牙买加协定,主要内容是:增加国际货币基金组织成员国的基金份额;成员国可暂时自行决定汇率制度;废除黄金官价,使特别提款权逐步代替黄金作为主要储备资产;扩大对发展中国家的资金融通。牙买加体系的主要特征是:浮动汇率制度的广泛实行,使各国政府有了解决国际收支不平衡的重要手段,即汇率变动手段;各国采取不同的浮动形式,欧共体实质上是联合浮动,日元是单独浮动,还有众多的国家是盯住浮动,这使国际货币体系变得复杂而难以控制;各国央行对汇率实行干预制度;特别提款权作为国际储备资产和记账单位的作用大大加强;美元仍然是重要的国际储备资产,而黄金作为储备资产的作用则大大削减,各国货币价值基本上与黄金脱钩。

的交易。

（二）货币主义主导国家经济政策的取向

货币主义的基本理论倾向和政策倾向是经济的自由放任。其基本政策主张：一是"单一规则"的货币政策，把控制货币供应量作为唯一的政策工具，由政府公开宣布把货币供应量的年增长率长期固定在与预计的经济增长率基本一致的水平，以避免经济波动和通货膨胀；二是实行浮动汇率制。20世纪70年代后，货币主义逐步取代后凯恩斯主流经济学地位，成为政府制定经济政策理论的依据。经济的自由化加速了经济全球化和国际化的进程，成为金融市场一体化的重要制度基础。

（三）发达国家金融管制的放松

美国和德国最早放松资本管制，英国在1979年放松对资本流动的管制，日本20世纪80年代以来逐步放松资本管制，法国和意大利在20世纪90年代也取消了对跨国投资的限制。到20世纪80年代后期，放松金融管制之风在发达国家盛行，一些国家甚至出现"竞争性的放松管制"，竞相出台优惠宽松的政策。金融管制的放松，大大提高了金融效率，推进了经济全球化，拓展了国际资本市场，加快了金融业务国际化步伐，加速了金融市场一体化进程。

二、经济、市场因素

（一）根本原因：世界经济一体化

经济决定金融，经济发展决定金融市场的发展。世界经济一体化是决定并推动金融市场一体化的根本原因。第二次世界大战之后，世界经济发展的一个重要特征是各国经济相互依存度提高，日益走向一体化。贸易和投资规模迅速扩大是世界经济一体化的原动力。从全球贸易发展来看，1950年到1999年全球生产（GDP）增长6倍，而同期全球贸易额则增长了16倍。贸易增长超过生产增长，表明对外贸易对各国经济的影响日益增大，各国生产越来越多地面对国际市场。从全球直接投资来看，1950年到1999年全球对外直接投资增长了21倍，超过了国际贸易的增长。这里需要指出的是,跨国公司的发展是推动全球贸易和投资发展的直接动力,从而也对全球经济一体化起到了重要的促进作用,更是金融市场一体化进程中不可或缺的重要角色。据统计,截至 1999 年,全球跨国公司有 5.4 万家,其海外销售额达 10 万亿美元,贸易额占全球贸易总额的 60%,所掌握的高新技术占全球高新技术的 70%,所控制的国际技术贸易占全球该项贸易的 70%,产值占世界的 40%,投资额占各国对外投资的 23%,境外直接投资占国际直接投资的 90%以上。① 跨国公司的发展使得经济资源的配置跨越了国家和地区的界限,一方面带动了贸易和投资的全球化,另一方面也对金融服务的全球化,尤其是对金融市场一体化提出了客观要求。在这样的经济条件下,金融市场一体化进程不断推进。

(二)金融机构的跨国经营和机构投资的增多

跨国公司对于金融市场一体化的巨大推动作用,包括金融机构的跨国经营。作为金融市场的重要组成部分,各国金融机构的跨国经营对于金融市场一体化的推动作用更加直接有力。早在 20 世纪 50 年代,美国银行为了逃避本国管制,就到欧洲设立跨国机构,开展跨国业务。80 年代以来,为了应对日益加剧的金融服务业全球竞争,各国大银行和其他金融机构竞相以扩大规模、扩展业务范围和推进国际化经营作为自己的战略选择。90 年代末以来,世界各国先后不同程度放松了对别国金融机构在本国从事金融业务或设立分支机构的限制,各国银行等机构纷纷拓展海外市场。1997 年年底,世界贸易组织 102 个成员国签署"金融服务协议",允许外国在其境内建立金融服务公司并将按竞争原则运行作为加入该组织的重要条件,进一步促进了各国金融业务和机构的跨国发展。世界各国金融机构的跨国经营从业务角度看有以下特点:业务相同的单一金融机构通过跨国收购,进入另一国的金融市场;从事不同业务的多个跨国机构合资建立公司,从事商业银行业务;证券商联合建立网上投资银

---

① 李扬:《金融全球化问题研究》,《国际金融研究》2002 年第 7 期,第 8—14 页。

行,打破本国资本市场上在证券承销方面的寡头垄断格局;网上债券交易市场成为各国各类金融机构的竞争热点;多家投资银行合作,建立网上证券研究分析与询价系统;非金融类企业甚至个人凭借其技术或资金实力进入网上投资银行或商业银行业务。

同时,各国日益增多的机构投资者,也在客观上对金融市场的一体化起到了推动作用。机构投资者的数量和其拥有的资金实力日益增大是战后金融领域的重要特点。机构投资者对于全球金融体系的重要性,可以从其管理的资产规模的不断扩大中看出来。在发达国家中,由这些机构持有和管理的资产总量已经超过了 GDP 的规模。机构投资者在各国国内迅速发展的结果之一,就是其业务向全球金融市场延伸。机构投资者为了减少风险,会将资金分散于不同的证券组合,投资需求越来越国际化和多样化。随着 20 世纪 80 年代发达国家相继取消资本流动的限制,机构投资者投资的国际化倾向日益突出,对国际金融市场一体化产生的影响也日益显现。

(三)金融创新的推动

从市场原因看,金融创新是推动金融市场一体化的重要内生变量。金融创新对金融市场一体化的影响主要表现在以下两个方面:

一是金融创新加速了国际资本流动,促进了国际资本市场规模迅速扩大,并使其一体化程度加深。一些创新的金融工具在某一国内金融市场或某一国际金融市场面世之后,交易规模急剧放大并迅速向全球市场拓展,而这又在客观上要求这些金融工具的交易惯例、市场交易价格及投资收益率在不同的金融市场间趋同,从而促进了各个不同金融市场之间的关联度提高。

二是金融衍生工具不仅为金融交易主体规避风险和套期保值提供了有效手段,而且由于同种货币的浮动利率与固定利率之间、不同货币的利率之间存在差异,进而为金融主体套汇套利,赚取投机收益提供了可能。这类套利套汇活动不仅仅发生在一个市场,涉及一种货币,而是涉及不同市场和多种货币,因而起到了促进金融市场一体化的作用。

三、技术因素

在金融市场一体化进程中,不应忽视的是科学技术的重要贡献。科技进步及科技成果的推广运用,对全球金融市场一体化产生了极其重要的推动作用。

以现代交通、通讯和信息技术为代表的现代科学技术大大压缩了空间,缩短了时间,克服了地域距离造成的障碍,尤其是电信技术的不断进步,电子计算机功能的不断增强,互联网等电信网络的迅速发展,使得整个世界的各种活动都越来越具有"全球性"。20世纪70年代以来,通讯卫星、大型电子计算机和微型电脑的广泛运用,为资金和信息在全球的转移、传播提供了便捷的手段,同时也创造了一体化的市场。各种创新的金融产品,几乎可以进入任何金融市场,甚至包括政府试图控制资本流动的金融市场。人为设置的市场障碍在科技创新成果和创新的金融工具面前效力渐失。科技进步缩短了市场间的距离,促进了金融业务和金融工具的电子化和网络化,使资金的全球调拨在瞬间完成,大大降低了市场交易的成本。在这些因素的作用下,分布在全球各地的金融市场紧密地联系在一起,也使得不同市场上的金融中介机构和其他参与者的竞争空前激烈,而激烈竞争的结果又使得不同市场之间的金融产品同质化,价格趋于一致,全球金融市场一体化的程度也就大大提高。正是由于现代科学技术的发展,特别是通讯和信息技术的发展,为金融市场一体化提供了物质基础和技术条件。

上述分析表明,金融市场一体化是多种因素共同作用的结果,反映了金融市场发展的基本趋势。

第三节 中国在金融市场一体化中的对策

随着经济全球化和金融市场一体化进程的加速,经济体之间将更加开放,财富的聚合和流动速度日益加快,市场竞争更加激烈,实体经济与虚拟经济的关联度逐渐减弱。同时,经济运行的风险也在明显增大,经济发展中金融杠杆的作用明显增强。随着金融市场一体化速度的加快,社会财富形态正在发生重大变化,财富的物质形态正在逐步淡出,资产或财富的虚拟化倾向日益明显。可以说,21世纪的经济是金融经济的时代。

随着中国金融业的全面开放,国内金融市场与国际金融市场的联系日益紧密。中国在享受金融市场一体化利益的同时,也面临着前所未有的重大挑战。因此,我们对金融市场一体化的趋势要有足够的认识,并采取相应的对策,使中国在金融市场一体化的进程中趋利避害,良性发展。

一、金融市场一体化对中国的挑战

在金融国际化和金融市场一体化的进程中,中国金融市场的问题开始显露,主要表现在货币市场本身、资本市场本身和货币市场与资本市场的协调等方面。

(一)货币市场本身的问题

货币市场是货币政策传导机制的关键环节。我国的货币市场相对资本市场发育滞后,不适应金融市场发展及宏观调控的要求。

第一,信贷规模增长过快,致使一些企业负债率过高,超出企业资本金的承受力,这种股权资本融资与债权资本融资的不匹配,极易造成银行不良资产,增加金融风险。

第二,货币政策运作较少考虑对资本市场的影响。货币政策目标中的稳定价格水平并未考虑金融资产的价格水平。

第三,商业银行尚未真正建立起现代企业制度,使得货币政策对商业银行信贷行为的调控能力有限。

(二)资本市场本身的问题

我国资本市场发展起步较晚,尽管发展迅速,但仍属于新兴市场。从证券化程度指标看,2008年我国证券化率(股票市值与GDP的比率)只有40%,而1998年美国、英国就已分别达到135%和154%。这表明我国资本市场相对国民经济发展规模过小,通过资本市场传导货币政策的有效性受到限制。

第一,资本市场对推动国民经济增长的作用有限。我国上市公司缺乏对国民经济的代表性。我国非国有控股企业创造了 50% 以上的国民生产总值,但这些企业不足股票市场市值的 10%。从另一个侧面看,上市公司从近年来对经济发展有重大影响的积极财政政策支持中受益不多,这表明我国经济增长更多地依赖于政府支出和未上市的非国有企业,也说明上市公司对推动经济增长的作用有限。

第二,资本市场存在严重的制度性缺陷。这种制度缺陷导致居高不下的居民储蓄存款与强劲的企业直接融资需求之间,未能有效地实现供求平衡。具体说来主要表现在:产品结构不合理,中介机构运作不规范,上市公司质量不高,价格机制扭曲,市场层次单一,投资者结构不合理等等。

(三)资本市场与货币市场的协调问题

第一,不能有效平衡资金供求。目前,我国金融市场上,一方面存在旺盛的企业融资需求不能满足;另一方面又存在着巨额的居民存款及商业保险资金、社会保障基金以及住房公积金等。反映了资本市场与货币市场在连接与协调方面存在问题。

第二,股价变化难以反映货币政策的合理预期。譬如,中央银行下调利率,理论上应增加资本市场供给,促使股价上升。实践中,我国股市的反应并非如此,有时甚至相反。这种情况表明资本市场与货币市场的不协调。

第三,货币市场、资本市场与宏观经济的关联度不高,商品市场与金融市场、商品服务价格与金融资产价格变化不一致。譬如,从 1999 年"5·19"行情至 2001 年 6 月间,我国物价指数持续走低,股指却不断攀升。而近些年,经济持续稳定增长,股价却徘徊不前,甚至下行。

货币市场与资本市场发展的不协调,金融市场价格不能真实反映资金供求关系,资金无法在两个市场间顺畅流动,使资金不能得以优化配置。

二、中国应对金融市场一体化的措施

(一)循序渐进,稳步推进金融市场一体化

1.进一步深化国有商业银行的改革

第一,提高全面风险管理水平,增强抗风险能力。随着金融市场一体化进程的加快,金融市场风险发生的频率和破坏程度也呈上升趋势。目前,我国银行业的风险管理体系尚未覆盖到所有风险领域,而且风险管理的职能也分散在各个不同部门,风险管理的技术相对落后。因此,银行的董事会和管理层要切实负起风险管理的责任,借鉴国际先进经验,在组织构架、制度安排、技术能力建设等方面加以改进。

第二,逐步缩小在公司治理方面与先进银行的差距。虽然我国四大国有商业银行都已上市,初步建立了现代企业制度,但是在完善公司治理结构方面还存在差距。片面强调股东利益至上,公司治理相关主体之间职责边界不清晰,董事履职的专业性、独立性、尽职尽责性有待提高,董事会作为公司治理核心主体的作用有待加强。为此,要切实采取有效措施,确保董事会、监事会的独立性,进一步发挥独立董事的作用;要完善董事会、监事会、高管层议事的程序和规则,进一步提高决策质量。

第三,加快建立合理的人才激励机制。随着金融市场一体化的到来和我国金融市场的逐步开放,外资金融机构加速进入我国金融市场,使国内银行面临严重的人才流失问题,因而必须改革和完善现有国内银行,特别是国有商业银行的人才管理机制,加快产权激励机制和职业经理人市场建设。

第四,缩小金融创新方面与发达国家的差距。我国商业银行要提高金融创新层次,增加产品种类;创新不应只偏重于传统业务和传统市场,还要加大中间业务的创新力度;提高金融创新的技术含量,着重研发高收益品种。要树立长远的战略创新规划和有效的创新机制,正确认识"多业"和"专业"之间的关系,不应片面、过分追求业务的综合化经营和多元化发展,还要规避金融创新风险。

第五，提高在利率风险定价方面的能力。目前，我国利率尚未完全市场化，客户信用评级机构公信力低，客户信息的质量不高，缺少完整的经济周期的数据积累。因此，我国商业银行应逐步完善利率风险定价手段和数据支持，加快专业人才队伍建设，以满足日益复杂的金融产品定价要求。

2.加快发展非国有银行，建立和完善多层次的银行体系

大力发展非国有银行的重要性主要表现在：促进竞争，改变四大国有银行垄断格局，增强我国银行业的整体竞争力；有利于解决资源配置扭曲问题，即信贷分配与国民经济（GDP）贡献度不一致的问题；提高资本配置效率，防范金融风险；有效支持中小企业发展等。

发展非国有银行，其目的是在银行体系内以增量带存量，以竞争促效率。采取积极措施，发展各种区域性银行、中小企业银行以及各种股份制银行应是我们的战略重点。

3.加快资本市场的发展

第一，深化金融体制改革，促进证券业的发展壮大。我国金融体制改革目标之一是要促进直接融资及资本市场的发展，不断强化资金配置的市场化机制。目前，我国的证券化比例相对较低，直接融资及资本市场的发展潜力巨大。

第二，加强证券市场监管，促进金融改革开放。从长期看，人民币资本项目的自由化是大势所趋，这对我国证券市场监管提出了更高的要求和挑战。高效率的市场监管既有利于国内资本市场的发展，也有利于国内金融市场及宏观经济的稳定。

第三，做大做强证券公司及其投资银行业务，提高其在全球资本市场中的竞争地位。证券公司在增资扩股等方面，应由企业股东自己决定方案；在业务许可方面，尽可能为国内投资银行机构提供良好的发展空间；通过互联网推动整个金融市场的混业经营；推进国内投资银行业的联合与重组，实现规模效益与竞争优势；开展针对我国资本市场特点和投资者行为的个性化服务与金融创新；在大力提高从业员工综合素质的基础上，培育和发展专业化投资银行等等。从而使我国证券公司等投资银行机构在未来的开放式资本市场竞争中立于不败之地。

第四,加快资本市场结构调整,在继续发展完善股票市场的同时,大力推进企业债券市场的发展。

4.改革利率和汇率制度

利率作为金融产品的价格,是整个金融市场和金融体系中最能动、最活跃的因素。我国利率体制改革的目标是实现利率市场化。1996年实行利率市场化改革以来,我国积极推进银行间市场利率、国债和政策性金融债发行利率、大额长期存款利率、境内外币利率市场化,改革了贴现利率生成机制,扩大金融机构贷款利率浮动幅度等,阶段性改革成果明显。今后的改革,应按照先外币、后本币,先贷款、后存款,存款中先大额长期、后小额短期的基本步骤,逐步建立由市场供求决定金融机构存、贷款利率水平的利率形成机制,中央银行调控和引导市场利率,使市场机制在金融资源配置中发挥主导作用。

在我国利率市场化改革进程中,需着重处理好以下问题:第一,进一步完善金融市场,特别是货币市场。货币市场的发展和完善,是利率市场化的基础。目前,我国的金融市场还不够规范,货币市场发展相对滞后,各市场均处于起步阶段,市场的效率和管理、经济主体的行为、市场的规模等都有待进一步提高。所以,要对货币市场进行市场化取向的改革和完善,大力发展拆借市场、国债市场、票据市场等,并进一步加强各子市场间的协调和联系,使各子市场之间的利率真正反映资金供求状况,创造一个利率市场化赖以存在并能有效发挥作用的货币市场制度环境。第二,健全中央银行的宏观调控体系。中央银行对经济的宏观调控应主要通过间接的货币工具,以市场利率和货币供应量为中间目标,采取利率政策或公开市场业务操作实施对经济的干预。我国公开市场业务操作开展时间不长,再贴现业务量还不很大,存款准备金制度的作用也不很明显,这些都可能制约利率市场化的进程。第三,加强商业银行的利率风险管理。利率市场化对我国商业银行经营是一个新的挑战,要求商业银行建立科学的利率风险衡量体系;加快会计制度、信息采集方式等方面的改革;通过信息收集和分析,对市场利率、央行基准利率的变化趋势作出预测;针对可能的风险,采取相应的避险措施。

我国现行的汇率制度,是2005年汇率制度改革以来形成的以市场供求为基础、参考一篮子货币进行调节、有管理的浮动汇率制度。几年来,人民币汇率形成机制改革有序推进,总体上对我国实体经济起到了积极的促进作用,为宏观调控创造了有利条件,也在应对国内外形势变化中发挥了重要作用,取得了预期的效果。

进一步推进人民币汇率形成机制改革的重点在于,坚持以市场供求为基础,参考一篮子货币进行调节。继续按照公布的外汇市场汇率浮动区间,对人民币汇率浮动进行动态管理和调节,保持人民币汇率在合理、均衡基础上的基本稳定,促进国际收支基本平衡,维护宏观经济和金融市场的稳定。这对于促进我国金融和经济的全面协调可持续发展、抑制通货膨胀和资产泡沫,增强宏观调控的主动性和有效性,保持有利于我国经济发展的国际贸易环境等具有重要的现实意义。

(二)积极参与全球和区域金融合作,推动国际金融秩序的改革

随着世界经济一体化发展,全球和区域经济合作步伐加快,在这一国际潮流下,加快推进金融业的对外开放与合作是中国必然而迫切的选择。

第一,积极参与国际规则的制定。在改革开放初期,我国主要通过学习和适应国际规则参与全球经济活动。但这些规则都是由发达国家制定的,注重维护发达国家的经济利益,使广大发展中国家的利益处于被忽视的地位。随着改革开放进程的加快和经济实力的不断增强,我国应在全球多边组织中由被动适应转向积极参与国际规则的制定,从而维护自身和广大发展中国家利益,促进各国共同繁荣。

第二,积极参与国际组织的对话与合作。应积极参与国际经济金融高层论坛,推介我国经济发展成果,就金融体制改革、全球失衡、汇率制度等热点问题,与各国扩大沟通,谋求国际社会共识,为我国经济发展创造

有利的外部环境。

第三,加强双边金融合作。双边金融合作是我国与各国官方及市场人士进行对话、沟通,实现互利共赢的重要渠道。要与美、英、德、日等主要国家保持平等的金融对话与合作,加强与周边国家央行的协调与合作,增进与其他国家监管当局的金融监管合作。

第四,积极推动区域金融合作。在金融市场一体化背景下,区域合作成为各国协商经济政策、促进本地区发展的重要平台。目前,我国参与的亚洲区域合作机制有:东盟与中日韩(10+3)框架、东亚及太平洋中央银行行长会议(EMEAP)合作、亚欧财长会议和亚太经合组织财长会议等。今后,应以更加务实的态度积极推动亚洲区域合作,为谋求区域国家共同的经济和金融战略利益作出贡献。

(三)完善金融监管体系,规避金融风险

随着金融市场一体化的发展,跨国金融机构日益增多,各金融市场日益融合,一国的金融系统发生问题会很快影响到其他国家。因此,加强金融监管,防范金融风险,维护本国金融体系的安全与稳定变得越来越重要。

目前,我国金融监管体系主要存在以下问题:第一,多头监管和交叉监管导致监管效率低下。各监管机构目标不一,指标体系、操作方式不同,不同监管机构的监管结果有时差别很大,监管部门间协调难度大,监管效率低。第二,对金融控股公司的监管存在盲区。随着我国金融业混业经营的发展,金融控股公司将成为我国金融市场的主要形态。金融控股公司法人结构十分复杂,集团规模巨大且跨国经营导致内部管理部门层次复杂化,集团业务涉及多种金融业务又使经营复杂化。我国现行的分业监管体制很难对金融控股公司及其所开展的金融业务进行有效监管。第三,金融监管能力的滞后阻碍了金融创新的发展。金融创新源于金融机构的逐利动机,是一把双刃剑,既可以活跃金融市场,促进经济发展,又有可能导致金融危机,影响实体经济。我国现行的由政策主导的金融创新取决于监管能力,而落后的监管能力则阻碍了金融创新的发展。

　　由于上述问题的存在,我国的金融监管应考虑进行以下改革:一是进一步明确各监管机构的职责,加强信息交流,强化监管协调与合作;二是将合规性监管与风险性监管相结合,严格合规性检查,突出风险性监管;三是确立金融控股公司的法律地位,明确金融控股公司的监管主体,制定对金融控股公司的监管办法;最后,与金融市场一体化趋势相适应,成立统一的金融监管协调机构,协调各监管部门的关系,整合各种监管资源,实现统一监管。

第三章　金融自由化[①]

　　20世纪70年代以来,有两个导致全球金融体制发生重大变革的浪潮,席卷了世界上的几乎所有国家。在发展中国家,先后展开了以金融深化或金融发展为旗帜的金融体制改革;在发达国家,则相继开始放松金融管制。由于经济背景和经济发展水平不同,金融制度也存在很大差异,两类国家金融深化和放松管制的变革对象在具体内容上相差甚远。但是,就实质来说,这两类改革都可以用金融自由化(Financial Liberalization)来概括,它们的目的都是要改变原有对金融体制实施的限制,让市场力量发挥更大的作用,从而充分发挥金融在一国经济发展中的推动作用。

　　金融自由化已成为近几十年来世界各国(或地区)金融和经济发展中出现的一个重要趋势。在金融自由化浪潮影响下,各国(或地区)金融市场一体化程度不断加深,金融国际化和全球化趋势日趋明显,国际资本流动日益加快。金融自由化在为各国金融发展提供机遇的同时,也带来了潜在风险和挑战。正确分析评价金融自由化的积极作用和消极作用,趋利避害成为各国(地区)金融自由化进程面临和必须解决的问题。

---

　　①　本章系王晓冉硕士学位论文《金融自由化的国际经验借鉴及中国的政策选择》(河北大学2005年)修改、增删而成。

第一节 金融自由化概述

一、金融自由化的涵义

正确把握金融自由化的基本涵义,是理解金融自由化的一个关键问题。"金融自由化"一词源于20世纪70年代美国斯坦福大学经济学教授罗纳德·麦金农(Edward S.Shaw)和爱德华·肖(Ronald I.Mckinnon)的金融深化论。麦金农和肖认为,发展中国家普遍存在着利率限制、高储蓄率、信贷管制以及各种对金融中介歧视性负担等"金融抑制"现象,而各种金融抑制一方面会减少持有货币等金融资产的动机,减少可贷资金;另一方面又会降低投资的效率和质量,不利于经济增长。因此,他们主张实行金融自由化,认为金融自由化可以增加投资的总量,提高投资的效率,促进经济增长。针对发展中国家经济发展过程中存在的金融抑制现象,麦金农和肖在金融深化理论中,提出进行金融自由化改革,主要是指政府对金融管制的放松,即政府放松对金融产品价格、金融市场和金融体系等干预,使金融部门的运行主要由政府管制逐步转变为由市场力量决定。

随着世界经济和金融环境的不断变化,以及各国在实施金融改革过程中经验的不断丰富,人们对金融自由化内涵的认识也在不断深化。我们可以从三个方面理解金融自由化的内涵。

(一)金融自由化涉及的地域范畴问题

金融自由化是一个同时涉及包括发达国家和发展中国家(地区)的全球性问题。传统理论认为金融自由化只是针对发展中国家而言的,认为发展中国家通过金融自由化可以缓解金融抑制给经济发展所带来的阻碍。而透过各国金融改革的实践来看,包括欧美发达国家在内的诸多国家都经历了自由化历程。自20世纪70年代以来,以金融深化或金融发展为目的的金融体制改革引发了全球范围的金融自由化浪潮。因此,本书在研究金融自由化问题时将着眼点同时放在发展中国家和发达国家身上,这样有利于我们更好的理解金融自由化以及相关问题。国内学者李扬和黄金老(1999)提出了"金融自由化是金融全球化的金融制度基础,是涉及各国基本金融制度及其改革的普遍性政策倾向"这样一种观点。

"全球金融自由化构造了一种真正的金融活动的全球基础。如果说在过去,跨越国境的金融活动通常与各国的国内金融市场相对割裂开来,采取一种相对独立于各国金融体系的形式来进行,并同时受到本国管理法规和国际惯例两套并不完全一致的规则制约的话,那么现在的跨国金融活动,则是在相同的'游戏规则'下,采用相同的金融工具,在全球范围内选择投资者和筹资者的过程。简言之,如果说在过去我们还可以在'国际金融'和'国内金融'之间划出清晰且可以识别出的界限的话,那么,在各国普遍实行金融自由化的条件下,这种界限是日益模糊了。"①所以,我们应该站在全球角度来看待金融自由化问题。

(二)金融自由化涉及的内涵范围问题

金融自由化不仅仅是对传统金融管制的突破,更重要的是对现有金融体制的变革。金融自由化是以制度调整为切入点的各国(地区)金融市场对内对外开放的过程,其基本涵义是突破传统的金融管制,建立和发展适应市场经济要求,具有国际竞争力和充满活力的金融体制,以促进金融业在国民经济发展和国际市场竞争中发挥更大作用,更加有效的利用国际金融资源。金融自由化是各国(地区)经济和金融发展中必然的、不可逆转的过程。

在20世纪30年代经济危机后,不同类型的国家(地区)片面地认为造成经济危机的重要原因之一是金融管制的松散,于是都在不同程度上以不尽相同的方式对金融业实行高度管制的政策和制度安排。这些管制主要体现在金融市场准入的限制、金融产品的价格限制、金融业务的限制、金融经营地域的限制、对外资金融机构的限制以及货币兑换的限制

---

① 李扬:《金融全球化问题研究》,《国际金融研究》2002年第7期,第10页。

等。希望通过强化管制在一定时间和一定范围内减少金融交易中的紊乱行为,降低由此引致的金融风险。

但是,随着各国经济的发展以及全球化的影响,世界各国和地区经济联系越来越紧密,过于严格的金融管制不仅没有体现出防范风险的作用,而且还在很大程度上阻碍了金融在一国经济中所应起的作用,于是 20 世纪 70 年代初在自由化思潮的影响下,世界各国开始了金融自由化改革,采取不同的方式放松金融管制,取得了一些成功的经验。但是拉美一些国家的激进式改革也造成了失败的痛楚。20 世纪 90 年代后,各国(地区)通过总结以往金融改革中的失误,并结合本国现实,掀起了新一轮的金融自由化浪潮。不再单纯地将自由化局限于对金融管制的放松,而是将金融自由化拓展到整个金融改革之中,通过金融自由化,以点带面,推动整个金融制度和金融结构的良性发展。

(三)金融自由化、金融发展与经济增长的关系

无论是发达国家的金融管制,还是发展中国家存在的金融压抑,都在特定的历史时期发挥了重要的作用。但是随着经济金融环境的变化,金融国际化、全球化的趋势日益明显,严格的金融管制(压抑)已不适应国际经济金融发展的大环境,因此世界各国都相继开始了金融自由化革命。在金融自由化过程中,发达国家相继放松金融管制,发展中国家则纷纷展开了以金融深化或金融发展为旗帜的金融体制改革。

金融自由化解除了束缚在金融行业的种种管制,促进了金融业的发展。然而 20 世纪 80 年代以后,不断爆发的金融危机特别是发展中国家的债务危机,使世界金融业变得更加脆弱了。金融自由化具有双重效应,即一方面促进了金融发展,另一方面又加剧了金融脆弱性,引发金融乃至经济危机。这导致了部分人对金融自由化改革的怀疑,那么到底是继续金融自由化,还是回到金融管制的老路上,我们有必要分析金融自由化、金融发展与经济增长三者的关系。

1.金融发展与经济增长的关系

大量理论研究和实践证明金融系统在经济发展中发挥着重要作用,

金融市场和金融机构的发展是经济增长过程中一个至关重要的因素。巴格哈特（Walter Bagehot，1873）和希克斯（John Hicks，1969）认为，在英国工业化过程中金融系统通过动员资本发挥着至关重要的作用。戈德史密斯（Goldsmith）对经济发展与金融结构的关系做了系统的研究，揭示了金融相关比率（financial interrelations ratio，FIR）与金融发展、经济增长的关系。后来的研究进一步补充了金融结构在经济发展中的重要性。肖（Shaw，1973）、麦金农（McKinnon，1973）等人在考察金融市场及微观经济的基础上，揭示了金融市场在经济增长过程中动员和配置资本的贡献。

金融发展与经济增长之间是相互促进的。金融部门对经济的促进主要通过提供有效的支付系统、有效地动员和配置资源、扩大工业部门的经济规模和促进经济效率的提高。这些作用的发挥主要在于增强金融系统的功能和改善金融结构。如果缺乏一个稳健的金融系统，经济增长几乎是不可能的。

2.金融自由化与金融发展的关系

金融自由化对金融发展具有促进和推动作用。金融自由化增强了金融市场的竞争性，提高了世界金融市场的效率；金融自由化使得金融信息更具公开透明性；金融自由化尤其是金融混业经营制度的实行，为商业银行在盈利性和安全性方面的平衡选择提供了条件和手段，为金融企业提供了更多的盈利机会；金融自由化推动了世界性的金融一体化，促进了资本流动的自由化。

无论是理论还是实践上，金融自由化和金融发展对经济增长的促进作用都得到了很好的印证。金融自由化与金融发展关系密切，具体表现在，金融自由化是手段，而金融发展才是目的。前者成为后者的必要条件，不消除政府对金融的行政干预，不实现金融自由化，利率和汇率的市场化，就根本谈不上金融发展。但是金融自由化不等于金融发展。"金融自由化"是指针对金融抑制这种现象，减少政府的行政干预程度，确立市场机制的基础调节作用。从内容上来看，金融自由化包括国内金融自由化——废除对利率和信贷配置的管制，以及国际金融自由化——消除资本管制与外汇兑换限制。因此,从本质上讲金融自由化是指政府在金融领域行为方式的转变。"金融发展"则是指通过金融自由化,让资金和外汇市场的供求关系决定适当的利率和汇率水平,刺激储蓄和投资,从而实现金融增长带动经济全面增长。它的关键在于储蓄和投资的增长,金融效率的提高。因此,要达到经济增长的目的,必须通过金融自由化改革来带动金融的发展,进而通过金融发展推动经济的增长。

应当注意的是,金融发展并不是金融自由化的必然结果。金融自由化是把"双刃剑",对经济发展的影响是不确定的,可能是积极的,也可能是消极的。在这方面,东亚和拉美的金融自由化提供了很好的例证。

二、金融自由化的基本内容

纵观各国金融自由化历程,虽然在内容上多有不同,但几乎都包括了金融价格自由化、金融业务和机构自由化、金融市场自由化、资本流动自由化等内容。

(一)金融价格自由化

金融价格自由化包括利率自由化和汇率自由化。利率自由化是指使利率能正确地反映金融市场的价格与金融资源的配置状况,有利于投资者寻求最佳的投资组合,实现利润最大化;有利于融资者正确进行融资决策,改善融资组合,提高融资效率;有利于政府借助利率杠杆实现金融资源供给与需求的均衡,提高金融效率。同时,金融中介在此过程也逐渐学会根据市场原则从事金融活动,对于金融中介效率的提高有积极意义。利率自由化一般都伴随着利率上升,从而有利于储蓄动员,调动社会金融资源。

汇率自由化主要是指一国由固定汇率制度向浮动汇率制度的转变,实现汇率由外汇市场的供求关系决定。在金融市场上,汇率是除利率之外的另一个重要的价格,特别是在开放经济条件下。金融自由化的过程中,汇率的作用是理顺外贸关系,促进外贸发展,调节内外均衡,在利率上升的情况下保持物价的稳定。汇率政策的核心是让汇率自由浮动,实行外币自由兑换,同时再配以外贸体制的改革,实现外贸自由化。一般而言,金融自由化使国内利率高于国际利率水平,而在利差未被汇率贬值抵消时,会导致资本流入,而外资大量流入(特别是短期资金的大量流入)可能会影响到国内当局对基础货币的控制,影响到物价稳定,导致宏观经济发生动荡。所以,在初始阶段,各个国家应该根据本国的具体情况,确定合理的汇率自由化政策,适当控制短期资本流入,防止短期资本的"大进大出"给经济造成不良影响。

(二)金融机构和业务自由化

金融机构和业务经营自由化,主要指放宽对金融机构业务范围的管制,允许同一金融机构同时经营银行、证券和保险业务,也泛指金融机构开发业务不需要经过严格的审批,使得金融业由分业经营走向混业经营。其本质是放弃分业经营制度,使金融机构、特别是商业银行向全能化发展。金融业务和机构的自由化促进了金融机构的有效竞争,并充分利用金融资源,提高创新能力,增加盈利渠道,提高经济效益以及保持整体金融稳定。

(三)金融市场自由化

金融市场自由化,即市场准入自由化,是指放开金融机构市场准入的限制条件,对内是指放宽金融机构的设立,对外是指允许外资金融机构进入国内市场。对市场准入的限制主要表现在三方面:政府对市场准入的条件、程序的控制;对金融分支机构设立的限制;对金融企业合并所持的态度和政策。市场准入方面的管制向来是各国保证国内金融安全、稳定发展的有效防范措施。进入 20 世纪 80 年代以后,各国纷纷放松了对市场准入的管制。各国金融机构准入的要求渐趋统一和透明。世界金融企业尤其是银行间并购活动的增加被认为是各国放松管制的直接后果。随着市场准入的放宽,金融机构市场竞争将加剧,从而有利于金融机构提高金融服务质量和标准,改善金融服务条件。同时,银行业的适度竞争可使居民储蓄存款最大限度地转化为企业投资。

（四）资本流动自由化

资本流动自由化是生产国际化和资本国际化的必然结果。资本流动自由化,包括经常项目下的资本自由流动和资本项目下的资本自由流动两个层次,在这里主要指后者,即开放资本账户,允许资本在国际间自由流动。发达国家资本流动自由化改革与业务经营自由化改革基本同步。它们通过资本流动自由化的改革,逐步取消对资本流动的各种限制,吸引外国资金进入本国资本市场,使国内公司、企业融资的渠道更加多元化,同时外国资本的进入,带动了国内证券、股票、债券工具创新。尤其是发达国家取消外汇管制,不仅允许外资银行等金融机构参与资本交易,而且允许非居民投资其上市股票,允许国外企业在本地上市,使得国内资本市场规模不断扩大,国内公司、企业能够在资本市场筹措到相对稳定的长期资金,极大地促进了国内生产经营及经济发展。而发展中国家积极创造条件,开放本国的资本市场,加强资本流动自由化改革,吸引外国资金,促进本国经济金融的发展。虽然,受宏观经济基础薄弱和有关条件的限制,发展中国家在资本流动自由化改革中,遇到了一些挫折和麻烦,受到了国际投机资本的冲击,但这毕竟不代表国际资本市场发展的主流,抵挡不住发展中国家资本自由流动的改革浪潮。

三、金融自由化的效应

金融自由化,一方面促进了金融发展,推动了经济增长;另一方面又加剧了金融风险,甚至导致了金融危机。而不断发生的金融危机,使发展中国家和发达国家都深受其害。拉美债务危机使拉美国家"失去了发展的十年";亚洲金融危机使亚洲一些国家的经济倒退了五六年;欧洲货币体系危机迫使西欧一些主要国家(如英国)退出了欧洲货币体系;昔日金融帝国日本,金融风暴使其经济在20世纪90年代徘徊不前;美国次贷危机引发的全球金融海啸,给世界经济带来严重损害。而以上这些国家都曾经或正在进行某种程度的金融自由化改革,于是有些学者将金融危机归咎于金融自由化,这就引出了这样一个问题:金融自由化对一国的金融和经济有利还是有害？利大于弊还是弊大于利？事实上，在任何时间，任何金融体系中，金融改革必然是利弊交织，决策者所能指望的只能是利大于弊，而不是一个有百利而无一弊的选择。

(一)金融自由化的积极效应

1.有利于国内储蓄和投资的增加

金融自由化有利于国内储蓄和投资的增加，尤其对那些在实行金融自由化以前国内储蓄和投资水平低下的国家来说，这种影响更加明显。储蓄和投资是影响一国经济增长速度的基本因素之一。国内层面的金融自由化促进了金融机构之间的竞争，而金融机构之间的竞争通常会促进储蓄和投资回报水平(利率)的上升(相对于受管制国内金融市场中的一般水平而言)，因此金融自由化倾向于促进国内储蓄和投资的增加。

自20世纪70年代末以来的发展中国家储蓄和投资的增长情形支持这一看法。如表3-1所示，发展中国家作为一个整体，其储蓄和投资占国内生产总值的比重呈上升趋势。

表3-1　储蓄和投资占国内生产总值的比重　　　　(单位:%)

类别 / 年份		1978—1985	1986—1993	1999	2000	2001
发达国家	储蓄	22	21	21.8	21.6	21.8
	投资	22.8	21.8	21.8	22.3	22.5
发展中国家	储蓄	22.5	23.4	25.4	26.2	26.2
	投资	24	25.4	25.7	26.2	26.5

资料来源:国际货币基金(IMF):《世界经济展望》,2000年5月;世界银行:《世界发展报告》(有关年度)。

就储蓄和投资占国内生产总值的比重而言，发达国家自20世纪70年代末以来的情形没有显示出明显的变化趋势。但是，其储蓄和投资总量本身却一直保持了增长趋势。

2.增强了金融市场的竞争性,促进了世界金融业的发展

金融自由化增强了金融市场的竞争性,提高了世界金融市场的效率,促进了世界金融业的发展。金融自由化对所有的金融市场参与者,都既形成了压力也提供了机会,使他们有可能也有必要降低成本或提高收益。在金融自由化的条件下,金融信息更具公开性,能够更为准确、更为迅速地反映市场的供求状况(即资金的稀缺程度),形成更为有效的价格信号体系。尤为重要的是,金融自由化减少了金融产品间、金融企业间的资金流动障碍,从而使资源配置更接近最优化。

3.为金融企业提供了更多的盈利机会

金融自由化为金融企业提供了更多的盈利机会。一方面,金融自由化极大地推动了金融资本的形成,为金融企业提供了更广阔的活动空间;另一方面,分业管理制度的逐步解除为金融企业(尤其是商业银行)提供了更灵活的经营手段。

4.为商业银行在盈利性与安全性之间的平衡选择提供了条件和手段

金融自由化,尤其是分业管理制度的逐步解除,为商业银行在盈利性与安全性之间的平衡选择提供了条件和手段。分业管理制度的建立原本着眼于商业银行的安全性,然而在传统的分业管理制度下,由于商业银行一方面受限于经营手段的匮乏,另一方面却面对国内外同业的竞争,安全性并未真正得到保障,银行破产倒闭现象依旧层出不穷。在分业管理制度逐步解除之后,商业银行的经营手段大量增加,从而有可能将高风险高收益的产品与低风险低收益的产品合理地搭配起来,使商业银行从原有的两难困局中解脱出来。

5.推动了国际金融一体化

金融自由化推动了国际金融一体化。随着各国日益敞开本国金融市场的大门,资本流动的速度不断加快,如果不考虑时区划分,世界性金融市场应当说已经初具雏形,资本流动的自由化使资源配置能够在世界范围得到改善。

(二)金融自由化的消极效应

金融自由化绝非尽善尽美,它是一把"双刃剑",其潜在的风险主要体现在以下方面：

1.有降低金融市场效率的可能

金融自由化在某些方面提高金融市场效率的同时,却在其他方面有降低金融市场效率的作用。例如,金融市场的一体化、数不胜数的金融创新、大量金融机构的出现降低了金融市场的透明度。客户面对极端复杂的衍生工具,只能听从银行的建议,从而使银行对提高效率的积极性下降。此外,金融市场容量的扩张给银行带来了机会,同时也减弱了银行降低成本增加效益的压力。

2.加大了客户和金融业自身的风险

金融自由化加大了客户和金融业自身的风险。利率和汇率管制的解除导致市场波动幅度剧增;废除分业管理制度,实行商业银行混业经营之后,商业银行大量涉足高风险的业务领域,风险资产明显增多;资本流动障碍的削减以及各国金融市场的日益对外开放,加快了资本的国际流动,这为国际游资的冲击提供了机会,20世纪90年代不断发生的金融危机证明了这一点。

3.增大了金融体系的不稳定性

在金融自由化之后,银行之间、商业银行与非银行金融机构之间以及各国金融市场之间的联系更加密切,这种联系使单一金融机构破产对其他金融机构的影响增大,从而形成连锁效应,加剧了金融体系的不稳定性。

4.金融机构致力于金融创新的动力下降

金融自由化使金融机构致力于金融创新的动力明显下降。在实行严格金融管制的条件下,金融机构(尤其是商业银行)被迫不断推出新的金融产品,以便绕开金融管制,增强自身竞争实力。而在金融自由化已成气候的今天,世界各国普遍实行利率、汇率自由化,分业管理的藩篱已基本拆除,金融创新的必要性也就不再那么突出。近些年,金融创新的势头减缓,传统业务的比重逐渐回升,便是根源于此。

上述情况都表明,金融自由化绝非有利无害。金融自由化在增强金融市场效率的同时,往往又具有降低金融市场效率的作用;在提供了安全性金融工具的同时又增加了风险的因素,总而言之,不可将金融自由化理想化,把它当成百利而无一害的灵丹妙药。无论是在金融市场较发达的国家,还是在金融市场不发达的国家,金融自由化都是利弊参半。只有用积极的、审慎的态度客观地评估、权衡每一项具体自由化措施的利弊,才能做到趋利避害。

第二节　金融自由化的动因分析

一、世界经济的发展

20 世纪 70 年代中期,西方主要工业国家几乎同时出现经济形势的重大变化。一方面是因为 20 世纪 70 年代世界性经济危机之后的高通货膨胀率以及高名义利率;另一方面则是"石油危机"带来的油价大幅度提高。

较高的通货膨胀率是伴随着新的世界经济复苏而出现的,"石油危机"以后的油价大幅度上涨使世界性通货膨胀愈演愈烈。在高通货膨胀条件下,资产的流动性受到损害,无论企业还是个人都要考虑对本身持有资产进行保值,因此投资者对投资的要求更高了,金融资产的流动性骤然下降。在这种形势下,银行原有的受管制的存款利率条件以及无息支票存款不仅不能吸引更多的存款,反而出现了大量存款从银行流出的问题。相反,不受管制或者受管制较松的其他金融机构则可以利用自身的特点争取更多的存款。这种因金融管制造成的存款不正常的流动必然造成金融机构与非金融机构之间的职能性失衡。同时,高通货膨胀率带来的名义利率上升也说明了只有市场利率才能对利率水平起到真正的主导作用,而金融机构严格的利率管理必然与此相悖,因此造成了大量资金从金融中介流出,流进货币市场进行投资,这也就形成了金融机构的"脱媒"现象。上述两方面的原因迫使各国货币当局不得不考虑放松金融管制以及推行金融自由化的问题。

二、金融自由化理论的引导

(一)金融自由化思想的产生

1973 年麦金农和肖分别推出了自己的专著,一本是《经济发展中的货币与资本》(麦金农),另一本是《经济发展中的金融深化》(肖)。这两本书将金融深化理论向前推进了一大步,同时也使得金融自由化的思想开始萌芽。在这两本书中,麦金农和肖都对发展中国家和所谓"滞后经济"进行了分析,认为在这种类型的经济中普遍存在着金融抑制现象(Financial Repression)。二人的主要政策主张就是全面地放开和提高利率或者是减少通货膨胀,其目的都是为了增加实际利率,进而增加储蓄率,并最终刺激投资的增加和经济的增长。综合二者的观点,我们可以将金融抑制概括为以下情形:金融市场价格扭曲;信贷管制;金融市场的分割,金融运行效率低下;官方货币市场和资本市场不发达,地下金融交易十分活跃;高准备金率和通货膨胀。针对以上这些情况,麦金农和肖提出了一整套金融改革方案,其主要内容框架如下:放开利率;鼓励银行竞争;扩大给效率高的小经济单位的贷款;金融改革与财政改革同步;金融改革与外贸改革同步。

麦金农和肖的研究对象虽然是发展中国家,但是他们的理论适用范围具有世界性,即同样适用于发达国家。在自由化思想的影响下,20 世纪 70 年代以来,发展中国家先后开展了以金融深化或金融发展为旗帜的金融体制改革,发达国家则相继开始放松金融管制,一场全球性的金融自由化运动由此展开。

(二)金融自由化思想的进一步发展

随着金融发展理论研究的深入,特别是信息经济领域取得重大进展,金融发展理论越来越丰富。20 世纪 90 年代以来,赫尔曼、默多克(Herman、Murdoch)和斯蒂格利茨(Joseph E.Stiglitz)等新凯恩斯主义经济学家从不完全信息市场的角度提出金融约束论,重新审视了金融体制放松限制与加强政府干预的问题,标志着金融自由化理论研究进入了一个新的阶段。

金融约束不同于金融抑制,它是金融深化这一概念的延伸,是一种对政府在金融发展中的作用考虑得更全面的金融深化,是有控制、有约束的金融自由化进程。在某种意义上可以说,金融约束论的提出是对金融抑制论和金融深化论的有益补充。虽然两者在政策主张上有较大分歧,但至少有一点是一致的,那就是金融政策在发展中国家经济发展的初级阶段是十分重要的,随着经济的发展,经济应转向自由模式。如果说,麦金农和肖的金融深化理论以及麦金农对经济市场化序列的探讨为发展中国家的金融自由化提供了理论依据和次序安排的话,那么,金融约束的提出则为发展中国家在金融自由化过程中如何实施政府适度干预提供了理论依据和政策框架。这一理论同样适用于发达国家,为各国金融自由化提供了有益的补充。

三、信息技术革命的影响

20世纪70年代全球发生了一次规模空前的信息科学技术革命,它彻底改变了金融观念,并直接导致了金融创新和金融自由化浪潮的产生,并推动了金融自由化的快速发展。

这次持续的技术革命在世界范围内如火如荼地展开,极大地推动了世界各国金融市场的开放。电脑、电子通信、互联网、卫星通信、数字技术等新型信息技术和手段在20世纪70年代的出现及快速应用和商业化普及,从发达国家扩散到几乎整个世界。这些新信息技术的应用,给金融市场的运行和金融机构之间的相互关系带来了重要影响。新信息技术为金融机构拓展新业务提供了技术支持,使得它们得以进入一些新的经营领域,突破传统的业务范围和政策限制。新信息技术为金融和投资信息的快速和更大范围的传播提供了有利条件,使更多的社会成员参与金融市场和投资活动,从而提升了金融服务业在国民经济中的地位和作用。新信息技术一方面降低了交易的成本,使一些金融活动的规模经济效应降低,促使大量中小金融企业和个人投资者不断涌现出来,另一方面又通过网络效应和市场连接促使各个金融市场之间的竞争加剧,规模经济效应更加突出,推动了各个金融市场之间的一体化和联动。

四、国际货币制度的变革因素

20 世纪 70 年代,国际货币体系中以"双挂钩"为特征的固定汇率制度——布雷顿森林体系的瓦解,以及随之而来的浮动汇率制度的诞生,促进了金融自由化进程。在这种制度下,各国不再承担维持汇率的义务,汇率可以完全由外汇市场的供求关系决定。浮动汇率制度为货币自由兑换提供了更大的空间,使货币自由兑换提高到更高的层次,各国过度严厉的金融管制已经不适应新的国际货币制度的发展,金融自由化已经成为大势所趋。

第一,在浮动汇率制度下,汇率是由外汇市场上外汇的供给与需求共同决定的。虽然许多国家仍然维持了某种固定汇率制度,但是主要发达国家基本上实行的都是浮动汇率制度,而这些货币的相对价格是由国际市场供求状况决定的,那些与浮动汇率存在差别的汇率安排在本质上只是国际浮动汇率制度的一部分。如果它们调整汇率安排,只能是向浮动汇率制度靠近而不是相反,只能是进一步解除外汇汇率管制和放松政府对汇率的干预,推行金融自由化政策。

第二,在浮动汇率制度下,市场汇率波动具有更大的不确定性,从而使外汇风险预期也具有更大的不确定性。由于汇率波动的加大,使得许多资产的收益不易确定,这就进一步加强了资金在各种资产之间以及国内国外资产之间的流动性,从而严重地冲击着各种金融管制的限制,迫使各国政府不得不考虑放松对利率以及各种金融业务的管制,开始走上金融自由化的道路。

五、金融创新的促进

20 世纪 70 年代以来,西方金融业出现了一股金融创新的浪潮,加速了金融业的发展。金融创新作为一种商业选择行为,其动机是在金融环境发生变化时,设法突破原有的限制,打破原有的均衡状态,以求利润的最大化。

金融创新成为促进各国金融自由化的重要内因。花样翻新的金融工具、金融市场、金融机构和金融业务,从根本上改变了金融体系的面貌,使得传统的金融监管手段效力递减、迫使各国货币当局重新审视其金融监管赖以存在的基础以及监管手段的适当性。金融创新不断地打破金融管制,既不会停顿,有时还会加速创新,这种螺旋式演进过程,促使金融自由化呈加速趋势。因此,对经济发展来说,金融自由化是"一个不得不玩的游戏"。金融创新的推动成为金融自由化的重要内因。

六、金融全球化的外在压力

金融全球化是"全球金融活动和风险发生机制联系日益紧密的一个过程"(李扬,黄金老,1999)。金融全球化必须要扫清各国金融制度上的管制,只有各国金融活动的逐步自由化以及阻碍资金跨国流动的藩篱被不断拆除,使得本来各自独立运行的各国国内金融日益融合在全球金融的大潮之中,金融全球化才能有所进展。各种各样的金融管制制度,将各国的国内金融市场相对割裂开来,金融很难是"国际的"。金融自由化之后,"游戏规则"趋于统一,"国际金融"和"国内金融"的界限模糊了,金融也就全球化了。

在金融全球化时代,国际金融竞争变得异常激烈。国际资金总是从管制严格的国家或地区流向管制宽松的国家或地区,在一定程度上是谁开放谁就受益。如美国在 20 世纪 80 年代前严格的分业管理规定,使得商业银行在整个金融市场中处于不利地位,资金转向拉美,结果国际债务危机使美国金融体系遭受严重冲击,美国银行在国际金融领域的主导地位发生动摇。日本严格的金融管制,也是其 20 世纪 80 年代的金融帝国地位到 90 年代中后期不复存在的重要原因之一,并且还出现"金融空心化"的动向。因此,各国要在金融全球化的大趋势下获得更大的发展,势必要进行金融自由化改革,破除和摒弃不合理的国内金融制度。

七、国际经济组织的推动

影响当今世界经济发展的三大国际性经济组织——IMF、OECD 和 WTO,近年来都在不断强化其所管辖内容的自由化政策,并且直接或间接地推动金融自由化的进程。

从 20 世纪 70 年代始,利率自由化成为 IMF 对发展中国家实行经济稳定计划的一项基本要求。对于资本管制,到 20 世纪 90 年代中期以后,IMF 一改容忍和支持态度,积极推动资本账户的自由化。1995 年 10 月,IMF 的一份正式研究报告(IMF Survey,Oct. 1995)指出:"由于工业化国家早已完成了经常账户的可兑换,而且多数发展中国家也已接受了《IMF 组织协定》第 8 条款的内容,因此 IMF 今后将把各国的资本账户作为其主要的监管对象。""鉴于工业化国家已经完成了资本账户可兑换,资本账户的开放问题从现在起已明显成为一个发展中国家的经济问题。"①

OECD 更是全球资本流动自由化的积极倡导者。1961 年成立之初,该组织即通过了《资本流动自由化通则》,作为推动成员国解除资本管制的一个重要法律依据。《通则》第 1 部分第 1 条第 1 款中明确宣称:"成员国应按照第 2 条的规定逐步取消对资本管制的限制,以实现相互间有效的经济合作"。经过几次修改后,OECD 的资本项目自由化措施几乎涵盖了所有的资本交易活动。《通则》不仅对其成员国有约束力,也推动了那些想加入该组织的发展中国家的资本账户开放进程。

WTO 及其前身 GATT 也是资本账户自由化的推动者。WTO 的管辖范围主要在商品和服务贸易领域,但作为世界服务贸易的重要内容,金融、保险行业的国际交流必然伴随着大量的资本流动。根据《服务贸易总协定》,此类资本流动也将受到 WTO 的监管,WTO 对各国资本账户的

---

① 黄金老:《经济金融全球化压力下的自由化》,《经济社会体制比较》2000 年第 5 期,第 70 页。

管制与开放拥有发言权。

在 20 世纪 80 年代末 90 年代初,欧洲从以前的经济联盟模式过渡到经济与货币联盟模式,并为实现货币联盟的高级目标即建立单一货币制度而大力推进联盟内部各国金融市场的一体化工作,要求各成员国相互开放金融市场,缩小各监管制度的差别,增加监管透明度,统一和协调监管行为,降低国际资本进入的壁垒,并最终促成了欧元的诞生,开创了货币一体化的国际范例。

此外,世界银行、亚洲银行等国际和区域组织也通过自身的政策措施,在推进各国金融自由化方面发挥了积极的作用。

以上方面的原因从根本上说是生产国际化和资本国际化趋势加强的体现,也是国际金融市场进一步走向一体化的表现。在这种环境下,旧的金融管理规章制度已经成为经济发展的障碍,因此必然要打破障碍,推动全球性的金融自由化。

第三节　发达国家金融自由化的实证分析及启示

发达国家金融自由化的类型可以分为三类,美国是渐进而全面金融自由化的代表,澳大利亚是全面而迅速实施金融自由化的代表,德国和英国等欧洲国家是以证券市场为突破口进行金融自由化的典型代表。虽然自由化道路有所不同,但是改革实质大致相同。

一、典型分析:美国的金融自由化

美国的金融自由化包括价格自由化、资本流动自由化和机构业务自由化等方面。

(一)价格自由化

在金融自由化改革中,最为重要的是价格自由化,包括利率自由化、汇率自由化和经纪佣金自由化。

1.利率自由化改革

自20世纪30年代以来,对金融业的严格管制中,利率管制是最基本、最为常用的措施之一。我们最为熟悉的就是美国的Q条例,其他发达国家也都有各自的利率管制。

在金融自由化进程中,利率管制的放松构成了改革的主要内容。西方各国放松利率管制的措施尽管各有侧重,但总的指导思想是一致的,都是逐渐放弃原有的对各类金融工具的利率限制,使利率的确定能充分反映市场供求关系和经营成本,逐步实现利率自由化,并引进竞争机制,从而提高金融市场的效率;同时,也部分地纠正了由于通货膨胀的加剧而带来的存款者待遇不平等的现象。

美国利率管制的放松始于《1980年银行法》(即《存款机构放松管制与货币控制法》),自20世纪60年代中期至70年代末,联邦及州政府实施的各类存款利率都低于市场利率,对资金流动造成了严重障碍。因此,1980年法案的主要目标是修改或取消这些利率限制。《1980年银行法》实施刚两年多,又通过了《1982年存款机构法》,即高恩—圣杰曼法案,法案推动了Q条例的分阶段废除。开户金额及开户后金额在2500美元以上的货币市场存款账户和超级可转让支付命令账户都不受任何存款利率限制。政府机构可以开立超级可转让支付命令账户,公司可以开立货币市场存款账户。自1984年1月起,凡受Q条例约束的账户,其银行与非银行存款机构的利率限制差距一律取消。

2.汇率自由化改革

汇率是两国货币之间的相对比价。在某种意义上,汇率更能反映出两国货币购买力之比。20世纪40年代到70年代初,是布雷顿森林体系时代。布雷顿森林体系实际上是一种可调整的固定汇率制。

布雷顿森林体系的建立,形成一个相对稳定的国际金融环境,对世界经济的发展起到了一定的促进作用。但是,随着世界经济和贸易的发展以及体系本身的技术缺陷,布雷顿森林体系的崩溃就不可避免了。布雷顿森林体系虽说是可调整的固定汇率制,但在实际情况下,美元是基准货币,容易造成美元汇率偏高或汇率不能正确地反映国家间货币购买力比价,而美国不愿调节汇率的现象。另外,在布雷顿森林体系条件下,各国为了维持对外收支平衡和稳定汇率,也不能不丧失国内经济目标。赤字国的货币趋于贬值,为了维持与美元的固定汇率,中央银行必须在外汇市场抛出美元,购进本国货币。这无异于进行公开市场操作,缩减了国内货币供给,往往导致衰退和失业;而盈余国的货币趋于升值,为了维持与美元的平价汇率,必须在外汇市场抛售本币大量收购美元,这实际上是采取了扩张性的货币政策,往往导致通货膨胀。

布雷顿森林体系崩溃之后,美国实行了浮动汇率制,并且是实行单独浮动,即本国货币不与外国任何货币发生固定联系,其汇率根据外汇市场的供求状况独立浮动。

3.经纪佣金制度改革

对经纪佣金的放松管制是另一种重要的价格放松管制,但是通常被人们忽视。1975年美国改革固定佣金制度,采取新的协定佣金制。在固定佣金制下,由于机构投资者的交易额规模巨大,按固定比率收取的佣金相当昂贵,大机构投资者对此怨声载道。在采用协定佣金制后,佣金的收取由经纪人与投资机构协商决定,通常比固定佣金制下便宜,因此降低了机构投资者的交易成本,刺激了证券市场交易的活跃,提高了交易效率。

(二)资本流动自由化

1973年美国首先取消资本流入限制。在放松外汇管制的同时,开始逐渐放松国内资金市场的限制。1981年12月3日法律正式允许欧洲货币在美国境内通过国际银行设施(IBF)进行交易。国际银行设施是指美国境内的银行根据法律可以使用其国内的机构和设备,但是要设立单独的账户向非居民客户提供存款和放款等金融服务。同时这些境外货币业务不受美联储规定的法定存款准备金率、贷款利率等条例的限制,而且国际银行设施吸收的存款也不必加入美国联邦存款保险公司提供的存款保险。不仅美国的银行,而且所有外国银行在美国的分支行,以及某些非银行金融机构,也都可以通过国际银行设施从事境外货币业务。国际银行设施的业务与国内业务是分开的、分属不同账户,国际银行设施的客户只能是非本国居民或是其他的国际银行设施。国际银行设施的建立,加强了美国与其他国际金融中心的联系,推动了金融体系全球一体化的进程。

(三)金融机构和业务自由化

金融机构和业务的自由化是指金融机构由原来的分业经营走向混业经营的过程。

美国长期以来实行的是单一银行制,1927年《麦克法登法案》禁止银行跨州经营。长期实行单一银行制,导致了美国银行业的国际竞争力下降。但是在金融改革浪潮的冲击下,银行跨州兼并也时有发生,法律对此也有松动。1956年,美国国会颁布了《银行控股公司法》,允许成立银行控股公司,由该公司控股或收购银行,于是一些银行和实业资本纷纷成立银行控股公司,绕过对银行业集中垄断的种种限制。对于跨州兼并问题,1975年缅因州第一个制定法律,允许外州银行持股公司可以持有本州银行的股份,到1994年,全美已有34个州通过立法,允许外州的银行在本州设立分行(仅夏威夷州严令禁止外州银行以任何形式在本州设立分行)。① 1994年9月《里格—尼尔1994年银行跨州经营和跨州设立分行之效率法》正式生效,该法是对长期禁锢美国银行州际业务的《麦克法登法案》及1956年《银行控股公司法》的彻底修正。自此,跨州银行获得迅速发展。

美国《1980年银行法》扩大了储蓄与贷款协会的资金使用范围,比如可以购买联邦政府债券,可以充当遗嘱指定的执行人、法院指定的遗产处理人或提供其他信托服务等等。这促进了储蓄与贷款协会资金使用的多样化,使它们不必专门依赖住房抵押贷款。1982年法案准许存款机构开立货币市场存款账户和超级可转让支付命令账户,在很大程度上加强了存款机构与货币市场共同基金竞争的能力。《1995年金融服务竞争法》

---

① 马君潞:《金融自由化:原由、历程、影响和前景》,中国金融出版社1997年版,第41—42页。

的实施,旨在彻底拆除导致银证分离的法律障碍,推动银行界在商业银行与投资银行业务领域进行全面竞争。此举曾被美联储主席格林斯潘(Alan Green Span)称为"有重大意义的突破性进展"。1999 年美国国会正式通过了《金融服务现代化法案》,允许金融企业从事具有金融性质的任何业务,即银行、证券和保险业务,从而宣告了历经六十多年的分业经营模式的彻底终结。

20 世纪 90 年代,美国银行业的兼并愈演愈烈,形成了兼并、收购与调整、重组的新浪潮。银行等金融机构的兼并风潮在 1998 年 4 月达到了一个高潮,花旗集团和旅行者集团于 1998 年 4 月 6 日宣布合并,总资产近 7000 亿美元,成为仅次于大通曼哈顿银行的全美第二大金融集团。这样,花旗集团将花旗银行的业务和旅行者的投资、保险业务集于一身,开创了美国金融界"一条龙服务"的先河。自此,掀起了全球金融并购浪潮。

在金融自由化和兼并收购浪潮中,银行业、证券业及保险业的经营界限被逐渐打破,美国银行业的业务结构也随之发生了较大变化。到 1999年年底,在许多大银行的收入中,来自证券、资产管理、保险代理及其他一些中间业务的收入(非利息收入)已经具备相当规模,甚至有的已超出了其传统的银行业务利息收入(净利息收入),详细情况见表 3-2 所示。

表 3-2　美国最大的 10 家银行 1999 年收入状况

银行名称/项目	总资本 (百万美元)	总资产 (百万美元)	净利息收入 (百万美元)	非利息收入 (百万美元)
花旗银行	49700	718100	20132	37105
美洲银行	44432	632574	18237	14069
大通银行	23617	406105	8744	13473
富国银行	22131	218102	9355	7420
第一银行公司	20090	269425	9021	8692
第一联合银行	16709	253024	7452	6933
舰队波士顿	15307	190692	6799	6949

续表

银行名称/项目	总资本 （百万美元）	总资产 （百万美元）	净利息收入 （百万美元）	非利息收入 （百万美元）
JP 摩根	11439	260898	1541	7140
美国银行公司	7638	81530	3261	2759
太阳信托银行	7627	95390	3145	1660

资料来源：The Bank Editor：《Top 1000 world banks》，Banker，2001.1。

二、其他发达国家金融自由化历程

（一）澳大利亚

澳大利亚是全面而迅速实施金融自由化的代表。在 1980 年之前属发达国家中金融管制较严的国家之一。政府操纵着金融体系的运转，银行的资产和负债业务均受政府管理；利率水平由政府决定，贷款由政府导向并提供担保；金融业内新企业的进入有各种障碍，外资银行不能轻易进入，国内金融市场与国际金融市场分隔，外汇汇率由政府管制等。从 1980 年取消商业银行和储蓄银行的存款利率上限开始，澳大利亚进行了迅速而全面的金融自由化改革。在 1980—1985 年的短短六年间，政府几乎取消或放松了所有的金融管制措施，包括：取消对存款银行的存贷款利率限制；放松金融机构经营业务范围的限制，并允许它们自由从事证券业务；放松新银行进入和银行间兼并的限制；将原先的六大银行合并为四个，同时成立了多家新银行；取消对外汇交易和外汇汇率的管制；澳元自由浮动；将外汇经营权扩大至 40 多家非银行金融机构；放松金融市场的管制；取消股票市场的固定佣金制和对新经纪商进入市场的限制；允许外国投资者拥有 50%以上的证券公司股份；允许外资银行进入澳大利亚等。通过这一系列的改革，到了 20 世纪 80 年代末，澳大利亚已经从在发达国家中金融管制较严的国家变成了金融管制最松的国家之一。

（二）德国和英国

德国和英国等欧洲国家是以证券市场为突破口进行金融自由化的典型代表。比起美、日等国，德国的金融机构一直享有较多的经营自由，业务交叉一向较为普遍，素有"全能"金融机构之名。因此，德国在 20 世纪 80 年代开始的自由化改革主要集中在证券市场的国际化和多样化上。1985 年，德国取消了对以欧洲马克为单位的欧洲债券发行规模和发行时间的限制，使外资银行获得了牵头经营这类证券发行的权力。1986 年以后，又接连采取措施，允许外国银行发行以德国马克为面值的大额存单，允许引入浮动利率债券、外汇互换交易等新的金融工具；允许外国银行与其他银行结为银团参与发行联邦债券、邮政债券及国家铁路债券。证券市场的这些自由化措施，使法兰克福金融市场的国际化程度大大提高。进入 20 世纪 90 年代，德国金融市场的自由化步伐进一步向前，股票贴花税的取消，离岸金融市场的建立，都使德国在国际金融市场上的地位进一步加强。

英国的金融体制属于专业化分工的体制，各种不同的机构都有各自的主要业务领域，在某些方面有些交叉，但远没有达到德国金融机构那样的全能程度。在对银行的管理方面，英国长期以来没有完整的法律，在 1979 年之前，货币当局的监管一直都是根据一些零散的法律条文进行，在这中间，货币当局的"道义劝告"和一些数量控制手段发挥着重要作用。20 世纪 70 年代以来，随着金融机构数量的扩大和业务的开拓，英格兰银行的道义劝告管理逐渐丧失了基础，加之 1977 年 12 月欧共体经济和财政部长会议制定了银行协调指令，旨在加强成员国关于信贷机构的法律、条例、行政规定的协调，英国才于 1979 年通过了一部综合性的《银行法》。该法将吸收存款的机构分为"认可银行"和"特许吸收存款机构"两种，实行双轨制管理。该法还对英格兰银行的作用、建立存款保障基金、广告和银行名称的使用、防止欺诈性招揽存款等做了详细规定。1987 年，英国又颁布了新的《银行法》，对 1979 年的《银行法》做了修正，该法将银行的监管职能从英格兰银行中分离出来，成立了银行监督局，将原有的两种机构认定和双轨制管理改为"核准机构单轨制"。在管理目标上仍以风险管理为主，主要对资本比率进行监管，而对一些数量控制手段则废弃不用，放松了这方面的管理。

英国金融自由化的主要表现是在证券市场的管理上。1986年10月27日，货币当局取消了传统的股票交易所固定佣金比率规定；取消了股票经纪人和批发商界限，使交易商和经纪商合二为一；允许本国和外国银行、证券公司、保险公司等金融机构申请为交易所的会员，也允许外国公司百分之百地收购交易所会员公司。这些措施被舆论称为"大爆炸"的措施，使得伦敦证券市场的竞争性大大加强，国际化程度大大提高，被封在门外达200多年之久的外国公司从此可以涉足伦敦股票交易所直接从事交易。伦敦证券市场的自由化，进一步对英国专业化的金融体制产生了巨大冲击。由于大商业银行可以介入证券交易，这就使它们成长为集投资银行、商业银行、证券交易商和经纪商于一身的多功能金融机构，从而使其金融机构和金融市场的结构发生重大变化。

（三）日本

为了平抑战后的经济恐慌，20世纪50—60年代的日本金融体制带有明显的封闭性和分割性。实行严格的外汇管理和俗称"四叠半利率体系"的低利率政策。[①] 1975年以后，日本经济增长率剧降，政府财政赤字猛增，导致国债大量发行。特别是近年来日本经济国际化的逐步发展又对金融业提出了国际化的要求，而日本原有的金融制度已根本不能适应日本金融国际化的需要，严格的金融管制严重导致了东京金融市场的"金融空心化"。因此，从20世纪70年代中后期开始，日本不得不着手进行金融自由化。

日本金融自由化的内容包括存款利率的自由化、金融商品的多样化以及金融业务的自由化三项。第一，日本于1979年创设可转让定期存单

---

① "四叠半"意为狭窄。日本在战后初期形成的"四叠半利率体系"是管制体系，主要特点是低利率水平和严格控制货币供应量的政策。

（CD），1985 年又引进了与市场利率联动型存款（MMC），对于大额存款也于 1987 年废除了利率限制，并于 1993 年废除自由利率定期存款的最低存款限额，使定期存款利率完全自由化。第二，日本从 1984 年起废除了外汇交易的"实需原则"，改革了原有的外汇管制。第三，在金融商品方面则不断向高级化和多样化推进，推动金融机构的创新，并允许各种金融机构交叉进行各种金融业务，相互间自由渗透，逐步实现了金融业务的自由化及弹性化。

进入 20 世纪 90 年代中期，日本提出金融大改革计划，揭开"Big Bang"（大爆炸）的序幕。此前，金融自由化采取渐进方式推进，政府措施极为谨慎，把自由化纳入政府所能控制的范围，有步骤地慢慢放松金融管制，如放松对存款利率管理的整个过程延续了 15 年，从 1979 年引入存款单（CD）自由化开始，直到 1994 年才完成整个过程。这样，"大爆炸"前金融自由化相对于国内经济对金融服务的要求、国际金融领域金融证券化等新潮流的要求以及各国对日本国内金融市场开放度的要求还有距离。

1997 年 6 月，以自由、公开、国际化原则为基础的金融大改革方案正式实施。金融改革是六大改革中的重要一环，金融体制改革的主要目标是：通过放宽国内外资本对金融业的限制，扩大银行、证券和保险业的经营范围，促进金融业的竞争与发展，恢复东京国际金融中心的地位。日本金融大改革的具体进程分为三个阶段：第一阶段是于 1997—1998 年实施 1997 年度通过的《外汇及外贸法》，对部分不需修改法律的领域或金融商品（如个别股票的特权交易）先行解禁，尽快实现放宽限制。第二阶段是分步实施 1998 年国会通过的《金融体系改革法案》（1998 年 3 月 10 日由内阁提交国会审议），进一步扩大金融改革业务范围和增加金融商品数量。第三阶段是金融改革的最后阶段，即在 1999 年秋—2001 年年初，实现银行、证券、保险等金融机构在业务领域相互准入，最终彻底拆除不同金融业务之间的"藩篱"。

三、发达国家金融自由化对中国的启示

西方发达国家在金融自由化进程中所积累的经验,对我国的金融改革方面具有一些启示,值得我们借鉴。

(一)利率市场化问题

尽管发达国家采取的利率市场化具体对策不同,如美国实行全方位自由浮动利率制度,日本采取有管制的利率市场化,但它们在利率机制上坚持市场原则的做法是一致的。相比,我国目前银行利率仍采取政府控制的利率制度,虽然利率根据经济增长情况及通货膨胀行情可以浮动,但也只是计划管理方式下的浮动。所以,今后我国金融创新与深化的一个重要任务就是银行企业化基础上的利率市场化,政府只出台指导性利率标准,实际利率由资本供需双方来决定。

(二)金融市场构造问题

西方国家在金融市场构造方面的成功经验很多,如金融国际化、离岸金融业务、"欧洲法郎"证券市场等。这说明,现代金融市场已经不同于20世纪初期主要作用于国内资本融通的职能了,现代金融市场一方面朝高级化、自动化发展,另一方面国界的限制越来越小了。为此,今后我国在培育初级金融市场的同时,应加大力度发展资本市场、证券市场,增强向国际市场的渗透力,提高竞争力。

(三)金融工具的操作机制问题

在西方国家中,以中央银行为主体灵活运用贴现、准备金率、股票、债券等金融工具调节经济活动已是普遍的做法。而我国这方面还比较保守,缺乏灵活性。尤其是中央银行的调控,主要是货币政策和货币量的调控,其他金融工具使用的较少。根据西方发达国家综合运用金融工具调节经济运行的经验,我国今后要重点开展公开市场业务。除继续运用好货币政策、信贷政策外,要根据我国市场经济,尤其是金融市场的发展程度,建立综合金融工具的操作机制。

第四节 发展中国家金融自由化的
实证分析及经验借鉴

一、拉美国家激进式的金融自由化

(一)历程

最早对金融体系进行自由化的是拉美国家,促使拉美国家改革的最直接原因是严重的通货膨胀与经济停滞不前。以智利、阿根廷和乌拉圭三国为例,它们在20世纪70年代初普遍的境况是经济增长率低,通货膨胀率居高不下,财政赤字和经常项目逆差大(见表3-3)。

表3-3 拉美三国经济状况(20世纪70年代初期)

项目 国别	年经济增长率 (%)	通货膨胀率 (%)	财政赤字/GDP (%)	经常项目逆差/ GDP(%)
智利	0.7	>150	13	1.5
阿根廷	2.8	>82	12	1
乌拉圭	1.6	>50	2.5	1.6

资料来源:International Monetary Fund Statistics Depart.; International Financial Statistics yearbook (1971—1976),Internationsl Monetary Fund。

拉美有过两次较大规模的金融自由化。第一次始于20世纪70年代中期,80年代初债务危机爆发后逐渐趋于停顿。第二次始于20世纪80年代末,90年代上半期达到高潮。

拉美的第一次金融自由化主要是在智利、阿根廷和乌拉圭等南锥体国家进行的。南锥体国家实施的金融自由化主要包括:建立国内资本市场,放开利率,大幅度减少或取消对信贷的限制,降低进入金融部门的壁垒,降低银行准备金要求,对一些国有银行实施私有化,允许在国内开设外汇存款账户,以及逐步放松对外资流入和流出的限制等。

拉美的第二次金融自由化始于20世纪80年代后期,是经济改革的重要组成部分,涉及的国家较多。在此以前,拉美的"金融抑制"是司空见惯的。它包括一些规范的做法:控制利率,用各种手段将信贷配置到具体部门,政府直接参与金融活动。在没有其他手段的情况下,存款的准备金要求就被用来控制货币。由于缺乏一种以可靠信息和客观的风险衡量标准为基础的、具有连贯性的管理框架以及审慎的监督规则,金融活动只能通过前后不一致的行政调控手段来加以控制。在实施金融自由化的过程中,拉美国家普遍采取以下一些措施:放松对利率的管制;取消或减少政府对银行放贷(尤其是定向放贷)的管制;降低银行的存款准备金要求;对国有银行实行私有化。

(二)影响及反思

拉美国家震动式金融自由化措施对其金融部门的积极成效和消极影响都非常引人注目。包括:金融中介在国民经济中的地位大幅度上升,储蓄和信贷迅速增加,M_2/ GDP 比率的提高;资本流入量(包括外债)增长幅度很大;利率快速上升,如在 1975 至 1981 年期间,智利的实际利率高达 41%;资产价格欠稳定;由于政府放松了对金融机构的管制,越来越多的金融机构从事高风险的金融业务,导致银行不能正确地评估风险,贷款质量下降,坏账增加。智利、阿根廷和乌拉圭在金融改革初期曾一度被压低的通货膨胀率再度高涨,金融改革的积极作用逐渐丧失。

在《世界发展报告》(1987 年)中,世界银行在《金融自由化的风险:智利的教训》一文中对激进的金融自由化进行反思,指出:"智利的金融改革中最严重的缺点是改革目标太长远,对金融部门缺乏有效的监督而且实际上没有对银行业务进行监督检查。"并总结出三条教训:金融改革需要伴随着对银行和金融部门的严密监督,以避免不适当的金融集中,并防止不健全的银行经营方法;在金融部门改革完成以前就开放资本账户会引起不稳定的资本流动;一项切合实际的汇率政策是重要的,使用名义汇率去稳定国内通货膨胀,可能会导致实际汇率的上升,并造成对贬值的鼓励。

在耶鲁大学经济增长中心第 5 届发展经济学年会上,麦金农(1987

年)以"金融自由化的陷阱"为题对其理论在实践中产生的问题进行了反思,他指出:"自由主义阵营中并不是一切如意,有利于金融自由化的一般情况由于拉丁美洲南部之角的一系列银行恐慌和倒闭而陷入疑问之中……我们现在认识到,我们关于如何最好地实现金融自由化的知识是非常不完善的,使货币体系稳定的秩序与撤消对银行和其他金融机构的管制比较起来,我们的考虑必须比先前的设想更为仔细。"

二、亚洲新兴国家(地区)的渐进式金融自由化

(一)背景

亚洲新兴国家的渐进式金融自由化产生的背景不同于拉美国家,和拉美等国家的进口替代战略不同,东亚各国和地区实行出口导向战略,发挥各自比较优势,经济上取得快速的增长。但亚洲各国和地区在经济起飞时期(1965—1980 年),除了香港之外,对金融体系普遍采取了较严格的管制措施。20 世纪 80 年代后,随着世界性金融创新和金融自由化浪潮的兴起,更主要是亚洲各国和地区市场经济深化和日益复杂化所带来的政府信息不对称的问题愈来愈严重,原有的以政府代替市场配置资源为特征的金融管理制度对经济发展的负面作用越来越突出:

一是剧烈波动的高通货膨胀,使利率管制十分困难。利率上限变动频繁而且反复波动,使金融业和企业融资十分困难。由于银行和存款机构的利率受到管制,而场外金融市场的利率比较自由,于是出现了"脱媒"现象,大量资金由银行流向场外金融市场,甚至流向境外,严重扰乱了境内金融体系。

二是 20 世纪 70 年代中期以来发展中国家和地区的财政赤字持续上升。国债顺利发行和流通的需要对低利率造成越来越大的压力。利率灵活性的增大,为形成新的融资方式和建立证券市场提供了契机。

三是外部冲击也要求进行金融改革。例如浮动汇率要求采取防止汇率风险的措施,石油价格猛涨造成许多发展中国家和地区国际收支赤字

以及资本的外流,要求对境内金融运用更有效的手段进行管理。而工业国家经济增长缓慢,贸易保护主义抬头,对资金配置和使用效率提出了更高的要求。

四是电讯技术的发展使资金能够在世界范围内迅速转移,对金融机构和金融市场实行的割裂管制措施已不能适应形势的要求。20 世纪 70 年代末 80 年代初国内外一系列因素的变化促使亚洲各国和地区纷纷走上自由化之路。

(二)具体措施

大多数亚洲国家和地区的金融改革正是按照金融深化理论的政策建议而实施的。其核心是更多地依靠市场的力量来提高金融体系的效率和充分发挥货币政策的作用。金融改革的重点是放开利率,减少对信贷的控制,增加金融体系的竞争和效率,促进金融市场的发育,放松对国际资本流动的限制,增加汇率安排的灵活性,与此同时,加强监督和相应的法律法规建设。

亚洲各国和地区金融自由化的速度和广度大致相同。香港地区由于一直奉行的是自由放任的经济政策,因而几乎不存在放松管制的问题。由于把建立国际金融中心作为目标,新加坡从 20 世纪 60 年代末期就开始扶持金融业的发展,其他亚洲国家和地区的金融自由化则大都始于 20 世纪 80 年代。1994 年,世界银行出版了《东亚奇迹:经济增长与公共政策》一书,把东亚经济称为发展中国家和地区经济发展的典范,金融自由化政策则是其成功的公共政策的一项重要内容。概括起来,亚洲各国和地区的金融自由化改革主要包括以下内容:

1.利率自由化

印度尼西亚、菲律宾和斯里兰卡在 20 世纪 80 年代初已完全放开对利率的管制;韩国、中国台湾、马来西亚、泰国则采取渐进的方式,对受控利率放宽其幅度,取消了部分利率上限并经常对利率加以调整。利率自由化再加上在降低通胀率方面所取得的进展,使得大多数国家和地区的实际利率由负变正;大多数国家和地区的金融深化指标 $M_2/$ GDP 在 20

世纪80年代都显著上升了。

2.减少信贷控制,降低准备金比率

几乎所有的亚洲国家和地区都减少或取消了对银行贷款总规模的直接控制,并逐渐减少按部门配置信贷的比例。例如韩国政策性金融在存款银行贷款总额中的比重不断减少,1980年为40.7%,1984年为33.8%,1988年为33.3%,政策贷款占国内信贷总额的比重则从1982年的18%降至1993年的6%,1995年这一比例进一步下降至5.3%。不过,由于间接调控工具尚不成熟,在面临货币失控及宏观经济失调情况下,很多国家往往仍要依靠某种程度的直接控制手段。例如,印尼虽在1983年放弃了选择性信贷限额,但央行仍向对优先部门提供贷款的银行提供优惠性再贴现。韩国在20世纪80年代末经常使用非正式的直接控制手段来抵消国际收支盈余过大对货币供应量的影响。而菲律宾政府仍继续执行有选择的向优先部门分配贷款的原则。在准备金方面,各国一方面取消了优惠准备金,统一了标准并扩大了缴存准备金的金融机构范围;另一方面,不同程度降低了准备金比率。马来西亚的准备金率从1974年的10%降到1979年的5%,以后大体维持在3.5%—6.5%。韩国的准备金率由20世纪70年代的20%—27%降至80年代的4.5%—10%。印尼则在充分准备之后,于1988年把存款准备金率从15%大幅降至5.52%。[1] 而金融自由化和国际化走在前面的新加坡却始终没有放弃选择性信用政策。

3.金融机构竞争

为了提高金融体系的效率,亚洲各国和地区都采取措施鼓励竞争,这些措施主要有:鼓励建立新的金融机构,扩大各金融机构的业务范围;放宽市场准入限制和对外资金融机构限制;国有银行民营化以及给予金融机构更大自主权等。与此同时,各国和地区也加强了对金融机构的监管,

---

① 马君潞:《金融自由化:原由、历程、影响与前景》,中国金融出版社1997年版,第105—106页。

将监管范围扩大到所有金融机构,统一并改善金融管理体系,建立存款保险制度,对经营不善和违规操作的金融机构进行改组等。例如,从 1981 年到 1983 年,韩国政府先后将韩国银行、第一银行、汉城信托银行和朝兴银行等实现私有化。到 1983 年,韩国六大商业银行中的 5 家都实现了私有化(政府只持有少量股份)。20 世纪 80 年代初,韩国立法允许新银行建立。从 1982 年至 1992 年,商业银行从 6 家增至 14 家,与此同时,对建立非银行金融机构的要求也大大降低,新成立了 44 家储蓄公司和 10 家金融投资公司①,对银行业务限制的减少则使金融机构的业务迅速向多样化发展。

4.发展货币市场和资本市场

亚洲各国和地区的货币市场是从 20 世纪 70 年代开始发展起来的。韩国先后于 1974 年和 1977 年建立了大额可转让存单和债券回购市场,新加坡和马来西亚先后于 1972 年和 1979 年建立了商业票据市场,而各国和地区的同业拆借市场在 20 世纪 70 年代已相当发达。到 20 世纪 80 年代初,货币市场在印尼、韩国、马来西亚和泰国迅速发展。印尼在 1984 年和 1985 年先后由中央银行发行了旨在促进公开市场操作的中央银行存单(SB1)和特种本票(SBPU)。

各国和地区资本市场的发展呈现出较大的差异性。中国香港、新加坡早在 20 世纪 70 年代就建立了较发达的国际化股票市场。韩国的资本市场虽然早在 20 世纪 60 年代和 70 年代就曾为国内建设起过重要作用,但直到 1987 年后才获得蓬勃发展,到 1996 年韩国股市已成为世界第六大市场。印尼和马来西亚的股票和债券市场都是从 20 世纪 80 年代后期开始发展起来的。菲律宾的证券市场则不够发达,而且投机性较高。泰国在 1979 年成立了证券回购市场,随着自由化步伐的加快和新金融工具的出现,泰国证券交易所的交易额在 20 世纪 80 年代后期迅速扩

---

① 马君潞:《金融自由化:原由、历程、影响与前景》,中国金融出版社 1997 年版,第 107 页。

大,并在 90 年代成为重要的新兴股票市场,吸引了大量的外国资本。1986 年马来西亚修订了公司上市规则之后,本国公司数目剧增,市场规模迅速扩大,到 1990 年上市公司数已达 285 家,资本市场市值总额达 1317 亿马元。①

5.放松资本控制和增加汇率灵活性

大多数亚洲国家和地区在放开国内金融市场的同时,放松了对国际资本流动的控制。到 20 世纪 80 年代初,印尼、新加坡已基本取消了对资本流动的限制。马来西亚对非本地筹资的国际资本流动限制极少,只控制资本输出,对资本输入则基本不予控制。韩国一直对资本流动控制较严,到 80 年代后期采取了一些开放措施,对外国在韩直接投资和韩国居民的海外投资放松了管制。

早在 1975 年,新加坡就放弃了固定汇率制,实行有管理的浮动,到 1978 年完全解除了汇率控制,使名义汇率与实际汇率趋于一致。其他亚洲国家和地区在 20 世纪 70 年代一般都维持固定汇率安排,通常是钉住美元。从 20 世纪 80 年代开始,这些国家和地区朝着更为灵活的汇率安排迈进。到 1989 年,有些国家和地区(马来西亚、缅甸、泰国)钉住一揽子货币,另一些国家和地区(印尼、韩国、菲律宾、中国台湾、斯里兰卡)则实行有管理的浮动汇率制度。

(三)结论

亚洲各国和地区的金融自由化取得了初始的成功,虽然在遭受 1997 年亚洲金融危机的重创中暴露出很大的不确定性,但是我们还是能从中得到一些有益的启示。下面我们以韩国、马来西亚、印度尼西亚、菲律宾和泰国为例,进行国别比较(见表 3-4),从中总结出一些规律性的东西。

---

① 马君潞:《金融自由化:原由、历程、影响与前景》,中国金融出版社 1997 年版,第 108 页。

表3-4 亚洲五国金融自由化比较

| 国家 | 背景 | 国内金融改革 | | 资本项目自由化 | | 改革顺序 | 金融危机 |
		范围	速度	范围	速度		
韩国	不稳定	*有限的；**有限的	渐进	#相当自由的；##有限自由的	渐进	正向	贷款坏账问题
马来西亚	稳定	*全面的；**有限的	渐进	#相当自由的；##相当自由的	渐进	正向	贷款坏账问题
印度尼西亚	不稳定	*有限的；**有限的	渐进	#相当自由的；##相当自由的	渐进	逆向	贷款坏账问题
菲律宾	不稳定	*全面的；**有限的	渐进	#相当自由的；##相当自由的	渐进	正向	贷款坏账问题
泰国	稳定	*全面的；**全面的	激进	#相当自由的；##相当自由的	激进	正向	全面的金融危机

注：*代表"利率自由化"，**代表"其他放松管制措施"，#代表"外国贷款"，##代表"外国银行和资本市场投资者的进入"。

从表3-4中，我们无法归纳出一个能够普遍适用的金融自由化模式。不同的国家在不同的经济背景下开始改革，并根据自身的状况，实施了内容和方式不一的改革计划，当然也取得了有所区别的结果。显然，各国发生金融危机的具体原因也不同。例如，国内金融改革与对外金融开放的不协调是韩国银行危机的主要原因；而不稳定的宏观经济环境导致了印尼和菲律宾的危机；激进式的开放则是泰国金融危机的罪魁祸首。金融自由化改革的初衷是好的，它并不必然导致金融危机，只是各国具有自己独特的国情，在改革过程中出现了一些意想不到的不利因素，导致了这样或那样的失败。我们无法评判哪一国的改革是成功的，哪一国是失败的，它们有各自的优劣。虽然不存在统一的金融自由化模式，但仍能发现几点规律性的东西：第一，稳定的宏观经济背景是金融自由化改革成功的重要因素。在不稳定的经济条件下实施改革，就要求政府有更加完善的审慎监督体系和更加全面配套的改革计划。第二，渐进的、正向的金融自由化是理论上比较成功的模式，也是大多数国家的选择。但在某些细节上可灵活运用，有的改革可一步到位，有的则逐步调整，有时也可采用逆向式。第三,银行信贷危机是自由化改革所导致的最常见后果,如何避免自由化后的过度信贷扩张,防止银行资产质量恶化是金融改革成功的关键。第四,由于金融体系存在自身不可避免的脆弱性,因此审慎的监管是至关重要的,尤其要密切监控资本账户。

三、亚洲国家(地区)金融自由化的评价及借鉴

发展中国家金融自由化的实践,其积极效应是可见的。如:金融中介作用得到扩大;初步形成现代金融机构体系,增强了金融市场的竞争性;金融市场的发育,使得发展中国家在国际金融市场中的地位与作用有所提高;汇率制度趋于改善;金融相关系数(FIR)有较大的提高。然而金融自由化是一把"双刃剑",它在给经济发展带来活力的同时,如果政策措施不得当,也会诱致负面效应,阻碍经济增长。

中国作为一个发展中大国,也同样面临艰巨的金融改革任务。虽然中国有特殊的国情和自己特殊的发展道路,但如果能汲取其他国家尤其是亚洲国家和地区在金融自由化方面的具有普遍意义的经验教训,将可以少走弯路,减少改革的成本和代价。纵观发展中国家的金融自由化之路,可以获得以下经验教训及启示。

(一)经济稳定是利率自由化成功的关键

利率管制放松后,利率能否上升到一个合理的水平,并保持较小的波动幅度取决于宏观经济是否稳定。菲律宾和马来西亚的经历强调了价格稳定的重要性。在金融市场浅化的经济中,在资本流动完全自由时,国内利率自由化会使利率对汇率变动预期的压力非常敏感,这时常导致国内利率变动频繁,居高不下,与长期均衡水平大大背离。另一方面,如果政府试图控制国内利率,就要冒资本大量外逃的风险。最好的办法,可能是构造一个稳定的宏观经济环境,以消除对汇率变动预期的任何突然变化,若这不可能实现,则金融市场狭小而脆弱的国家可选择一种次优的方法,即继续对资本项目施加限制并维持利率水平。在国内经济不稳定或国内金融部门深化不够时,一国可以维持对资本项目和国内利率的控制,与此

同时,灵活的根据通胀率调整后者,并尽力稳定通胀率。另一方面,如果一国已经开放资本项目和国内利率,就应该不惜一切地维持宏观经济稳定。

(二)金融自由化的次序安排应与宏观经济政策相协调

关于金融自由化的次序安排在理论上已有较多阐述,但在实践中需要灵活掌握,尤其要注意各项改革措施的相互配套。过于公式化的概念往往会导致错误的结论。比较研究已表明,改革的每一个步骤都不是孤立的,不能单身独进,必须关注广泛的经济金融领域中各个组成部分间的相互关系,必须与各国的宏观经济目标相一致。不能一些方面过度,另一些方面严重不足。例如东亚五国的金融资产普遍过度膨胀。危机前,发达国家的金融相关比率平均值为 250 左右,美国为 320,而东亚一些国家甚至大大超过这一水平,韩国为 436,泰国为 300。但同时金融制度的建设却相当滞后。一项有效的计划主要看是否有协调的改革,而不管步骤如何。在特殊情况下,在实施宏观经济和金融业改革的其他部分之前取消对资本项目的管制可能更可取,比如印尼。问题的关键也不在于速度,不一定渐进的就好。东亚五国中有四个是采用渐进主义的办法,但危机仍不可避免。因此,在金融改革中,必须根据自身国情,对改革作出适当的次序安排,并要与整个宏观经济政策相协调。

(三)金融自由化应考虑国别经济体制的差别

亚洲各国的经济体制虽然基本上属于市场经济体制,但是与英美的完全自由竞争的市场经济体制存在很大差别,体现出很多发展中的和东方的特征。较强的政府行为是发展中经济的一个典型特征,较浓厚的人际关系影响体现东方的历史传统。政府——银行——企业的关系纠缠不清,企业严重依赖银行贷款,银行则从政府那里得到政策支持和优惠,形成政府对银行担保、银行对企业担保的风险控制格局。在这种格局下,一旦在金融自由化和国际化的推动下,在激烈的竞争压力中,片面追求规模和市场份额,追求高利润的高风险行为失控,就会产生高比例的负债行为,造成对企业的信贷扩张,尤其是对政府重点发展的企业的信贷扩张,贷款风险扩大,呆账坏账比例增高。企业也会在银行信贷的支持下,规模扩张、风险加大,不断制造着银行的呆账和坏账。一旦银行的融资渠道或者企业的销售情况出现问题,就会产生银行、企业连环破产的金融危机。韩国的经历就是很好的例子。

(四)结构落后是东亚各国发生金融危机的一个共同原因

根据戈德史密斯的金融发展理论,所谓金融发展就是指金融结构的变化,即各种金融工具和金融机构的形式、性质及相对规模的变化。他指出,随着经济的发展,银行系统在金融机构金融资产总额中的比重会趋于下降,而其他新型金融机构的比例会相应上升,直接融资日益重要,并将最终取代间接融资居主导地位。东亚国家在赶超型经济发展战略的指导下,形成了政府主导下的,以间接融资和银行体系为主,直接融资和资本市场为辅的金融结构。这种结构在这些国家的经济起飞阶段是符合金融发展的客观规律的,也发挥了重要作用。但随着经济的飞速发展,东亚各国政府并未相应调整金融结构,使资本市场发展滞后,企业融资渠道单一,从而导致银行信贷过度扩张,企业对银行过度负债。一旦企业出现亏损,全社会的风险就集中到了银行体系,并最终以金融危机的形式释放风险压力。

(五)在发展金融机构过程中建立完善的审慎监管制度

在发展金融机构时,若监管体系未能健全,反而会引起金融秩序的混乱。发展中国家金融调控机制和风险防范机制不很健全,在金融机构快速增加时,对金融机构的管理缺乏有效的机制,道义上的劝告收效毕竟有限,因此容易造成金融秩序混乱进而引起金融危机。东亚金融危机就充分说明了这一点。

第五节　中国金融自由化进程中的对策

一、中国金融自由化现状

我国金融自由化的过程,也就是我国金融体制不断改革与深化的过程。经过三十多年的金融体制改革,我国在金融自由化、市场化方面取得了举世瞩目的成就。但是,也应看到我国的金融自由化还刚刚起步,许多重要的市场化措施还在逐步推进中,比如利率自由化、资本项目开放等。

(一)金融自由化的现状

1984 年开始,我国逐步取消了单一银行体制,建立了多家商业银行和政策性银行,发展了多种类、多层次的商业银行和非银行金融机构,同时引进并设立了一些中外合资银行和外商独资银行,逐步建立了一个以中央银行为核心、以商业银行为主体、多种金融机构并存竞争的金融组织体系。通过金融立法确立并加强了中央银行操作的独立性,使之逐步采用以市场化为基础的间接调控手段。积极推进商业银行的市场化运营,鼓励以市场为基础的金融机构之间的竞争与发展。同时,采取措施深化金融市场,创建了国内货币市场、资本市场和外汇市场,发展间接货币政策管理手段,并以金融立法的形式改进并强化了对金融体系的审慎监管。1998 年又取消了对商业银行的信贷规模控制。

近些年来,我国对外汇体制也逐步放松了管制,积极推进汇率的市场化。这包括统一汇率,1994 年实行了以市场供求为基础的有管理的浮动汇率制度;取消对贸易和非贸易往来项目的支付限制,1994 年 1 月统一了全国的外汇市场,至 1996 年年底实现了人民币经常项目下的可自由兑换。2005 年 7 月,中国人民银行宣布废除原先盯住单一美元的货币政策,开始实行以市场供求为基础、参考一篮子货币进行调节、有管理的浮动汇率制度。2010 年 6 月 19 日中国人民银行宣布进一步推进人民币汇率形成机制改革(即"二次汇改"),增大人民币汇率的弹性,扩大人民币汇率的波动幅度。

具体来说,三十多年来我国金融自由化改革的成果主要体现在以下三方面:

1.经济货币化程度明显提高

经济货币化程度是指一国国民经济中全部商品和劳务的交换,以及包括投入和分配在内的整个生产过程通过货币来进行的比重。通常用货币化比率,即 M$_2$/GDP 的比值来衡量,比值越大,表明经济货币化程度越高。1978 年,我国的 GDP、M$_2$、M$_2$/GDP 等各项指标分别是 3645.2 亿元、1159.1 亿元、31.8%;2007 年以上指标分别为 265810.3 亿元、403442.2 亿元、151.8%;2012 年上述各项指标分别是 518942.1 亿元、974159.5 亿元和 187.7%。[①] 可见中国的货币化程度明显提高(见表3-5)。

表3-5 货币供应量(M$_2$)与货币化比率(1978—2012 年)

项目 年份	M$_2$ (亿元)	GDP (亿元)	货币化 比率(%)	项目 年份	M$_2$ (亿元)	GDP (亿元)	货币化 比率(%)
1978	1159.1	3645.2	31.8	1996	76094.9	71176.6	106.9
1979	1458.1	4062.6	35.9	1997	90995.3	78973.0	115.2
1980	1842.9	4545.6	40.5	1998	104498.5	84402.3	123.8
1981	2234.5	4891.6	45.7	1999	119897.9	89677.1	133.7
1982	2589.8	5323.4	48.6	2000	134610.3	99214.6	135.7
1983	3075	5962.7	51.6	2001	158301.9	109655.2	144.4
1984	4146.3	7208.1	57.5	2002	185007.0	120332.7	153.7
1985	5198.9	9016.0	57.7	2003	221222.8	135822.8	162.9
1986	6721	10275.2	65.4	2004	254107.0	159878.3	158.9
1987	8349.7	12058.6	69.2	2005	298755.7	184937.4	161.5
1988	10099.6	15042.8	67.1	2006	345603.6	216314.4	159.8
1989	11949.6	16992.3	70.3	2007	403442.2	265810.3	151.8
1990	15293.4	18667.8	81.9	2008	475166.6	314045.4	151.3
1991	19349.9	21781.5	88.8	2009	606225.0	340902.8	177.8
1992	25402.2	26923.5	94.3	2010	725851.9	401512.8	180.8
1993	34879.8	35333.9	98.7	2011	851590.9	473104.0	180.0
1994	46923.5	48197.9	97.4	2012	974159.5	518942.1	187.7
1995	60750.5	60793.7	99.9	/	/	/	/

资料来源:根据有关年度《中国统计年鉴》和《中国金融年鉴》计算而得。

---

① 根据以下资料整理:中华人民共和国统计局:《中国统计年鉴》(1979—2013),中国统计出版社;黄昌利、任若恩:《中国的 M2/GDP 水平与趋势的国际比较、影响因素:1978—2002》,《中国软科学》2004 年第 2 期,第 62 页。

2.金融机构数量扩增迅速、多样化程度不断提高

传统经济下的"大一统"金融体系已经被彻底打破,现在已经建立起包括中央银行、政策性银行、国有商业银行、股份制商业银行、合作金融机构、非银行金融机构等在内的多层次金融机构体系。同时还建立了较完整的金融调控体系和金融监管体系(中国人民银行、银监会、证监会、保监会)。

截至2012年年末,我国拥有政策性银行(含国家开发银行)3家,大型商业银行5家,股份制商业银行12家,城市商业银行144家,农村商业银行337家,农村合作银行147家,农村信用社1927家,邮政储蓄银行1家,金融资产管理公司4家,外资法人金融机构42家,信托公司67家,企业集团财务公司150家,金融租赁公司20家,货币经纪公司3家,汽车金融公司16家,村镇银行800家,贷款公司14家以及农村资金互助社49家。[①]

3.金融结构有所改善

金融结构包括各种现存金融工具与金融机构的相对规模、经营特征和经营方式,金融中介机构中各种分支机构的集中程度等。相对于改革开放初期,我国金融结构有所改善,但以存贷款为主的金融工具结构并没有得到根本扭转,金融发展在质上是不够的,这在表3-6中有所体现。

表3-6　2007年年末金融工具结构状况

项目	总量(亿元)	占总量比重(%)	占GNP比重(%)
现金	30334.32	3.89	12.06
各类存款	389371.15	49.91	154.83
企业债券	7683.30	0.98	3.06
金融债券	33628.7	4.31	13.37
政府债券	48741.00	6.25	19.38

---

① 根据中国银行业监督管理委员会办公厅:《中国银行业监督管理委员会2012年报》(中信出版社2013年版)有关数据整理。

续表

项目	总量（亿元）	占总量比重（%）	占 GNP 比重（%）
股票	8680.17	1.11	3.45
各类贷款	261690.88	33.54	104.06

注：(1) 表中"总量"为期末余额。

(2) 表中"现金、各类存款和各类贷款"的统计口径包括中国人民银行、政策性银行、国有商业银行、股份制商业银行、城市商业银行、农村商业银行、农村合作银行、城市信用社、农村信用社、信托投资公司、外资金融机构、中国邮政储蓄银行、财务公司和租赁公司。其中，各类存款＝企业存款＋财政存款＋机关团体存款＋城乡储蓄存款＋农业存款＋信托类存款＋其他类存款；各类贷款＝短期贷款＋中长期贷款＋信托类贷款＋其他类贷款

(3) 企业债券＝中央企业债券＋地方企业债券＋短期融资券；金融债券＝政策性金融债＋其他金融债券；政府债券＝国库券＋国家建设债券＋国家重点建设债券＋特种国债；股票（含 A 股、B 股和 H 股）＝股票筹资额

资料来源：根据中国金融年鉴编辑部：《中国金融年鉴2008》，中国金融年鉴杂志社有限公司2008年版有关数据编列。

（二）金融发展存在的问题

尽管我国金融改革取得了一些成就，但是相对国民经济的其他部门而言，我国金融部门的市场化仍比较滞后。突出体现在以下三方面。

1. 金融业整体竞争力缺乏

从银行业看，随着四大国有银行的股改上市，我国银行业的资产质量和资本充足状况有了明显改善，国际竞争力显著提高。据英国《银行家》杂志统计，2008年全球最赚钱银行中，我国银行在榜单中占据5席，并且有3家名列前五名。我国银行业的国际竞争力能够稳步上升的原因，一是西方大型银行受美国次贷危机引发的全球金融危机的影响较大，其盈利能力大幅下降；二是由于我国参与金融全球化的程度不深，受次贷危机的影响有限，加上国内良好的宏观经济环境，使我国银行业的盈利水平呈现稳步上升的态势。但是，我们也要认识到我国银行业的发展还存在许多问题：大型商业银行在金融体系中长期占据主导地位，中小银行的发展比较滞后；银行业务模式尚需调整，公司业务和零售业务的发展不平衡；收入结构仍需改善，利差收入占比高，中间业务收入占比低；贷款结构不合理，行业集中度较高等。从非银行金融机构看，证券业的竞争力问题较

为典型。这主要表现为证券业规模偏小,实力有限以及结构不合理。目前,证券经营机构和国内其他金融机构相比,规模普遍偏小。而且,证券市场的发展存在结构性失衡,一方面表现在股票市场与债券市场上,我国存在明显的"强股市,弱债市"现象,债券市场的发展远远滞后。另一方面,股票市场和债券市场内部结构也存在严重分割。上市公司股权结构纷杂:A 股、B 股、H 股,还有国家股、法人股、内部职工股、转配股等划分;债券市场不均衡,呈现出国债和政策性金融债主导债券市场,企业债占比低的局面。

2. 金融运行效率低下

我国的金融深化指数从 1979 年的 36.1% 上升到 2007 年的 160.4%,翻了四番多,增速超常。2006 年,我国 M_2/GDP 比率达到 159.8%,而同期美国仅为 75.3%,英国为 131.9%,日本为 143.4%,印尼为 41.4%,韩国为 69.8%,马来西亚为 130.0%,泰国为 104.4%。[①] 以我国的经济发展水平,如此高的 M_2/GDP 比率是不正常的,它反映了金融运行的低效率。因此,从总量上看,我国金融深化的速度是相当快的,金融发展也似乎达到了较成熟的阶段。但事实并不如此简单,我国的问题更多的是出在金融深化的质量和结构上。目前学术界大量的研究都指出,中国的金融增长带有明显的数量扩张特征,在质量上令人担忧。30 来年的金融发展所带来的变化是显著的,但却不是深刻的。

3. 金融创新落后

与发达国家相比,我国的金融创新比较落后,且存在两大问题:其一,金融创新过于依赖政府。我国金融机构的金融创新主要依靠政府和金融主管当局,表现为一个自上而下的强制性过程。其二,在有限的金融创新中,各领域进展失衡。例如,金融工具、产品、特别是金融服务的创新步履缓慢;在业务创新中,负债类业务多于资产类业务;在资产类业务中,真正

---

① 根据以下资料整理:中华人民共和国统计局编:《中国统计年鉴 2008》,中国统计出版社 2008 年版;International Monetary Fund. Statistics Depart:《International Financial Statistics yearbook 2007》,International Monetary Fund,2007。

能够保证收益、转移风险的金融创新很少。金融创新的不平衡性和行政主导降低了金融资源的效率，削弱了中国金融机构的创新竞争力。

二、中国推进金融自由化的对策选择

（一）营造良好的宏观经济条件及制度环境

营造良好的宏观经济条件和制度环境是进行金融自由化改革的首要政策选择。要做好这一点，必须从以下几个方面着手：

1.发展综合国力，慎重推进金融自由化

推进金融自由化，必须首先注重发展综合国力，完善国内的宏观经济条件，为自由化改革创造一个稳定的制度环境。纵观国际资本流动，国际游资投资墨西哥比索，打击英镑、里拉的汇率，摧毁东亚各国汇率制度，无一例外地被这些国家经济政策、经济结构的不合理所吸引。因此我国金融自由化进程中，要注重发展综合国力，提高风险防御能力。为此，首先必须协调好改革与开放的关系，使国内外市场建设协调发展。其次，与谨慎的推进市场开放的过程相比，加速国内经济的发展更为重要，这是由于发展中国家抵御恶性投资冲击的能力、参与全球化竞争并从中获利的能力，主要受其自身经济制度和经济发展水平的制约。

2.增强金融风险意识，运用市场化手段调控监管市场

世界经济一体化，金融成为现代经济的核心，成为世界经济发展的"综合反应器"，也使得金融风险有了更强的不确定性。所以我们应当健全预警系统，提高对各种市场行为的监控能力，增强市场的透明度，完善金融市场管理体系，防患于未然。对金融资本流动加以监管是抑制金融泡沫膨胀的有利手段，金融衍生市场是最活跃的领域，是监管对象的重中之重。

3.保持充足的储备

金融市场变幻莫测，危机传播以及国际投机资本高度流动要求一国必须保持充足外汇、财政储备以应付突发事件。国际金融投机巨头不乏有直接与政府对抗的恶性行为，对一国金融安全产生极大危害，而政府和

央行在捍卫本国金融市场稳定时,必须有足够的资金应对外部冲击,方能为调整经济政策赢得过渡时间。

4.加强国际合作,改革和完善国际金融体制

金融自由化、国际化成为需要,全球经济逐渐整合,这一背景下金融危机更易引起全球金融的联动效应,单个国家的干预市场能力显得捉襟见肘。为此,只有建立并加强国家之间、企业与金融机构之间的合作和协调机制,才能有效抵御金融危机。同时,改革国际金融体系,加强国际金融体系的基础结构和运作机制,完善应对金融危机的规章制度,培养适应新制度、新管理要求的人才等手段,是应对金融自由化、经济市场化的消极影响的有效措施。为此,我国应该积极主动地参与国际经济金融合作,在制定和修改国际金融制度规则中发挥作用,为包括自己在内的发展中国家争取有利的发展机会。

(二)渐进式推进金融自由化

借鉴国外金融自由化的经验和教训,我国金融自由化应遵循渐进原则:金融改革与深化市场同步协调;规范金融市场的发展与提高金融体系抵御风险能力相适应;适当安排好金融自由化的次序。

金融自由化的过程应与市场发展的进程相适应,各类金融机构的改革应同步进行。自由化过程如果超过市场的承受力,就会产生严重的后果。反之,对必须进行的金融自由化改革,如果采取拖延政策,不但不能避免或推迟金融风险,反而会导致新的市场扭曲。同时,如果金融市场改革不同步,对有的金融机构放松管制,而对有的金融机构仍进行严格管制,就会扭曲各类金融机构的竞争地位。金融当局只有科学制定并执行适当金融自由化策略,才能保证金融市场的发展。

金融自由化的过程要与提高我国金融体系抵御风险的能力相适应,金融市场的发展应规范化与自由化并举。如果金融自由化步伐超出了金融体系抵御风险的能力,就会导致金融危机。只有加快改革金融体制,包括完善金融监管制度,加强金融基础设施建设,才能更好地推进金融自由化。真正做到金融市场发展与规范并举,当改革取消了对金融市场的行

政干预时,市场功能和市场约束机制应能取而代之。

国内金融自由化必须在金融约束之后,外部自由化必须在外贸自由化和国内金融自由化之后。金融体制改革与发展是渐进的过程,从金融抑制到金融自由化必须经历金融约束,金融约束指的是一组金融政策,如对存款利率加以控制,对市场进入加以限制和对来自资本市场的竞争加以限制等,它突出了政府在金融发展中的积极作用。金融约束随着金融改革的深入可适当减轻,直至过渡到金融自由化。随着金融市场的建立与完善,我国可逐步开放资本市场,在开放的同时应采取一些政策措施进行间接的资本控制,消除资本流入的消极影响,提高短期资本进入成本,减少短期资本涌入,避免资本大进大出对国内经济的冲击。因此,部分地控制资本自由化在相当长时期内是我国金融自由化的理性选择。从我国的实际情况看,只能稳步地、分阶段地推进金融开放战略,选择"谨慎有序、渐进推进"的战略方针,条件成熟后,再全面放开资本市场,直至最终实现人民币的自由兑换。

(三)在适度保护的基础上推进金融自由化

适度保护是国际通行的做法,适度保护需要把握一个"度"的概念。对国内金融业实行保护,是在一定时间内的暂时措施。金融业的对外开放和适度保护都是为了增强本国金融业的综合实力。为此,必须把握好"适度"的界限,既不能过度保护,使本国金融业丧失参与国际竞争的机会,难以真正提高效率;又不能保护不足,使处于脆弱、稚嫩状态的民族金融业被市场经济优胜劣汰法则无情淘汰。当然,我国政府一方面要通过法律、法规及政策协调,规范外资金融机构的经营行为,必要时可以提高外资金融机构的市场准入条件,限制其业务范围;另一方面,应多管齐下,提高我国金融业的竞争力,增强国内金融业的应变能力,使其能够与外资金融机构开展公平竞争。

我国在扩大金融开放时,应该吸取国外的先进经验,在消除传统金融壁垒的同时,建立符合我国国情的金融服务贸易"壁垒",作为适度保护的具体措施,以保证金融开放的健康发展。

金融服务贸易壁垒一般有两种:一是市场准入金融服务壁垒,二是金融服务贸易经营性限制壁垒。

国际上对境外金融服务商设立分支机构的市场准入壁垒主要有七种:一是以法律形式禁止其他国家的任何形式金融机构的介入;二是通过政策和许可证方式禁止境外金融机构的介入;三是除设立代表处之外,通过法律形式,禁止外资金融机构的介入;四是除设立代表处之外,通过现行的各种管理措施来限制外国金融机构的介入;五是以法律形式禁止任何外国银行通过分支机构介入本地市场;六是禁止外国银行购买本地银行的股权;七是对外国银行获得本地银行的股权有一定数量的限制。

金融服务贸易经营性限制壁垒国际上通行的做法有四大类:第一类,金融市场服务范围的限制。主要是限定服务对象及服务形式,不仅包括地理性范围限制,而且也有行业性范围限制及业务内容范围限制。这样通过允许或不允许提供服务或应如何提供服务的规定,直接控制市场准入;第二类,资产增长及规模的限制。主要是限制外资银行在本地市场上业务绝对量或市场份额,通常规定一个上限。东道国通常通过杠杆比率、准备金、资本量等指标来规范国内金融市场所有金融机构的经营行为。但对境内和境外机构规定的指标数值却不尽相同;第三类,融资限制。东道国政府可对外资金融机构的负债经营实施各种限制。如不允许外资金融机构经营储蓄业务,或要求它们只能接受特定类型的存款,或要求它们只能接受某一类型的顾客服务,不能接受政府及公共机构的存款等;第四类,其他措施。除了对金融服务的主要业务加以限制外,东道国政府还可以用其他方式来限制外国金融机构的竞争。如数据传输被认为是跨国金融网络服务竞争的血液,东道国往往通过附加限制或加以征收高额税费等办法帮助自己的服务商。

国际上这些金融服务贸易市场准入壁垒和经营性限制壁垒措施,可供我国在参与金融全球化、扩大金融开放过程中,根据实际国情,有选择性地采用。

（四）利用金融创新促进金融自由化

改革开放以来我国金融发展所取得的成就,其推动力来源于政府的改革开放政策所带来的能动效应,来源于经济体制转换中充分释放出来的被传统体制压抑的金融能量,来源于更适应现阶段金融发展水平和货币信用关系的新金融体制的优势。一般来说,这种推动力具有明显的短暂性和特殊性,存在于大多数经济转轨国家之中。

随着开放度的日益提高,中国金融将在市场经济新体制和国际竞争大环境中运行,这必将削弱政府的推动力和控制力,市场的作用必将加强,从而使中国金融发展的外生性下降,内生性增强,单纯靠政府保护来进行竞争越来越难。而随着金融自由化改革的发展,旧体制下被压抑的能量已经基本释放完毕,在新规则下必须依靠经济体系内部动力。这样,金融体系内部通过各种要素重组或创造性变革所形成的金融创新就显得尤为重要,须将创新作为新的金融发展推动力,来对当前金融结构进行调整和优化,现阶段金融创新的重点主要在金融制度、金融市场、金融工具等方面。目前,我国金融经济发展中,金融创新需求旺盛,金融机构进行创新的能力也在不断增强,将其作为推动金融改革的动力,可以使金融业自身获得高效发展和持久活力,从而加快我国的金融自由化进程。

（五）完善金融监管制度,保障金融安全

完善的金融监管制度对于保障一国金融安全具有重要的意义,这可以从东南亚金融危机和次贷危机的案例中看出。我国目前金融体系存在的问题,以及监管制度的不完善增大了金融自由化改革的潜在风险,要保障改革的顺利进行,保障我国的金融安全,必须健全和完善金融监管制度。

1.规范金融业的进入标准

长期以来,我国对金融机构的准入审批侧重于“经济发展的需要”,这是一个很有弹性的软约束概念,容易产生不同的判断标准。高标准的金融准入是保障金融业稳定的重要前提,而管理人员的高素质是金融业保持稳健经营的关键因素。因此,我国应规范金融业的进入标准,并进行

动态管理,对不符合标准者可随时取消或限制其授权及其业务活动范围。

2.建立并完善市场退出与危机管理体系

长期以来,我国的金融管理体系忽视金融机构的市场退出管制。随着经济金融改革深入,银行体系竞争的加剧与风险的激增,银行不倒闭在我国将成历史。因此,完善金融机构的退出与危机管理体系有利于我国金融业的稳定发展。退出与危机管理体系的内容应包括制定有关金融机构合并、收购、破产和清偿的法律以及金融诉讼制度;成立专门的清偿和处理破产金融机构的管理机构等。

3.建立有效的信息披露制度

我国作为处于经济转轨时期的国家,金融企业之间的竞争手段正由原来的非市场竞争方式转向市场竞争的方式。因此,在实现国内金融自由化的同时尤其要提高透明度。有效的信息披露制度能将金融机构置于市场的监督之下,有利于保证金融自由化进程的金融稳定;有利于市场参与者在充分了解信息的基础上作出理性的判断,实现资金的有效配置。政府应通过制定法规使金融机构如实地披露财务状况特别是不良资产状况,实现对金融机构业绩的动态评估。

4.加快金融信息服务基础设施建设

金融信息不仅是中央银行和监管当局进行货币政策决策和实施金融监管的依据,而且也是其改善金融服务、提高政策透明度的基础。应当尽快建成一个适应经济金融发展变化、标准统一、检索方便、资源共享的金融信息系统,以满足货币政策决策和金融监管的需要,满足商业性金融机构对客户资信审查的需要,满足社会各界以及国际组织对金融信息的需要。

5.完善金融监管操作过程

首先,建立金融机构非现场监管体系。一是设计统一的、科学的金融机构报表体系,力图报表全面、真实、及时地反映金融机构的经营状况和风险状况;二是开发先进的计算机报表分析软件,建立一套严格准确地反映银行资产负债运用结构、流动性、盈利性、资产质量等情况的比例分析体系；三是及时进行非现场检查，对金融机构进行连续的跟踪，及早发现并重视非现场检查中早期预警信号，将问题金融机构的风险在事发前进行消化。

其次，建立符合我国实际情况的银行内控评级制度。可以借鉴国外先进的评级制度，对我国银行机构的内控制度和经营管理情况进行评级，并建立规范的现场监管制度。

（六）加强与区域和国际经济金融组织合作

区域和国际经济组织在推动金融自由化发展过程中曾发挥了积极的作用，在我国金融自由化进程中，必须更多采取区域一体化、国际协调行动的形式。这是因为仅靠一国单边努力应付金融自由化后国际金融市场的风险和外部冲击越来越显得薄弱。在外部冲击趋于严重并快速扩散时，才采取应急性国际集体努力也越来越显得代价昂贵和效果微弱。东南亚金融危机和次贷危机引发的全球金融危机就充分说明了这一点。伴随着金融自由化，尤其是发展中国家的金融自由化，积极发展多层次国际金融合作是必然之路。

目前，中国、日本、韩国和东盟一些国家和地区的外汇储备约占全球外汇储备的一半。亚洲国家维护金融稳定，不能单纯依赖不断增加的外汇储备，还要积极开展亚洲货币合作，这也符合中国的长远利益。我们应该以积极的态度推进亚洲的货币合作，加强与亚洲各国尤其是东盟十国的金融联系，积极参与亚洲货币合作的各项工作。中国经济已逐渐成长为全球化中的大国经济，因此，需要在多边框架中作出更长远的战略性定位，而不是简单开放金融市场，应继续保持人民币的相对稳定，确保我国的货币金融安全。

第四章　金融电子化

第一节　金融电子化概述

20世纪50年代以来,以计算机信息处理和电子通讯、电子网络为核心的信息技术在银行、证券、保险等领域逐步得到广泛应用,金融电子化对金融业产生了深刻的影响,电子通讯技术不仅成为金融服务的工具和支持手段,而且直接作为金融创新的组成部分,促使金融业经营管理发生深刻变化,极大地促进了金融自由化和全球化的进程。目前,金融电子化已成为当代金融业发展的决定性因素和重要趋势,可以说,谁能把握时机推进金融电子化的快速发展,谁就可能在未来的竞争中立于不败之地。

一、金融电子化的涵义

金融电子化是指采用电子计算机技术、电子通信技术、电子网络技术等现代技术手段,实现金融业务处理、金融服务和金融管理的信息化、自动化、高效化和科学化。它是一个综合了各种层次,具有不同应用形式的、以计算机及其他金融电子设备为主要特征的各类金融计算机信息系统应用的总称。金融电子化的最终目标是建立集金融业务处理、金融信息管理和金融决策为一体的金融管理信息系统。金融电子化应包括物质内涵和服务内涵两层含义,从物质内涵来讲,金融电子化是指基础设施的建设,包括机器设备等硬件设施的购买、安装及软件系统的开发、调试、维护、升级等;从服务内涵而言,金融电子化是指随着电子信息网络技术的应用,金融企业在组织结构、业务操作方式、新产品开发、内部经营管理、金融部门与顾客之间关系等方面所发生的新变化。

金融电子化有两个特点：开放性和互动性。首先，金融电子化概念具有开放性，只要科学技术在发展，金融电子化的进程就没有终点；金融电子化还具有互动性，金融电子化的过程同时也是金融市场和经济形态的发展过程。

二、金融电子化的表现

从某种意义上讲，随着信息科学技术的迅猛发展，金融电子化已成为金融行业竞争的核心，其表现形式包括以下几方面：

（一）网上银行

随着以网络应用为核心的计算机时代的到来，金融业全新的经营模式——网上金融开始形成。1995 年 10 月，美国 3 家银行在因特网上联合成立了全球第一家网上银行——安全第一网络银行，它在刚开业时仅仅占有一座写字楼的半层楼面，但其业务遍布美国各州，包括电子货币兑付、在线交易登记、支票转账等，客户足不出户即可办理各种银行服务，其股价在上市头 2 个交易日就由招股价 20 美元/股升至 40 美元/股，获得了投资者的高度认同。1999 年 6 月，美国最大的股票经纪公司美林公司宣布，从 1999 年 12 月份开始向投资者提供全面的网上交易服务。在欧洲，已在因特网上建立网址的银行有 154 家，且在未来 4—6 年中将以年均 90% 的速度不断递增。①

（二）无纸化证券

无纸化证券也称电子证券或网上证券，是指利用互联网来完成证券交易的整个流程，在信息的采集、发布、传送、检索、交易撮合、货币支付、清算交割等过程中实现电子化处理。网上证券交易具有交易成本低的优点，客户获得信息更加方便，这对证券交易具有重要的意义。因此，自1995 年美国开始网上证券交易以来，在全世界迅速发展，美国 2001 年 4

---

① 于刃刚、戴建兵等：《网络金融》，河北人民出版社 2000 年版，第 69—71 页。

月底,已有网上券商 71 家,网上委托的开户数、交易量和成交笔数仅次于证券公司内部委托和电话委托。

(三)电子化清算系统

现代经济生活中,除了现金收付外,任何支付最终都必须通过银行来完成。支付体系,由银行内支付系统、国内银行间支付系统和国际银行间支付系统所组成。完全手工操作的银行支付体系逐渐走向消亡,现代化电子清算体系正在建立,它促进了资金在全球范围内快速流动。以 SWIFT(环球同业银行金融电讯协会)为例,它由大约 2000 家全球性金融机构于 1973 年在比利时合伙设立,由网上向 88 个国家的超过 3500 家金融机构传递金融信息、支付命令、外汇交易确认、证券交割等服务,一天 24 小时,一周 7 天实时在线连续工作。1998 年,该系统平均每个营业日处理的业务量高达 257 万笔,金额约达 5 万亿美元。如果没有金融电子化的高度发展,实现上述业务是不可想象的。[1]

(四)电子化货币[2]

随着支付清算渠道向电子化发展,传统支付中介的电子化趋势加速。近年来电子货币的发展已经引起世界各国普遍关注。电子货币可作为小额支付中替代现金的一种主要手段,其最大的特点是实时支付,使交易变的更容易、成本更低。狭义的电子货币指储值和预付产品。它包括两类,一类是储值卡或称电子钱包,另一类是预付软件产品,使用计算机网络,也称数字现金[3];广义的电子货币是通过电子信息交换完成结算的支付中介的总称。它除狭义上的电子货币外,还包括银行卡即借记卡和信用卡。借记卡和信用卡是传统的电子货币,使用者必须在银行开设账户,通过银行进行最终结算。随着互联网的迅猛发展,网上支付需求大幅度增加,信用卡已经成为使用最广泛的一种电子货币。建立在信用卡基础上

---

① 肖联民等:《银行计算机网络及应用》,西安交通大学出版社 1996 年版,第 25 页。

② 贺朝晖:《金融电子化风险及其监管问题研究》,湖南大学 2002 年,第 12—13 页。

③ David Rountree,"Surveying the OnlineBanking Channel",*Thomson Financial*,Vol.23,No.2,2001,pp.12—16.

的信用卡消费业务和个人理财业务呈现出巨大的发展空间,成为各国金融机构新的利润增长点。

三、金融电子化的效应

金融电子化是一把"双刃剑",既有拓宽金融服务领域、提高服务质量、降低服务成本和改变经营理念等积极效应,也有增加金融风险的消极效应。

(一)金融电子化的积极效应

马克思主义认为,"生产力是任何社会中最活跃的因素",邓小平指出,"科学技术是第一生产力",江泽民强调,"创新是一个民族进步的灵魂,是国家兴旺发达的不竭动力"。由此可见,由电子信息技术与金融分析方法相结合的现代银行经营模式——金融电子化,是金融业的第一生产力,是金融业务和管理的一项创新,它极大地拓展了金融市场体系,使金融企业的服务和经营发生了一个全新的变化。

1.拓展了金融服务领域

金融电子化能够融合银行、证券、保险等分业经营的金融市场,减少各类金融企业针对同样客户的重复劳动,拓宽金融企业进行产品创新的空间,向客户提供更多"量体裁衣"式的金融服务。由此,金融企业将从事全能银行业务,如存贷款、国际结算、财务顾问、证券经纪、信托、保险代理等。更进一步,全能银行借助自身的网点,从事如资信评估、气象预报发布,甚至联合其他实体的网络,从事旅游组团、商品零售等,开展"保姆银行"业务。此外,国际金融业出现了混业经营的新趋势,而金融电子化的发展无疑为这种趋势提供了技术上的保障。

2.提高了金融服务质量

金融电子化必然形成和提升金融自动化,使金融业务能够突破时间限制。金融电子化还促进了无形金融市场,即虚拟化金融市场的形成和发展。传统银行业务采取的是柜员办理业务的方式,这种市场模式需要客户不断"走动"来维持,离特定网点较远的客户"走动"费时费力,形成了银行的空间局限。银行建设虚拟化金融市场,不再受固定营业网点的空间局限,理论上只要是网络和通讯能够到达的地方,都可以成为银行的市场范围,客户可以坐在家中、办公室,或远在异国他乡指令特定的银行服务。万事达国际组织指出:"因特网的广泛流行正使得传统金融业务从固定销售点方式转变为随时随地方式","有银行业务,没银行网点","银行24小时永不关门",这些都揭示了金融电子化给银行服务带来的深远影响。

3.降低了金融服务成本

根据英国艾伦米尔顿国际管理顾问公司调查,利用网络进行付款交易的每笔成本平均为13美分或更低,而利用银行本身软件的个人电脑银行服务为26美分,电话银行服务为54美分,银行分支机构服务则高达108美分。金融电子化的引入和深化将持续降低银行的经营成本,并使网上银行引领未来银行业的发展方向,网上银行的经营成本只占经营收入的15%—20%,而相比之下传统银行的经营成本占经营收入的60%左右。网上银行无须开设分支机构,雇员极少,如美国安全第一网络银行员工只有19名。由此省下的巨额资金可以用来提高利息,如花旗银行储户必须在活期账户上有6万美元余额,才能获得1%的利息,而亚特兰大网络银行规定的最低限额是100美元,存款所付利息为4%;另以1年定期存款的利率为例,花旗银行为4.8%,而亚特兰大网络银行为6%。高利息增加客户收益的同时,壮大了银行的客户基础,极大地改善了银行的盈利能力。将来,许多金融业务还可以通过广泛的其他企业和社会公共网来完成,进而使金融企业可以借助别人的"成本"来完成自己的业务,比如乘车,拿钱买票不是银行业务,借钱买票就变成银行业务。显然,电子化支持金融业务,将能极大地改善银行的盈利能力。①

4.改变了金融经营理念

金融电子化改变了传统的银行经营理念。传统银行的经营以资产规

---

① [美]美国商务部:《浮现中的数字经济》,姜奇平等译,中国人民大学出版社1998年版,第231页。

模大小、机构网点数量、地处位置优劣作为评判标准,而网上银行则以获取信息能力、拥有信息量、分析处理信息以及为客户提供及时、便利、优质服务作为评判标准;网上银行也改变了传统银行"单打独斗"的经营思想,转变为与计算机网络通信服务商、资讯科技服务商等其他服务机构合作经营,共同发展。

传统商业银行成功的法宝之一是掌握和运用经济学中"规模效益"(Economics of Scale)规律,而在竞争激烈、客户市场日益细分的今天,商业银行则需要掌握和运用"深度效益"(Depth of Scale)规律,它表示单个商业银行最小单元对客户销售的深度。"深度效益"理论强调的是同客户的长期关系,随着银行和客户关系的加深,向客户销售的边际成本就会下降,在这个过程中,金融电子化起到了重要的促进作用。

随着知识经济浪潮的迅猛发展,金融电子化的作用将愈加突出,并将为商业银行的发展提供巨大的推动力。

同时,随着金融电子化的发展,金融服务方式的大众化,金融服务成本的降低和效率的提高,使得金融服务向着更加贴近平民大众的方向发展,对金融发展方式的转变也将起到重要推动作用。

(二)金融电子化的消极效应:风险增加[1]

在金融电子化环境下,金融风险表现出新的特征。在传统的金融风险外,又产生了与电子技术相关的风险,即金融电子化风险。它是指由于金融业电子化发展与运作而引发损失的可能性。这种风险包括三个层次:一是电子化本身的缺陷带来的风险;二是电子化技术应用不当给金融机构带来的安全风险和对金融业务发展战略造成的损害;三是基于电子化的金融创新所引起的风险。

1.战略风险

战略风险是指因不当决策或决策的不当实施而使收益和资本产生损失的可能性。战略风险具有广泛性,深刻影响其他类别的风险,对金融机

---

[1]　贺朝晖:《金融电子化风险及其监管问题研究》,湖南大学2002年,第15页。

构的影响是长期的和决定性的。在金融电子化过程中,技术是金融机构最大的战略问题,金融机构面临的战略风险因电子化而被强化。

2.安全性风险

第一,计算机及网络系统本身所带来的风险。金融交易的安全是客户信赖的基石,因此安全风险成为金融电子化风险中最受关注的风险,它是指电子化系统本身的缺陷、未授权访问、欺诈和电子货币伪造等造成损失的可能性。现今,金融业务电子化对电子技术和产品的依赖程度加深,而随着高技术产品趋于复杂化,出现问题的概率增大,硬件的脆弱性、操作系统的缺陷、软件设计的漏洞等都有可能引起系统故障甚至瘫痪,进而造成金融业务处理中断或出错,发生损失。金融机构内部员工利用业务之便非法获得使用授权数据和客户账户,金融机构外部的黑客攻击、计算机病毒侵袭等,都会导致客户机密信息被非法访问、检索或使用。所有这些都存在着巨大的风险。

第二,银行从业人员的业务素质所带来的风险。无论发达国家还是发展中国家,随着金融电子化进程的加速,银行业务的处理越来越依赖于电子计算机这种高技术的工具,由此也就对金融从业人员的业务素质提出了更高的要求。电子化科技含量迅速提高与相对较低的从业人员素质之间的矛盾日益显现,从业人员的职业素养面临前所未有的考验。

3.信誉风险与法律风险①

信誉风险是指因信誉危机导致资金或客户流失的可能性。由于金融业高负债运营,使其易发生信誉风险。金融电子化使金融业务系统开放化、复杂化,金融机构信誉风险放大。信誉风险不仅影响单个金融机构——严重危害其建立和维护客户和业务关系的能力,而且会危及整个金融体系。

法律风险是指金融机构违反法律法规而使其遭受损失的可能性。金融电子化的法律风险主要来自金融立法相对滞后与电子化业务创新之间

---

① 贺朝晖:《金融电子化风险及其监管问题研究》,湖南大学2002年,第19—20页。

的矛盾。金融电子化的飞速发展使金融创新的速度远远超过了金融法规建设的速度,使法律建设固有的滞后性进一步增大,金融机构面临的法律风险愈加突出,导致金融机构业务经营中不确定性因素增多。

4.基于电子化的金融创新风险:以电子货币为例

金融创新具有内在的风险,虽然从某一方面看会减少风险的发生,但实际上风险只是被转移或分散,金融系统的整体风险仍然存在甚至上升。金融电子化的发展产生了众多的创新金融工具,金融业整体风险大大增加。电子货币是金融电子化创新最重要的代表,下面即以其为例分析金融电子化创新风险。

与法定信用货币相比,电子货币具有三个特征:一是货币的发行机制不同,电子货币的发行既有中央银行,也有一般金融机构,甚至非金融机构,更多的是后者;二是电子货币大部分是不同机构自行开发设计的带有个性特征的产品,其担保主要依赖于各个发行者自身的信誉和资产,风险程度不同;三是电子货币打破了国界的限制,只要商家愿意接受,消费者可以比较容易的获得和使用多国货币。[1]

电子货币的产生和发展影响巴塞尔委员会所定义的全部风险。[2] 电子货币发行机构潜在的具有无限发行电子货币、导致通货膨胀的能力。发行电子货币相当于吸收存款,在发行机构的资产负债表中表现为负债,发行机构将预付资金进行投资面临信用风险:其一,电子货币的流动性风险同电子货币的发行规模和余额有关,发行规模越大,用于结算的余额越大,而发行机构不可能保持用于赎回电子货币的全额货币准备,一旦由于某些原因如投资损失致使资不抵债,或受其他电子货币不良表现影响而引发公众的信心危机,发行机构无法满足电子货币的赎回要求,就会产生流动性风险,可能出现支付危机。其二,电子货币发行机构持有一定的投资组合以保证用于赎回电子货币的现金流,利率水平或汇率水平的变化

---

[1]　何光辉:《电子货币系统的风险及其控制》,《金融研究》2000 年第 11 期,第 34—38 页。

[2]　BIS:"Electronic Money",*Basel:Bank for International Settlement*,2000.

可能对发行机构的资产状况产生不利影响,导致利率风险或汇率风险。其三,电子货币系统的虚拟性特点使欺诈更为隐蔽,更具有高智能化,可能造成更大的损失;在操作过程中,发行者、消费者和交易者三方之间,任一方存在欺诈行为,电子货币的运行都将受到影响,甚至可能引发信用危机。其四,消费者在支付中接受外币用于电子货币,面临外汇风险损失;国外电子货币服务商或合作者因经济、政治或社会原因不能履行义务将产生国家风险。

第二节 金融电子化的动因分析

推动金融电子化发展的动因是多方面的,归纳起来主要有:第一,信息技术的高速发展,这是金融电子化的前提和基础;第二,银行经营结构调整及业务拓展的需要,这是金融电子化发展的内在动因;第三,银行并购、混业经营的强力推动,这是金融电子化发展的外在动因。

一、信息技术的高速发展

作为计算机、通信和信息内容处理的复合体,信息技术可以说是当今世界发展最快、渗透力最强的新技术。自从 1945 年第一台名为"旋风"的带有运算磁心存储器的计算机问世以来,计算机本身及其相关的技术,如数据通信技术和数码技术得到了突飞猛进的发展。迄今为止,INTERNET 网络、信息高速公路、电子商务等对人们的日常生产和生活都产生了深刻的影响。现代信息技术的发展,大大促进了经济全球化的发展。同时,金融业作为现代经济的核心,更是最先受到了影响。金融电子化与信息技术之间存在着密切的关系,主要反映在金融业务对信息技术的内在的依赖上。金融业是服务行业,其成功所依赖的是人、资金与信息技术,以及提供各种服务所需的种种技能。在面临竞争、市场、体制等种种压力下,银行谋求竞争优势所需要的金融业务的创新必然依赖于信息技术的创新。金融业的竞争越来越多的是金融高科技创新方面的竞争,以及信息技术方面的竞争。由于信息技术及信息产业对金融业务的创新有着日新月异的影响,金融机构不得不重视金融业务对信息技术的依赖,并针对业务的不同技术特征与对信息技术依赖的不同程度来进行业务管理与业务创新。而金融机构借助信息技术进行金融创新的结果,大大推动金融系统电子化程度的发展。

二、银行经营结构调整及业务拓展的需要

20世纪80年代以来,随着金融国际化、金融脱媒、金融管制放松和金融自由化的发展,商业银行的经营环境发生较大变化。在商业银行系统,由于可以自由活动的空间被其他金融机构所入侵,银行界本身的竞争日益白热化。而且,除了面临国内外银行同业的竞争之外,商业银行业还面临着包括来自投资银行和非银行金融机构的多重冲击。金融和科技的发展导致金融机构原来的分工格局产生了深刻的变化。原来专业化的业务体系被冲垮,许多非银行金融机构甚至是工商企业、信息企业都向金融业渗透。商业银行只能不断改革,不断升级金融产品,缩短金融产品设计和产品生命周期,以科技来缩小价格差及为客户量身定做金融产品,即商业银行必须不断地拓展新的业务领域,才能在激烈的竞争中立于不败之地。对于银行业来说,竞争依靠的是服务,服务的要素主要是人、资金和信息技术。商业银行利用本身的优势,借助于计算机和通信技术,发展自己的资金清算系统、网上银行业务、ATM、POS等业务,在保持商业银行竞争优势的同时,客观上又促进了商业银行金融电子化的进程。

三、银行并购、混业经营的强力推动

20世纪90年代出现了席卷全球的银行等金融机构之间的兼并浪潮。美国、日本、英国、德国、法国、意大利等国都发生了适应信息服务经济的新型兼并活动,如美国的花旗集团和旅行者集团的合并、化学银行和大通银行的合并,日本的东京银行和三菱银行的合并,瑞士的瑞士联合银行、瑞士信贷银行和瑞士银行的合并等。世界范围内银行等金融机构的

重组、兼并和合并浪潮，意味着全球金融信息服务经济的基础工作已经初具规模。在这个过程中，一方面，银行努力使贷款证券化，并开展证券公司的业务；另一方面，证券经纪公司也深深的渗透到银行业务中。银行和证券业之间为了竞争而相互融合并同质化，导致一大批超级跨国银行的诞生。这些国际性超级金融机构既能保持消费性零售银行业务，又能巩固批发性银行业务、投资银行业务，成为一种能够发放贷款，发行债券，提供信托、证券及货币交易等服务的金融机构。银行并购之后，一方面可以削减机构、人员以降低成本，另一方面银行有了雄厚的资金实力，可以增加对高科技的投入，加速其电子化程度，以获得规模效益，在竞争中处于有利地位。而银行业和证券业联手之后，更是能够提供全方位的服务，为金融电子化注入了新的活力，如现在的电子资金划拨系统和全球交易执行系统（GLOBEX），可以实现全天候的全球金融资源的配置，这大大地提高了资金的利用效率和银行的竞争实力。

第三节　发达国家金融电子化的发展

长期以来，发达国家的金融市场与银行业一直处于世界领先地位，其高科技运用与发展更是居于国际金融业前列。因此探究发达国家的金融电子化发展演变轨迹，应能大致梳理出国际金融业电子化发展的历史、现状及其发展趋势。

一、金融电子化的发展历史

发达国家金融电子化的发展，并非"一步到位"，而是有步骤、有重点地推进其金融电子化的进程。从20世纪50年代开始把计算机系统应用于金融领域，发达国家经过五十多年的巨大努力，才达到现在的大规模联机实时处理作业水平，并实现了全球金融业务网络化状态。具体来说，金融电子化的发展大致经历了四个阶段。

(一)银行传统业务处理电子化

自从 20 世纪 50 年代末以来,计算机逐渐在美国和日本等国家的银行业务中得到应用。一些银行类应用软件的开发研制成功,使得通过电脑进行数据输入、输出和账务处理的效率大大提高,计算机进入实际业务应用阶段。但这一时期每笔业务数据的审核、确认和录入,还完全依靠银行职员的手工操作,数据输出的对象也是银行内部人员。此时银行应用计算机的主要目的是解决手工计算速度慢、业务处理能力低和人员负担重的问题。因此,早期金融电子化的基本技术是简单的脱机处理,主要用于分支机构及各营业网点的记账和结算。商业银行的主要电子化设备是管理存款、计算本息的一般计算机,财务统计和财务运算的卡片式编目分类打孔机,由计算机控制的货币包装、清点机,鉴别假钞伪钞的鉴别机,以及电脑打印机等。同时,也开始利用计算机分析金融市场的变化趋势供决策使用。20 世纪 60 年代后,金融电子化开始由脱机处理发展为联机处理,使各银行之间的存、贷、汇等业务实现电子化联机管理,并且建立起较为快速的通讯设施,以满足银行业务发展的需要。

(二)开发新的自助银行项目

随着金融电子化的发展,银行逐渐开发出了大量的自助银行项目。1963 年苏格兰国际投资公司的戴伦开始构思发明 ATM,数年后诞生了第一台 ATM。20 世纪 60 年代开始,一些新型银行业务的开发和消费信贷的普及,以及各种公共费用的账户转账,使得家庭经济的相当部分转化为银行业务。因此,银行也普遍开办综合账户和普及工资转账业务,这使得银行柜台人人对话日趋增加,而 ATM 和自动存款机的出现有效地解决了这个问题。自动贷款机和互动型电视贷款机也成为金融领域的创新和 ATM 的前卫产品。电话银行(Call Center)则是客户通过拨打银行开设的电话专线,就可享受银行提供的各种金融服务,它在 20 世纪 70 年代由北欧的芬兰联合银行首先使用。同时,银行也开始发行各种银行卡和提供 POS 机的支付服务系统。这些新型的自助银行项目,大大拓展了银行的服务空间、提高了服务效率和服务质量,使人们可以非常方便地享受到银行的服务。

(三)为客户提供金融信息服务

随着计算机普及率的提高,商业银行逐渐将发展的重点从电话银行调整为 PC 银行,即以个人电脑为基础的电子银行业务。PC 银行是计算机网络技术发展的产物,又称家庭银行或办公室银行。它是指银行的客户可以利用家里或办公室的 PC 机(微型计算机)、视频电话及数据处理终端等设备,通过网络直接连通银行,客户通过操作设备发出电讯指令,办理资金转账、债务支付、个人或公司投资及获取信息等金融活动,而不再需要前往银行分支机构或 ATM 处办理业务。20 世纪 80 年代中后期,在国内不同银行之间的网络化金融服务系统基础上,形成了不同国家不同银行之间的电子信息网络,进而形成了全球金融通讯网络。金融信息化使得传统银行提供的金融服务变成了全天候、全方位和开放型的金融服务,电子货币成为电子化银行依赖的货币形式。客户足不出户就可以通过 PC 银行、移动银行或电子货币等多种形式获得所需的各种信息,办理自己的金融业务。

(四)网上银行

20 世纪 90 年代中期以来,网络银行的出现使银行服务发生了从传统银行到现代银行的一次革命。尽管网络银行与计算机辅助银行管理和银行电子化都是在电子计算机及其通讯系统上进行操作的,但是网络银行的软件系统不是在终端上运行,而是在银行服务器上运行,因而使网络银行提供的各种金融服务不会受到终端设备及软件的限制。因此,网络银行和家庭银行、电话银行、自助银行等不属于同一个概念,前者比后者具有更强的服务灵活性和开放性。简单地说,网络银行既不需要固定场所,也不需要在计算机中预先安装相应软件,它在任何一台上网计算机上都能进行金融服务或交易。网络银行的基本功能就是便利电子商务交易活动中的支付,如旅游、订票、购物等,形成快捷、安全、稳定的网上支付系统。网络银行与传统银行相比最突出的优势是成本优势,特别是交易成本优势。有人预言,21 世纪银行业的目标是在任何时候(anytime)、任何地方(anywhere)、以任何方式(anyhow)为客户提供服务,故网络银行也被称为 AAA 银行。

(五)案例分析:美国银行业的电子化

美国著名的 MIS(管理信息系统)专家劳东 K.G.Laudon 指出:"在美国,70 年代是 IT 技术支持业务,80 年代是 IT 技术运作业务,而到了 90 年代则是 IT 技术再造业务。"这种说法,基本上概括了美国银行业 IT 技术运用深度及广度的渐进顺序和不同年代的发展特点。

美国银行业从 20 世纪 40 年代开始对电子计算机技术应用于银行业进行研究,其间经历了四个发展阶段:第一阶段是将手工操作转为计算机处理(40—70 年代);第二阶段是银行开始采用终端与主机相连的模式(70—80 年代);第三阶段是银行通过开放式和标准化手段将不同银行和不同客户的计算机联结成网络(80—90 年代);第四阶段是美国银行进入崭新的资讯网络时代(90 年代至今)。上述变革已成为目前银行国际化和先进性的标志。美国银行电子化发展的四个阶段详见表 4-1。

表 4-1　美国银行科技创新的历史轨迹、所用核心技术与相应影响

时间	创新内容	功能	细分市场	核心技术	结果
20 世纪 60 年代初	自动转账	支付	零售业务	电话	提供新服务
20 世纪 60 年代	信用卡	支付	零售、批发	芯片	降低交易成本
20 世纪 60 年代	IBM3890 等支票处理器	支付清算	零售业务	磁记录	大大降低支票处理成本
1969 年	ATM 机	支付	零售业务	机电计算机	减少营业费用
20 世纪 70 年代	POS 机	支付	零售业务	微机、通信	降低交易成本
20 世纪 70 年代	信用打分模型	信用	零售业务	数据库技术	降低交易成本

续表

时间	创新内容	功能	细分市场	核心技术	结果
1970 年	CHIPS	转账支付	批发	通信	降低交易成本
1973 年	自动付款技术	支付	批发	通信、微机	降低交易成本
1977 年	SWIFT 系统	转账支付	零售、批发	通信	降低交易成本
20 世纪 80 年代	衍生产品	交易	交易	高速计算机、远程通信	计算时间缩短、交易费用下降
20 世纪 80 年代	客户机	沟通	批发	通信、微机	降低交易费用
1988 年	EDI	支付	批发	通信	无纸交易
1990 年	客户关系管理(FB)	判别客户质量	小企业客户	数据库技术、专家系统	降低小企业营销成本
1990 年	信用打分模型	判别客户质量	小企业客户	数据库技术、专家系统	简化手续、提高效率、防范风险
20 世纪 90 年代	家庭银行	沟通	零售业务	微机、工作站	降低交易成本
20 世纪 90 年代	企业银行	沟通	大企业客户	微机、工作站	降低交易成本
20 世纪 90 年代	网上银行	银行	全方位	Internet	降低交易成本

资料来源:姜建清:《美国银行业和科技革命》,上海财经大学出版社 1999 年版,第 73 页。

二、金融电子化的发展现状

金融电子化打破了金融业的地域限制,大大扩展了金融业的服务领域,为金融业源源不断的创新提供了基础和平台。

(一)客户综合服务网络

客户综合服务网络是针对金融行业特定的相关服务而设计建设的,客户通过电话、传真、互联网等通讯手段与服务网络中心取得联系并得到身份确认后,即可享受系统所提供的相应金融行业信息服务及有限定范围的账户操作服务,如获取金融行业政策、法规、业务办理通知信息,查询新业务办理方法,查询客户往来账户,查对用户相关社会服务行业收费账单,进行限定范围的转账等。

客户综合服务网络的建立,使得商业银行向全能化发展。全能银行提供全面金融服务的优点,使客户能够自由选择最符合需要的金融服务,节约了与多家机构往来的成本,也有利于银行吸引更多的客户进入服务网络。

(二)全球银行网络

随着全球经济一体化进程的加快,各个国家之间贸易往来的交易量和交易金额迅猛增加,大量的数据需要及时、可靠的在各银行间传递,传统的资讯交换方式已不能满足业务发展的需要,而全球银行间的计算机网络化则可以满足这种要求。同时,全球银行间的计算机网络化,还可以使本国商业银行与国外同行建立联盟,利用对方的金融专家和计算机系统,实现资源共享。

近年来,在国际金融市场上出现了一种新的数据交换模式:电子数据交换 EDI(Electronic Data Interchange)。这种方式是现代电子计算机技术突飞猛进的产物,其主要特点是通过快捷准确的计算机网络为客户办理国际结算业务,每一笔业务的延续时间不超过 30 秒,节约了大量时间和费用,实现了银行为客户提供优质、快速服务的宗旨。

在竞争激烈的市场上,EDI(电子数据交换)迅速成为商业银行吸引客户、增加中间业务的有效手段。EDI 显示出的优越性,也使其成为沟通不同行业经济活动、特别是对外经济贸易活动中的重要媒介。从 20 世纪 90 年代初期起,美国、日本、澳大利亚、新加坡等国家央行陆续推出全国范围内的 EDI 系统,这些国家规定所有商户的首选交易方式是 EDI。EDI 在国际金融市场上崭露头角,成为国际经济合作及贸易往来方式的发展趋势。

（三）银行内部通讯

商业银行的员工管理与沟通，一直是个重要的问题。因此，各银行重视创建内部网络发展内部通信，加强上下级的联系与沟通，同时，也改善了银行与客户的关系。例如，瑞典最大的 SPARBANKEN 银行开发的内部网，全名为 CHANNELONE，它包括四个主要组成部分：即电子邮件、论坛、银行规则和其他组织数据库以及工作流系统。该行总裁 LUSTIG 认为："在此之前，我们一直将 30%—35% 的时间用于客户服务，其余的时间用于处理业务；而现在，我们将执行两种任务的时间比改为 80：20，即 80% 的时间用于开展有效的客户服务，用于处理业务部门日常事务的时间仅占 20%。"工业化国家商业银行内部通讯网络为银行带来了革命，既使得银行和客户的关系更为密切，又使得银行本身的凝聚力得到加强。[1]

三、金融电子化的发展趋势

（一）客户化

对银行业来说，"客户资料是最宝贵的资产。"通过对客户资料的积累、整理及分析，能够加深银行对客户服务需求的认识和理解，能够有针对性的加强同客户的联系，并有针对性的向客户提供所需的金融产品及服务，稳定银行的客户群体。而对客户资料的积累、整理及分析，需要一个功能强大的客户信息管理系统，这个系统应具备客户信息分析功能，能够为银行的市场营销战略的制定，提供有力的技术支持。

工业化国家银行业的客户服务系统在 20 世纪 90 年代的发展十分引人注目。如美国西北银行、第一银行及 US Bancorp 等银行使用的自动业务终端系统——SBS（Strategic Banking System），可以使顾客、银行柜员边看画面边对话，大大强化了顾客与银行之间的亲切感。利用 SBS 系统，银行柜员可以及时找到银行与客户往来的资料，根据客户的要求在屏幕上展示相应的金融商品介绍，并向顾客提供购买建议。

---

① 姜灵敏、朱顺全：《金融业务电算化》，湖南师范大学出版社 1996 年版，第 23 页。

从 20 世纪 90 年代流行的商业银行信息系统的功能构成上来看，主要由四部分组成：一是直接处理柜台业务的客户服务系统（前台处理系统）；二是对客户服务系统起到支持作用的银行内部业务处理系统（后台处理系统）；三是对重要业务数据及顾客信息进行管理及处理的数据管理系统；四是供管理层使用的分析决策支持系统。

随着电子信息技术在银行业的深度开发及应用，银行的客户服务功能将进一步强化并将成为金融电子化的重要发展趋势。

（二）集成化

虽然工业化国家银行业 IT 技术的运用发展很快，但多为分散、封闭的系统，难以实现资料共享。20 世纪 90 年代以后，工业化国家银行业对信息系统的再造体现了网络一体化的发展方向，出现大量使用 IT 集成技术的集成化潮流。

金融电子化系统的集成，是指金融服务供应商根据市场和客户的需求，把各种金融产品和服务及相关的业务操作、管理、控制等环节有机地结合起来，形成一个统一的系统，借以灵活和最大限度的适应市场客户的需求，形成经营管理上的优势。

第一，客户服务集成化。集成服务渠道包括柜台业务系统、电话银行业务系统，以及 ATM、POS、CDM 等服务系统，服务渠道的集成化为银行建立了便捷高效的顾客服务通道，提高了银行服务的综合性。

第二，业务处理集成化。银行应该为客户提供"一站式"服务而不是以一个个储蓄所、会计柜台、信用卡部等形式。银行的集成业务处理系统是把会计、信贷、外汇、证券交易等，利用 IT 集成技术有效地结合起来，形成对服务系统起到核心支持作用的业务信息处理系统。集成的业务处理系统可以提高银行业务管理效率，增强银行的市场营销能力及整体竞争能力，因而成为银行业务处理的发展趋势。

第三，数据处理分析集成化。20 世纪 90 年代以来，数据仓库（Data Warehouse）的出现，改变了以前数据库存储技术的单调性，使数据存储技术具备了面向主题、集成、及时、稳定及可组装的特性。面向主题是指数据仓库内的信息是按主题进行组织的,能满足不同层面决策分析的要求;集成是指数据仓库的信息不是简单的抽取,而是经过系统的加工、汇总及整理的,具有明确主体的信息;及时是指信息能够及时自动地进入数据仓库;稳定是指进入数据仓库的数据会被较长期的保存;可组装是指数据仓库中的数据关系可根据需要组合变化。

(三)业务外包

业务外包(Outsourcing Services)是 20 世纪 90 年代美国银行业信息技术运用的一大特点。银行信息技术外包是指银行专注于自己的核心业务,而把信息技术的相关业务承包给外部的信息技术服务商的做法。银行对信息技术进行业务外包,是因为信息技术的发展日新月异,银行自主开发需要投入巨大的人力、物力、财力,而且耗时很长,远不如实行业务外包划算。一般来说,任何企业中不直接创造营业额的辅助部门的业务都可以实行业务外包。

进入 20 世纪 90 年代,工业化国家银行业纷纷把信息技术的开发及维护工作承包给外部的信息技术集成服务公司。金融研究和服务公司(Tower Group)的调查表明:金融服务业的外包趋势正在不断加强,全球最大的 15 家金融服务企业均扩大了信息技术项目的外包服务,金额也从 2004 年的 16 亿美元上升到 2008 年的 38.9 亿美元,年均增长 34%。来自巴塞尔银行委员会的资料也显示在所有的外包业务中,信息技术的外包比重最大(占 55%)。今后,业务外包的趋势还将进一步扩大。①

近年来,工业化国家银行业信息技术业务外包出现了新动向。其一,以前的信息技术外包主要是为了减轻运营成本,而现在的信息技术外包则体现在相关的业务、技术以及人员的外部化。其二,在尖端技术的开发中,银行改变了以往委托外部专业公司的做法,转而采取自外部专业公司聘请专业开发人员到本行来工作的方式。此外,业务外包还表现在业务

---

① 杨大楷:《中国开展银行业务外包的研究》,《经济问题》2008 年第 2 期,第 81—85 页。

软件包由自主开发转向外购及委托外部开发上。

（四）业务再造

"业务再造"即"IT技术再造业务"，是根据最新IT技术的特点和性能，运用新的管理理论和方法，重新定义银行的业务信息流，更加合理的进行银行业务流程的设计，最大限度地克服银行经营的盲点，直接为创造利润的经营活动服务。

"业务再造"并非对以往业务的全盘否定，而是对"重要"的业务规程进行重新设计，从而大大节约业务处理时间及降低业务处理成本。如美国银行业对住宅抵押贷款进行业务流程改造，简化了每笔业务的程序步骤，大大减少了所需填写的表格，并借助计算机信息系统处理，使以往平均需要十多天来完成的业务处理降低到只需2—3天。[①]

"业务再造"使银行的信息技术运用发生了"质"的飞跃。一是改变了以往信息技术只是通过"模拟"来支持银行业务的消极状态，通过积极结合银行业务基本要求和信息技术的特点来合理地优化银行的业务流程，使银行业的信息技术运用变得更加积极主动。二是使银行的服务方式，通过信息技术这个纽带，变得更加接近市场和客户，既大大提高银行为客户服务的主动性，又极大地改善了银行的形象。三是深化了银行业IT技术的运用深度及广度，推动着银行业向IT产业化发展，使银行业发生革命性变革。

以上特征表明，银行业的金融创新高度依赖高科技、特别是信息技术的支持。商业银行金融电子化的水平决定着银行的金融综合科技实力，决定着银行的金融创新能力，也是衡量银行竞争力的重要标志。

四、发达国家金融电子化的经验借鉴

学习借鉴其他国家金融电子化的经验教训，可以使我国的金融电子化少走弯路，尽快赶超国际银行业的发展水平。

---

① 付焕：《信息时代商业银行的IT技术运用》，《西安金融》2002年第4期，第12页。

（一）促进信息技术与金融业务的有效结合

金融业是当今社会经济的支柱产业之一。现代化的社会经济要求有现代化的金融业，而现代化的金融业，需要金融业和信息技术的完美结合。发达国家在金融电子化方面占据优势的主要原因在于认识到信息技术与金融产业结合的重要性，并投入大量人力、物力、财力进行研究、开发和建设。实践证明，这一发展战略既为发达国家银行业创造了效益，又确立了其金融电子化的国际领先地位。

现阶段发达国家信息技术与金融业务的结合已不限于利用科技手段辅助金融业务，而且还包括借助信息技术创造金融业务。信息技术与金融业务的紧密融合已成为未来金融电子化发展的一种大趋势。

（二）推进金融电子化系统的集成

金融电子化系统集成水平高低，直接决定了金融机构的市场竞争能力和管理水平。美国金融电子化发展的经验表明，在系统集成的工程实践中，往往需要对现有系统进行全面的理解和分析，作出一个分步骤的业务流程再造方案。然后，把业务再造的过程分解为现有业务流程的改进和集成，分步实施。这样，避免了业务流程集中、大幅改造给现有系统造成过度震荡。

一般而言，系统集成时，购买国外比较成熟的商品化解决方案是一种较好的方法。在这些产品的基础上，可以根据自己的具体情况，进行适当的客户化，迅速的形成集成方案。但是，这些产品一般价格昂贵，会增加银行成本负担。目前，国内外集成厂商推出了一系列面向行业的中间件和软件包，系统开发和集成可直接在中间件和软件包的基础上进行，更具有技术和经济上的可能性。

（三）完善全方位的网络建设

网络是信息时代银行业发展、壮大的动力源，金融电子化的每一次重大突破都与网络技术的升级、改进密不可分。美国等发达国家金融电子化初始阶段就着力建设系统化、标准化的网络系统。我国金融电子化进程中，网络建设走的是先商业银行的分散发展，后中央银行的系统化发展的道路,这就使得人民银行建立的全国性网络和各商业银行系统的网络产生了一定程度上的差别,制约着金融电子化的发展。

我国今后的发展方向是加快全国性金融网络建设,完善银行内部网络建设。同时,积极参与国际间金融互联网建设,从而建立起全方位的金融电子化网络系统。

(四)重视客户信息的管理

重视对客户信息的管理是美国银行业金融电子化发展的一个显著特点。通过信息沟通,以及在此基础上的银行与客户的相互了解,可以为银行带来稳定的客户资源。目前,银行业正出现一个以客户为导向的业务发展趋势,注意收集客户信息并进行充分的分析挖掘、调整和创新服务项目,设计出高附加值、个性化的金融产品,已成为现代银行经营的核心内容。

"他山之石,可以攻玉"。在我国金融业金融电子化发展进程中,积极借鉴他国经验,顺应国际发展趋势,立足本国国情,应是实现金融电子化建设又快又好发展的必由之路。

第四节　金融电子化挑战金融监管

金融监管对于维护金融体系的安全、促进金融业的发展具有重要的意义。金融电子化使得金融风险复杂化,导致金融体系的不稳定性更加突出,对金融监管方式、手段、内容等方面提出了严峻的挑战。[①]

一、金融电子化挑战传统监管方式

金融监管的方式主要有现场检查和非现场监管两种。随着电子化系统日益复杂,大量无纸化交易,无凭证可查,监管当局无法收集到相关资

---

① 王卓怀:《银行业监管的国际趋势及对策建议》,《济南金融》2001 年第 1 期,第19—20 页。

料做进一步的审查,造成监管数据不能准确反映银行实际经营情况,一致性遭到破坏①,现场检查更为困难。现场监管的困难,也就增加了非现场监管的压力和难度,要求监管当局必须尽快完成主要监管方式由现场监管向非现场监管的转变,而这往往在短期内难以实现。

另一方面,金融电子化使得金融活动出现"虚拟"特征,地域概念模糊甚至消失,无论对现场监管还是对非现场监管,都会带来困难。金融风险跨地区、跨国度产生和扩散的可能性增加。各国金融业务和客户的相互渗入和交叉,巨额国际投机资本的快速流动,使国与国之间的风险相关度迅速提高,仅靠一国的金融监管难以奏效。

二、金融电子化挑战传统监管手段

(一)监管法规落后于金融电子化业务的发展

依法监管是金融监管的原则。金融电子化使金融创新的速度和种类增加,往往突破现有法律法规的限制,造成监管真空,金融体系的风险增加。

(二)监管手段落后于金融电子化业务的发展

与金融电子化工具和业务的突飞猛进相比较,金融监管当局的电子化设施建设常常进展缓慢,监管者与被监管者的电子化程度差距,使得监管部门对金融业务产生的大量信息,无法进行有效的采集、加工、传输、分析和利用,制约监管职能的发挥。金融电子化产生的大量金融创新工具,监管当局也缺乏有效的监管手段。

三、金融电子化挑战传统金融监管内容

(一)电子货币监管

电子货币除影响中央银行的铸币收入,更重要的是影响中央银行货

---

① 李德:《国际网络银行的发展与监管》,《广西金融研究》2001年第8期,第4—7页。

币政策的实施和对支付系统的监管。电子货币发行的目的是替代流通中的现金,进而改变货币的流通量和流通速度,而这可能引发中央银行资产负债规模的变相萎缩,使货币总量的监测和货币供给的控制复杂化,货币政策不能有效地实施。[①] 电子货币发行、金融认证、电子货币工具、交易等方面都需要央行进行规范和管理。

(二)金融电子化技术应用监管

金融电子化极大地推动了金融产品与服务创新,加大了金融业竞争的激烈程度,金融风险呈现出与技术密切相关的特点。因此,应将金融业电子化技术的应用纳入监管的范畴。确保金融机构对与电子技术相关的风险管理到位,使风险可控。

第五节　中国金融电子化发展问题探讨

一、金融电子化的发展现状与问题

(一)金融电子化的发展现状

我国金融电子化建设始于 20 世纪 70 年代。80 年代中期中国人民银行牵头成立了金融系统电子化领导小组,制定了金融业电子化建设规划和远期发展目标,总的思路是"六五"做准备,"七五"打基础,"八五"上规模,"九五"基本实现电子化。在三十多年的时间中,主要经历了四个发展阶段:第一阶段,从 20 世纪 70 年代末到 80 年代末,银行的储蓄、对公业务等实现以计算机处理代替手工操作;第二阶段,从 80 年代到 90 年代中期,逐步完成银行业务的城市联网处理,证券交易实现后台电子化处理,前台开通电话委托交易;第三阶段,从 90 年代中期到 90 年代末,利用计算机网络技术的快速发展,实现全国范围内的银行计算机联网处理

---

① Guy Quaden,"Central Banking in an Evoloving Environment",*BIS Review*,Vol.96,No.17,2001,pp.1-4.

贺朝晖:《金融电子化风险及其监管兴起研究》,湖南大学 2002 年,第 27—28 页。

和支付清算、业务管理电子化;第四阶段,从 90 年代末开始,实现业务综合处理,利用互联网技术和环境加快金融创新,逐步开拓网上金融服务,包括网上银行、网上证券、网上保险、网上支付等,金融机构的服务手段、服务模式乃至金融产品的设计,都与电子化技术紧密结合,我国金融业开始进入电子化时代。①

1.人民银行金融电子化发展现状

中国人民银行于 1989 年开始筹建的卫星通信专用网已于 1991 年 4 月 1 日投入试运行。通过卫星通讯网实现了跨系统的异地资金清算和划拨同步进行。卫星通讯系统平均每天处理往来账务 3 万余笔,金额 300 多亿元,最多的日处理资金达 5000 多亿元,取得了明显的经济和社会效益。② 截至 2008 年年底,人民银行建成了现代化支付类系统、货币金银管理类系统、国库服务类系统、征信服务类系统、账户管理系统、办公自动化系统、综合业务系统。人民银行的重要业务系统实现了在总行和省级分行集中;开始提供面向社会的服务,产生了越来越大的社会效益;交易类系统实时性和稳定性大大提高;系统数据量快速增长,为下一步数据综合利用打下基础。③

2.国有商业银行金融电子化发展现状

(1)中国工商银行

中国工商银行是国内首家提供 BTOB 网上银行业务的银行,创建了包括网上银行、电话银行、手机银行、自助银行等多种产品功能完善的电子银行体系,推出并确立了 95588 和"金融 e 通道"精品品牌。中国工商银行一直倡导"科技兴行"战略,应用世界先进金融技术和手段,不断创新发展,逐步建立了集约化数据处理的技术体系,使得全行各数据中心整

---

① 陈静:《21 世纪中国金融信息化发展展望》,《中国金融电脑》2000 年第 10 期,第10—13 页。

② 走向 21 世纪的中国金融电子化,http://www2.ccw.com.cn/1995/50/139159.shtml.

③ 中国人民银行:《中国人民银行"十一五"信息化建设总规划》(银发【2008】139号),2008 年 5 月 5 日。

合成互相连接、互为备份的南北两大数据中心。截至 2012 年年末,工商银行银行卡发卡量达 4.7 亿张;网上银行交易额突破 300 万亿元;拥有自助银行 17437 家;自动柜员机 70202 台;手机银行客户总量超过 7400 万户。①

(2)中国农业银行

1984 年以来,中国农业银行的金融电子化进程先后经历了"微机先行"、"大机集中"和"全国联网"三个阶段。1990 年,农业银行正式联通了国际 SWIFT(环球银行金融电信协会)网络,成为我国银行业第二个加入 SWIFT 网络的会员。1993 年,成功建立了农业银行系统内的 SWIFT 网络系统,上百家国际业务经办行成为 SWIFT 网络的正式成员。1994 年,农业银行确定了适合于自身发展的 ES/9000、AS/400、UNIX 等三种应用平台。近年来,中国农业银行金融电子化发展迅速,通过网上银行、电话银行、手机银行及自助银行等渠道向客户提供 7 * 24 小时服务;推出了电子银行"金 e 顺"等知名品牌;推出了统一的电话银行 95599 等。截至 2009 年,中国农业银行已建成总行到分行(包括直属分行)的一级通信网、省分行到地(市)行的二级通信网,包括全国人民币电子汇兑系统、外汇汇兑与清算系统、统计报表远程传输系统、信用卡授权系统和公文传输系统等。截至 2012 年年末,银行卡发卡总量达到 5.9 亿张;信用卡特约商户总量达到 58.4 万户;拥有现金类自助设备 76234 台;个人网银注册客户总数达 8837 万户,企业网银注册客户总数达 190 万户,网上银行交易金额为 126.9 万亿元;手机银行、电话银行等也发展迅速。②

(3)其他国有商业银行

如建设银行和中国银行等,其金融电子化水平与上述两家银行基本处于相同层次,中国银行在国际业务电子化方面优势突出,中国建设银行

---

① 《中国工商银行股份有限公司 2012 年度报告摘要及公告》,《证券时报》2013 年 3 月 28 日。

② 《中国农业银行股份有限公司 2012 年度报告摘要及公告》,《证券时报》2013 年 3 月 27 日。

在资产业务电子化方面发展良好。

3.中小商业银行金融电子化发展现状

在中小银行金融电子化方面,招商银行处于领先地位。招商银行成立于1987年,在其发展历程中,始终坚持科技兴行的战略,目前,招商银行已经拥有了一支高素质的银行电脑员工队伍。1992年引入IBM AS/400主机后,其电子化建设进入了新的发展时期,先后成功策划开发了银行储蓄、会计信贷、国际业务、信用卡、ATM、SWIFT、办公自动化、IC卡、POS、电话银行、客户终端、触摸屏自助银行、网上银行等。1995年招商银行推出的"一卡通"成为首张网络互联转账卡,在强大而先进的技术手段支持下,"一卡通"业务迅速发展。1999年招商银行推出"一网通"服务,在国内首家推出了网上银行业务。"一网通"无论是在技术性、安全性还是在业务量方面,在国内同业中都处于领先地位。截至2012年年末,招商银行零售网上银行客户总数已达1174万户,累计交易金额超过15万亿元。[1] 2000年10月,招商银行建立了银行数据仓库系统,这是中国唯一的银行数据仓库系统。此外,招商银行还打造了"金葵花理财""点金理财"、招商银行信用卡等知名金融品牌,树立了技术领先型银行的社会形象。招商银行已成为国内最大的国际标准信用卡发卡行,截至2012年年末,招商银行信用卡累计发卡4484万张,累计实现信用卡交易额6572亿元。[2]

目前,大多数中小银行都建立了自己的计算机通信网异地结算网络,利用IBM中型机或小型机实现了行内全国联行的通存通兑;主要业务如对公存款、储蓄、外汇、ATM、POS、银行卡、全国联行、电子汇兑及代收代付等基本实现了电子化处理;各家银行也都先后推出了各具特色的网上银行业务。

---

① 《招商银行股份有限公司2012年度报告摘要及公告》,《证券时报》2013年3月29日。

② 《招商银行股份有限公司2012年度报告摘要及公告》,《证券时报》2013年3月29日。

4.互联网金融开辟我国金融电子化发展的新领域

进入 21 世纪以来，随着以互联网为代表的现代信息技术的迅猛发展，第三方支付平台、电子商务企业、社交网络公司等互联网企业，凭借技术优势逐渐渗透到金融领域，并不断开展金融服务模式的创新活动。信息技术的发展所引发的新一轮金融服务模式的变革，标志着互联网金融时代的到来，也代表着金融电子化未来的发展方向。

互联网金融模式的运行包含三个核心部分：一是以移动支付为基础，不再完全依赖于商业银行账户体系，支付清算完全电子化。二是在云计算的保障下，客户信息通过社交网络生成和传播，由搜索引擎对信息进行组织和排序，信息处理成本极低。三是资金供求信息直接在网上发布，交易双方可以直接联系并进行交易。① 这样既实现了信息透明，又提高了交易效率，为投资者创造了公平交易的平台和机会。

目前，我国互联网金融发展模式可归纳为四种：一是运用电商的平台，依据大数据收集和分析进而得到信用支持，以交易参数为基点的综合交易模式。二是 P2P 模式，该模式下第三方网贷平台主要提供中介服务，充当资金供求双方的桥梁，如"人人贷"。三是通过交互式营销，借助互联网手段，把传统营销渠道和网络营销渠道紧密结合，使金融业实现由"产品中心主义"向"客户中心主义"的转变，共建开放共享的互联网金融平台。四是货币基金模式，以支付宝的一项增值理财服务——余额宝为代表，用户可随时把自己支付宝中的资金转入余额宝中，支付宝与天弘基金公司通过系统对接一站式为用户完成基金开户、基金购买等服务。余额宝内的资金可随时用于网购消费和转账。余额宝不但免收转账手续费，而且收益率远高于银行活期存款。因此，在推出短短一个月后，其资金规模就已突破百亿元。

互联网线上天量客户和大数据优势，对传统金融的线下模式形成巨

---

① 谢平：《迎接互联网金融模式的机遇和挑战》，《21 世纪经济报道》2012 年 9 月 1 日。

大冲击,或将彻底颠覆传统商业银行的经营模式、盈利模式和服务模式。面对互联网企业的步步逼近,商业银行开始主动求变。从 2012 年开始,银行业就跨界做起了电商生意。2012 年 6 月,中国建设银行推出善融商务,同年 7 月,交通银行与阿里巴巴推出"交通银行淘宝旗舰店"。① 2013 年 9 月,招商银行借鉴 P2P"投标"的模式上线了"e+稳健融资项目",开创了银行业"揽储"的新方式。截至 2013 年 11 月,该项目已推出 8 个标的,融资近 1.5 亿元。②

(二)金融电子化存在的问题

在中央银行方面,存在的主要问题是监管手段、制度制定等方面严重滞后于商业银行的金融电子化发展速度。同时,在金融电子化基础设施的建设上,也显得进程缓慢,制约了国内金融电子化的发展;在商业银行方面,由于国内商业银行的电子化起点较低,重复的建设和投资严重,管理水平低下等诸多方面的原因,导致商业银行整体的电子化水平仍然较低,与国外银行的差距较大。

1.资产业务发展方面存在的问题

我国目前商业银行的资产业务主要指信贷业务及其他各类授信业务,如抵押贷款、信用证、承兑汇票和各种保函等业务。随着商业银行改革发展进程的加快,资产业务处理的自动化问题日益突出,尽管各家商业银行在信贷管理方面,都推出了各种版本的电子化台账系统,但仍难以达到有效控制风险的目标。

2.中间业务发展方面存在的问题

我国商业银行除开展传统的存、贷、汇业务外,也在不断拓展中间业务,并逐渐使其成为新的利润增长点。中间业务是一项集科学技术、电子智能和服务质量为一体的现代化金融业务,它需要有相应的软、硬件保障和支撑,特别是中高级中间业务。电子化程度的高低决定着银行中间业

---

① 杜金:《银行发力互联网金融》,《金融时报》2013 年 4 月 22 日。
② 张超:《传统银行谋定互联网金融》,《农村金融时报》2013 年 11 月 4 日。

务的发展规模、速度和规范程度。由于我国现阶段金融电子化发展进程较慢,程度较低,相应的计算机硬件配备和软件开发能力比较落后,制约了商业银行中间业务发展的深度和广度。

3.新兴业务发展方面存在的问题

21世纪的金融市场,以网上银行、家居银行、电话银行、个人银行、企业银行、自助银行、移动银行等为主体的新型金融业务将会发挥出越来越大的作用。虚拟金融业务将成为商业银行新兴业务的发展方向。但是虚拟金融业务要求有很高的安全认证体系作保证,要求打破银行经营管理的地域限制等,因而在我国金融电子化尚不成熟的技术条件下,新兴金融业务的发展会受到制约。

4.金融业务安全方面存在的问题

金融电子化是一柄双刃剑,在推动金融业高速发展的同时,也给金融业带来了巨大的风险。伴随我国金融电子化的高速发展,金融业务安全问题日益凸显。金融信息、银行计算机安全问题直接关系到银行和社会资金安全,关系到银行信誉和社会稳定。计算机的故障将会给经济、金融和社会带来巨大的损失。信用卡犯罪、网络诈骗等将会导致银行和客户的财产损失和信用体系的破坏。另外,网络系统本身的缺陷、计算机病毒等也都威胁到银行业务处理的安全性。

(三)金融电子化问题的成因分析

国内商业银行金融电子化存在的主要问题表现在传统业务改造、中间业务开发、资产业务处理以及新兴业务拓展等方面,造成这些问题的原因是多方面的。

1.缺乏规范和标准,高科技的应用与经营机制冲突

由于缺乏必要的规范和标准,各商业银行各自为政,缺乏统一规划,低水平重复建设严重,资源浪费。同时,高科技的应用和现有经营体制之间也存在着矛盾和冲突:计划经济时代形成的大批机构网点,使高价值的电子设备投入与低产出的经营严重失衡,导致整体网络系统效率低下,这种重规模而不重内涵的方式是与市场经济要求相悖的。商业银行规模庞大,管理层次众多,管理手段落后,无法满足传统业务拓展、金融产品创新和特色化、个性化客户服务的需求。

2.缺乏金融创新机制

现阶段,国内多数商业银行创新不足,特别是缺乏深层次的金融创新。现有的商业银行的金融产品创新存在重增量轻存量、重体制外轻体制内、重金融业务轻金融制度的倾向。这就必然对深层次的金融电子化创新和电子科技效能的发挥带来局限。

此外,管理层缺乏现代银行科技管理理念,对电子科技工作的重视程度不够等,也是制约金融电子化进程的重要因素。

二、现阶段金融电子化的主要思路

针对当前国内商业银行金融电子化发展中理念陈旧、统筹规划缺乏、基础设施建设不足等突出问题,我们应明确以下金融电子化发展思路。

(一)确立现代金融科技管理理念

首先是确立金融科技创新理念与机制。银行的科技创新主要包括两个方面:一是来源于技术部门对新技术、新产品的学习跟踪,进而产生的创新;二是来源于业务部门对传统业务提炼、升华,进而产生的创新。两方面的金融创新都需要商业银行建立健全创新激励机制。

其次是确立专家决策理念与机制。现代电子科技应用于现代银行,是一项高技术含量的系统工程,建立专家决策理念与机制是许多国外先进银行的通行做法。概括其优点,一是可以合理分配科技项目投资,避免投资失误。二是可以充分利用信息技术,创造出具有社会效益和经济效益的金融产品,优化商业银行内部的工作流程,最大限度的追求"深度效益"。

再次是确立专业化、社会化理念。面对社会分工日益专业化的现实,我国银行的金融电子化也应该树立专业化、社会化的理念和思路,利用外部专业技术公司的专业化服务取代原来由银行技术部门完成的低附加值的工作,从而使银行信息技术部门有足够的时间和精力从事内部管理应用软件和一些高附加值的工作。

(二)科学进行金融电子化的统筹规划

由于金融电子化的特殊性,不能只在单个地区或部门实现真正高效的电子化,而要进行全国范围的统筹规划和协调。国家在这方面如何制定行业规范和建立有效的协调机制就成为至关重要的问题。

1.中央银行把握发展战略,加强监督管理

中央银行应增强金融电子化建设总体方向和长远规划意识,依据国际国内金融电子化发展状况及趋势,制定国内金融业电子化发展战略、发展步骤及行业标准等。

按照中国人民银行总行确定的"十二五计划",我国金融电子化建设的工作重心要以金融标准化建设、金融信息系统安全建设、灾难备份系统建设等为主要目标,更好地为中央银行有效的实施货币政策,加强金融监管,防范和化解金融风险服务。

2.各金融机构科学谋划,规范管理

我国各家商业银行总行应密切关注国内外金融电子化的发展动态,结合人民银行的发展战略,科学谋划制定实施本行的电子化发展规划,并在科技建设项目的立项、需求分析、投资运作、推广使用等方面实施科学化、规范化管理。

各商业银行总行在统一实施电子化方面,一要加大力度实施总行的电子一体化,并保证总行对市场的敏感度;二要以先进的行业标准,规范总行对所辖单位的控制。

(三)循序渐进,逐步实施金融电子化

科学确立金融电子化的实施步骤及目标,是我国金融电子化建设的前提和基础。

1.搞好金融电子化基础设施建设

金融电子化的基础设施包括电子硬件、软件设施及管理、从业人员素质。在现阶段,我国的金融电子化基础设施在各方面都较薄弱。因此,各家金融机构应加快自身技术更新和网络化建设,变粗放式经营为集约式

经营,大力发展新型业务,提高从业人员综合素质,稳步推进金融电子化进程。

2.加强内控,建设安全的金融电子化交易平台

我们应密切关注金融电子化带来的风险,加强风险管理和商业银行的内控制度建设。商业银行应建立业务操作管理制度和权限制约规则,杜绝未经授权而操作支付系统的行为发生,创造一个安全的金融电子化交易平台。

3.构建以客户为中心的智能信息管理系统

在金融电子化发展过程中,建立一套完整的以客户为中心的智能管理信息系统,建立个人和企业经营资信信息数据库,有利于银行全面掌握客户的资信状况,有效防范金融风险,巩固盈利客户,准确把握银行自身的优劣势,扬长避短,银企双赢。

同时,智能信息管理系统的开发和建立,还有助于商业银行逐步完善金融管理指标体系,有助于建立宏观货币政策、银行资金来源与运用、银行信贷规模和结构预测等金融决策模型;有助于实现集业务处理、信息管理、决策支持于一体的目标。

4.大力推进信息技术与金融业务的有机结合,拓展新兴业务

信息技术的广泛应用已使金融业同高科技、特别是信息技术之间产生了高度的相关性、融合性,任何金融机构,要想在科技迅猛发展的市场竞争中立于不败之地,都必须学会运用信息科技,并在信息科技与金融业务的融合中形成自己的竞争优势,产生新的金融产品,拓展新兴业务,开辟新的市场。目前,我国商业银行在信息技术的运用上与国际先进水平差距不小,应加大力度,将大型应用系统集成、电子数据交换、数据仓库等新型技术引入我国商业银行电子化建设当中,加快信息科技与金融业务融合、创新的步伐。

(四)加强金融电子化风险监管

金融电子化的发展对金融活动所产生的全面而深刻的影响,已经引起各国金融监管当局的高度重视。巴塞尔委员会强调,现行的监管原则对电子化业务仍然适用,但必须进行适当的调整和扩充,以应对金融电子化所引起的特殊风险管理的挑战。

在金融电子化时代,监管者应把握信息技术的发展趋势对传统金融理论和实践的影响,强化超前监管意识,要特别强调金融企业和市场的自律,建立符合国际规则和标准的市场基础设施,促进金融业的有序竞争,提高金融体系的运行效率。

为有效防范金融电子化风险,我国金融监管的重点应集中于以下几点:一是建立健全电子化产品技术准入审查制度;二是加强对金融机构风险管理的监管;三是建立金融电子化监管合作机制:一方面要加强国内各监管部门合作,另一方面要加强国际金融监管交流与协调。

第五章　金融资产证券化

产生于美国的资产证券化,是 20 世纪 70 年代的重大金融创新。它是一种新型结构性融资工具,从根本上改变了传统的投融资模式,能够极大地增强资产的流动性及安全性。至今,资产证券化已经成为国际金融市场上最具活力和潜力的一种金融产品,在世界各国都得到了广泛的推广和发展。

2007 年,美国的次级抵押贷款证券化引发并加剧了危及全球的金融海啸,各国纷纷开始重视资产证券化的监管和限制。然而,在解放资本方面,这种新型融资工具有着传统金融产品不可比拟的高效性,随着规范监管体系的诞生和相关法律的健全与实施,金融资产证券化必将会继续它的历程,成为 21 世纪金融创新的一大重要趋势。

第一节　金融资产证券化概述

一、金融资产证券化的涵义和演进过程

(一)金融资产证券化的涵义

1.资产证券化的涵义

有学者称,"证券化"一词最早出现于 1977 年《华尔街日报》的"街谈巷议"专栏("Heard on the Street" column)。① 广义的证券化包含融资证

---

① Arshad A. Ahmed, "Introducing Asset Securitization to Indonesia: A Method in Madness", *University of Pennsylvania Journal of International Economic Law*, Vol.19, 1998, p.826.

券化和资产证券化两种形式。融资证券化是指使用高效率、低成本的公开资本市场取代低效率、高成本的金融中介机构来融资，又称为一级证券化。资产证券化是对现有存量资产的证券化，是二级证券化。而我们所研究的通常是狭义的资产证券化，也就是对存量的资产证券化。

随着可证券化资产的不断丰富，人们对资产证券化内涵的理解也在不断深入。最初，格顿纳（Gardene）认为资产证券化是使储蓄者和借款者通过金融市场得以部分或全部地匹配的一个过程或工具。[①]

而美国证券交易委员会从融资过程的角度将资产证券化定义为：创立主要由一组不连续的应收款或其他资产组合产生的现金流为支持的证券，它可以是固定的或循环的，并可以根据条款在一定的时期内变现，同时附加其他一些权利或资产来保证上述支持或按时向持券人分配收益。[②]

从运作过程和融资本质相结合的角度，申克儿（Shenker）和科勒塔（Colletta）把资产证券化定义为：销售代表对一个隔离的、能产生收入的资产和（或）资产组合的所有者权益的股票或由这一资产担保的债券工具，通过一个构架的交易减少或重新分配内在于所有的或贷予的资产上的特定风险并确保这样的利益更具适销性。[③]

上述几种定义中，格顿纳（Gardene）的界定是一般性的，它指的是广义的证券化，包含了前述的融资证券化和资产证券化两种，没有能够突出二级证券化的特点，也未体现证券化作为创新型工具的特质。第二种定义虽然明确了资产证券化的概念，但仍然没能将证券化与传统的金融工具区分开来。第三种定义揭示了资产证券化的本质，并描述了其运作过程，却不够精确和详尽。

---

① Leon T.Gardene, *A Primer on Securitization*, Cambridge, MA: MIT Press, 1986, p.18.

② John Henderson, *Asset Securitization: Current Techniques and Emerging Market Applications*, London: Euromoney Books, 1997, p.1.

③ Joseph C.Shenke, Anthony J.Colletta, "Asset Securitization: Evolution, Current Issues and New Frontiers", *Texas Law Review*, Vol.69, 1991, pp.1374–1375.

经过上述分析,整合多方观点,我们认为资产证券化是:将缺乏流动性的资产汇集起来,以其现有的或可预期的稳定现金流为支持,通过特别目的机构(Special Purpose Vehicle,SPV)转化成可以流通的证券并转售给投资者以进行融资的过程。

2.金融资产证券化的涵义

1968 年,美国发行了最早的抵押担保证券,这支证券由隶属于美国政府的政府国民抵押协会(Government National Mortgage Association,GNMA)担保,商业银行、抵押银行和融资机构发行,这就是资产支持证券的最初形式。之后,可以作为基础资产的种类越来越多,范围不断扩大,所涉及的资产领域也越来越广泛,乃至娱乐圈也以此来筹集资本——1997 年英国歌手大卫·鲍维(David Bowie)以他以前发行唱片所获得的专利版税为担保发行了十年期的鲍维债券(Bowie Bonds)。可见证券化实际上可以应用于所有存在可预期的稳定现金流的资产,鉴于此,我们要对金融资产的证券化进行必要的界定。

顾名思义,金融资产证券化的显著特点在于其标的是金融资产。金融资产,是实物资产的对称,指为投资目的而持有的以价值形态存在的资产,是一切可以在有组织的金融市场上进行交易、具有现实价格和未来价值的金融工具的总称。故金融资产证券化是指一切以可提供现实或潜在的稳定货币现金流的、缺乏流动性的金融资产作为基础资产进行的资产证券化。

考察美日等金融资产证券化发展比较成熟的国家的情形,并结合我国实际,可以用于证券化的金融资产主要包括以下几种:

(1)贷款,包括个人住房抵押贷款、汽车销售贷款、个人资产抵押贷款、教育贷款、其他个人消费贷款、商业房地产抵押贷款、各类企业贷款等;

(2)有价证券(包括高收益/垃圾债券)及其组合;

(3)人寿、财产保险单及其专门准备金;

(4)信用卡应收款、转账卡应收款;

（5）其他应收账款；

（6）机器设备租赁、汽车租赁、交通工具租赁等各类租赁性收入。

同时，可以作为证券化基础资产的金融资产需要具备一定的条件。

（1）资产必须有可预期的稳定的现金流且缺乏流动性；

（2）资产应具有相当的同质性（种类、信用质量、利率、期限、到期日等各方面），有利于进行整顿重组；

（3）资产的来源应尽量广泛、资产债务人的地区分布应尽量分散；

（4）资产的债务人有良好的信用记录；

（5）原始债权人有良好的信用记录；

（6）证券化资产应具有一定的透明度，以便投资者对资产的真实价值进行评估。

（二）金融资产证券化的演进过程

金融资产证券化自产生发展至今主要经历了四个阶段。

1.产生阶段（20世纪30年代—1968年）

1929年的大萧条中，美国住宅抵押贷款的主要提供者——储蓄与贷款协会（Saving & Loan Associations，S&L）受到重创。为此，罗斯福政府于1934年成立联邦住宅管理局（Federal Housing Administration，FHA），提供中低档住宅违约抵押保险业务和存款保险业务，并首次将抵押条件进行标准化，又于1938年成立了联邦国民抵押协会（Federal National Mortgage Association，FNMA）[1]，专门收购附有联邦住宅管理局保险的抵押房贷债权，为抵押贷款支持证券的发行奠定了基础。另外，当时美国法律禁止银行等住房抵押贷款机构跨州经营，导致地区间资金供求的严重不平衡，为了解决这一问题，抵押银行应运而生。直至1968年，由抵押银行发行了第一支住房抵押担保证券来融通资金，正式宣告了金融资产证券化的诞生。

---

[1] FNMA（Federal National Mortgage Association）联邦国民抵押协会，1938年美国政府设立的机构，后于1968年被分为 GNMA（Government National Mortgage Association，政府国民抵押协会）和 FNMA 两个机构。

2.发展阶段(1968—1985 年)

资产支持证券出现以后,受到金融机构的广泛关注,并在接下来的十几年间出现了三种类型的资产支持证券。

(1)转手证券。20 世纪 70 年代,美国抵押贷款市场开始不景气,资产长期性和负债短期性造成的借贷期限缺口致使持有住房抵押贷款的储蓄机构极易遭受市场风险带来的冲击。1970 年,GNMA 把零散的抵押贷款"捆绑"在一起,形成一个不可分割的资产组合,作为基础资产来发行证券,称为"Ginnie Mae"转手证券。之所以称其为"转手证券",是因为基础资产的本息是由发行商收取,再经发行商的手按比例传递给资产支持证券投资者的。

"Ginnie Mae"转手证券发行后,FNMA 和 FHLMC 也陆续发行转手证券①,这三大政府代理机构几乎包揽了全部转手证券的发行。

(2)非政府代理机构发行的资产支持证券。上述的转手证券在基础资产的选择上有较高的要求,需要抵押贷款在期限、区域集中度、发行标准等方面是一致的,而那些达不到标准的抵押贷款则不能作为基础资产发行这类证券。于是,为方便这类风险较大的非一致性贷款融资,非政府代理机构发行的金融资产证券化产品也就应运而生了。

1977 年,美国银行公开发行了第一支有等级的非政府代理机构抵押贷款支持证券②,至今,这种类型的证券化产品在已发行的金融资产支持证券中已经占有了相当大的比重。

(3)抵押贷款担保(Collateralized Mortgage Obligations,CMO)证券。转手证券的产生加快了银行等金融机构的流动性,但由于转手证券的偿还是以资金池内所有债务的偿还为条件的,而债务偿还的长期性和不确定性给投资者造成了很大的困扰,影响了购买者的投资热情。为解决这一问题,

---

① FHLMC(Federal Home Loan Mortgage Corporation)联邦住宅贷款抵押公司,是 1970 年美国政府设立的半官方性质的机构。

② 高保中:《中国资产证券化的制度分析》,社会科学文献出版社 2005 年版,第 42 页。

1983 年 FHLMC 发行了分级偿还的抵押贷款担保(CMO)证券。该证券将与基础抵押品有关的现金流量重新排列,可以提供短期、中期、长期三种具有不同流动性的投资品种来满足不同投资者的需要,并将风险和收益按照产品的不同类别进行分配。CMO 证券极大地丰富了金融资产支持证券的品种和吸引力,为证券化的发展创造了良好的契机。非政府代理机构发行的资产支持证券后来也由于采取了 CMO 结构,而得到了很好的推广。

3.多样化阶段(1985—1990 年)

住房抵押贷款证券化的成功运用,创造了前所未有的流动性和极低的融资成本,于是人们开始将目光投放到住房抵押贷款支持证券(Mortgage Backed Securitization,MBS)以外的产品上,意识到可证券化的金融资产并不仅仅局限于住房抵押贷款,汽车贷款、信用卡、应收账款等具有稳定预期现金流的金融资产均可作为证券化的对象。自 1985 年马林·美德兰(Marine Midland)银行发行第一笔汽车贷款支持证券以来,可证券化的金融资产范围逐渐扩大,新品种不断产生,金融资产证券化进入多样化阶段(见表 5-1)。与此同时,1986 年 FNMA 创立剥离式抵押担保证券,为证券化提供了一种新的产品类型。[1] 不同于 CMO 按比例分配基础资产现金流的方式,剥离式抵押担保证券是将现金流收入不均衡的分配给投资者,换言之,就是所发行的证券化产品的价格、收益及收益率是不同的。

表 5-1　多样化阶段金融资产支持证券的种类和发行情况

金融资产证券化的种类	发行机构	发行时间
汽车贷款支持证券	美国马林·美德兰银行	1985 年 3 月
计算机租赁票据支持证券	美国斯佩里金融租赁公司	1985 年 3 月
信用卡贷款支持证券	美国银行	1987 年 1 月
企业应收账款支持证券	——	1987 年 9 月

资料来源:The Bond Market Association,http://www.federalreserve.gov/。

---

① 于凤坤:《资产证券化:理论与实务》,北京大学出版社 2002 年版,第 109 页。

4.完善阶段(1990年至今)

随着可证券化资产的不断增加,金融资产证券化受到广泛重视,证券化种类、发行方法和机制等都在不断完善,国际化趋势和综合化趋势越来越明显。

美国资产支持证券的成功发行,引起了世界金融市场的重大变革。1990年,法国出现个人贷款的证券化;1991年5月,加拿大发行了以汽车贷款为担保的担保证券;1994年美林证券参与香港住宅抵押贷款证券化,开创了亚洲资产证券化之先河;1995年,世界银行下属的国际金融公司以其在南美等发展中国家的长期资产作为担保,发行了4亿美元的不可追索证券;1996年8月,我国珠海市也以交通工具注册费和高速公路过路费为抵押,发行我国首支资产支持证券。金融资产证券化作为一项金融创新,其国际化趋势和重要性越来越凸显。尽管2007年的金融危机影响了其全球化的步伐,但它仍然是全球金融业的发展趋势之一。

20世纪90年代以来,金融资产证券化的方式有了新的突破,在传统证券化的基础上,衍生出综合型资产证券化。传统证券化是以"真实出售"资产组合为基础的,资产与风险完全转移给SPV,被移出资产负债表;综合资产证券化则是随着信用衍生工具而广泛运用的,在这种方式中,发起人利用信用衍生工具将基础资产的风险转移给SPV而不需要"真实出售"。由于手续简单,综合资产证券化被各家金融机构广泛运用,改变了证券化的传统运作方式。

二、金融资产证券化的种类和特征

(一)金融资产证券化的种类

金融资产证券化的种类随着其演进过程不断得到丰富,尤其是20世纪90年代以后,创新品种更是层出不穷。我们按照不同的分类依据,可以对金融资产证券化产品作出不同的划分。

1.根据证券化金融资产的权益性质划分

根据被证券化金融资产的权益性质,可以分为债权资产证券化、股权资产证券化和预期收入证券化。

债权资产证券化,是指被证券化的金融资产为发起人所拥有的债权,例如信贷资产、债券、应收账款等。债权资产支持证券是产生最早、发展最完善、种类最多的证券化产品,美国最早出现的住房抵押贷款证券化就属于这类产品。

股权资产证券化,是指被证券化的金融资产为发起人所拥有的股权或 SPV 持有的债转股资产,包括现金、股票、债转股的资产等。其中,SPV持有的债转股资产是指 SPV 将发起人的债权转化为对原始负债企业的股权,形成对负债企业的实质持股权。

预期收入证券化,是指以未来具有稳定现金流的资产为担保所进行的证券化,例如租赁收入、保险单收入、项目收入等。这类证券化的基础资产是一种未来收益权,不能反映在资产所有者的资产负债表中,所以这类产品不能进行“真实出售”,同时这类证券的违约风险主要来自于发起人而非债务人,具有相当的不确定性。

2.根据证券化金融资产的期限划分

按照证券化金融资产的期限长短,可以分为短期金融资产证券化和长期金融资产证券化。

短期金融资产证券化品种比较单一,多以短期(1 年以内)商业票据为基础资产,而长期金融资产证券化所含种类则非常广泛。长期金融资产证券化主要包括三类。

一是以标准住房抵押贷款为基础资产的住房抵押贷款证券化(Mortgage backed Securitization,MBS),这是历史最悠久、发行最普遍的证券品种。① 包括居民住房抵押贷款证券化(RMBS)和商业住房抵押贷款证券化(CMBS)。

---

① 所谓标准住房抵押贷款,主要是指对抵押财产拥有第一留置权。

二是以除住房抵押贷款以外的其他金融资产为基础资产的资产证券化(Asset Backed Securitization,ABS),包括以下品种：

(1)汽车贷款证券化,以银行、汽车贷款公司所有的无抵押的汽车贷款为基础资产,进行打包重组形成资产池,再把资产池作抵押来发行证券。

(2)信用卡贷款证券化,是对银行发放的信用卡贷款进行的证券化。

(3)租赁债权证券化,是以出租机器设备等所带来的稳定的租金收入为基础资产进行的证券化,是预期收入证券化的一种。

(4)教育贷款证券化,主要是指将学生助学贷款打包重组,并作为抵押资产来发行金融资产支持证券。

(5)应收账款证券化,被证券化资产主要为企业的应收账款,即对企业在贸易往来中因赊销预付等产生的付款请求权进行的证券化。

三是债权担保凭证(Collateralised Debt Obligations,CDOs),是一种固定收益证券,现金流量比上述传统证券化产品具有更高的可预测性。这类证券与传统证券化产品的区别在于：第一,对支持资产的要求不同。CDOs要求资产组合具有相异性,来源不能相同,相关性越低越好,这样能够充分分散风险。相反,传统证券化产品要求资产具有同质性,一致性越高越好,以便更好的掌握现金流。第二,对资产组合债务人数目的要求不同。CDOs需要的债务人数目较少,多为100—200人,甚至少于100人。而传统证券化产品所要求的债务人数目通常非常多,可达到上千人。第三,发行动机不同。CDOs的发行多以投机套利为目的,传统证券化产品则主要为增加流动性、提高资本充足率而发行。

根据CDOs的标的资产不同,又可以分为贷款担保证券(CLOs)和债券担保证券(CBOs)。贷款担保证券是以信贷资产为支撑的,而债券担保证券则是对已有债券的再证券化。另外,CDOs的标的资产池还可以由贷款和债券混合而成,可见CDOs的资产池也是多种多样的。

最早的CDOs是1987年由德崇证券(Drexel Burnham Lambert)发行的。1996年以来CDOs市场突飞猛进,与MBS一起成为最成熟的资产证券化市场。尤其是 2001 年李祥林（David X.Li）引入高斯连接函数模型（Gaussian copula models）①，为 CDOs 提供了快速定价方法，使 CDOs 得以更广泛的流通。据统计，2000 年全球 CDOs 发行总量为 679.88 亿美元，2004 年为 1578.21 亿美元，2005 年为 2512.65 亿美元，2006 年为 5206.45 亿美元，2007 年为 4816.01 亿美元，2008 年由于受到金融危机的影响发行量急剧减少，仅为 618.87 亿美元，2009 年进一步下降为 43.36 亿美元。然而金融危机并不能阻挡金融资产证券化的步伐，截至 2013 年年末，CDOs 的发行量已经上升到 862.42 亿美元。②

3.根据资产池的特征不同划分

根据资产池的特征不同，可以分为循环型资产池证券化和清偿型资产池证券化。前者的资产池是由众多中短期金融资产构成的，存续期内这些资产不断被清偿，同时 SPV 会不断购入新的短期资产予以替代，维持资产池的循环运行，这种证券化在解决借短贷长的问题方面非常有效。后者的资产池则是由多种长期资产组成的，资产池在存续期内不存在清偿和购买替换的情况。

4.根据资产的风险转移方式划分

根据资产的风险转移方式，可以分为传统资产证券化和合成型资产证券化。前者是将资产"真实出售"，所有权和风险都转移给 SPV，资产能够从发起人的资产负债表中移出；后者则不需要进行资产的出售，而是运用金融衍生工具（例如信用联结票据）将债权的信用风险转移给 SPV，此时资产仅作为担保，仍可保留在发起人的资产负债表中。

另外，根据资产质量的优劣，资产证券化可分为不良资产证券化和优良资产证券化；根据证券化资产的会计核算方式，可分为表内资产证券化

---

① copula 连接函数理论是统计学的最新研究成果，它把传统的多元分布函数，分解为单变量边际分布和多变量间的相依结构两部分。Copula 理论在 2000 年后应用到金融领域并得以迅速发展，成为金融产品定价、在险价值测量的重要方法。

② 数据来源：美国证券业和金融市场协会（Securities Industry and Financial Markets Association），www.sifma.org。

和表外资产证券化;根据资产证券化的参与主体所属地域相同与否,可分为境内资产证券化和离岸资产证券化。

(二)金融资产证券化的特征

金融资产证券化是一种创新的投融资工具,它不仅具有普通金融产品的一般特性,还具有其特殊性。

1.结构性

结构性是指融资渠道和投资工具的结构都有所增加。金融资产证券化作为一种结构性投融资工具,在渠道和产品上都极大的丰富了金融市场。

首先,金融资产证券化改变了传统的融资渠道,丰富了单一的"借款人——金融中介机构——投资者"模式,增加了SPV、服务商、评级机构等众多参与者,尤其是模糊了存贷款型中介机构的作用,在借款人与投资者之间架起了直接融资的桥梁,加速了资金流通的效率。

其次,从金融工具角度来看,金融资产证券化运用"真实出售"、"信用联结"等多种方式,既能够发行基础金融产品,又可以设计信用衍生工具,而且通过不同基础资产的选取和不同的运作方式,可以发行MBS、ABS、CMO、CDO等种类繁多,期限各异的投资工具以满足不同的投资需求,弥补了传统投资工具的缺陷。

2.表外性

金融资产证券化是一种非负债性融资方式,更具体地说是一种表外融资方式。发起人为融通资金选择资产进行证券化操作时,使用"真实出售"的方式,将资产的所有权和风险全部转移,这样就实现了资产负债表表内资产的表外化。这种融资方式既不同于债务融资,也不同于权益融资,其持有者对发起人既无债权又无股权,而只拥有对证券发行人的权力。

3.资产收入导向性

传统金融工具都是以发行主体的信用为基础发行的,有银行信用、商业信用、国家信用等形式。金融资产证券化的发行却脱离发行主体,不以发行人和发起人的信用为基础,而是由基础资产的现金流来支撑,并通过信用增级机构的增级,使金融资产支持证券的信用等级高于发行主体。

4.复杂性

金融资产证券化的复杂性主要表现在以下三个方面:

第一,运作过程的复杂性。金融资产证券化的参与主体众多,除去传统工具所需的发行人、中介机构和投资者外,证券化还需要发起人、SPV、信用增级机构、服务商的通力合作,其运作的复杂性可见一斑。另外,证券化过程中的"真实出售"、"破产隔离"机制的建立和操作都增加了证券化的难度。

第二,证券化产品的复杂性。资产证券化产品设计精巧、结构复杂,基础资产现金流回收的不确定性使得证券化产品在期限、收益、风险方面存在很大差异,这样证券化产品就不能像传统证券那样设立相同条款,而要因券而异,各不相同,使得证券化产品的管理和偿付等都比较复杂。

第三,风险的特殊性。金融资产证券化是一种创新产品,在运作中可能会出现不同于传统产品的特殊风险。证券化将发起人所承担的原始债务人违约风险分散给众多投资者,降低了发起人的风险暴露,之后运用真实出售、破产隔离、信用增级等手段规避发行主体的违约风险,保障投资者权益。可见,证券化产品风险防范严谨,信用评级高于同等级普通证券。然而,因为证券化产品还是一种新型产品,设计运作都不够成熟,前述任何环节的纰漏都可能带来新的风险,例如发起人的道德风险、证券化的法律风险等。另外,多重资产证券化还会加剧风险暴露积累,2007年的次贷危机很大程度上就是由不良资产的证券化导致的。

三、金融资产证券化的运作原理

证券化过程中,原始权益人将非流动的基础资产组合转售给 SPV,由 SPV 将其打包整理,并以基础资产的现金流为担保向投资者发行资产支持证券,SPV 用发行所得来购买基础资产,最终通过处理基础资产来偿还投资者。在此过程中,作为发起人的原始债权人对证券化资产是没有追索权的,如果原始债务人出现违约,发起人也无权向其索款,而是由SPV对其进行追索;同时,资产证券化产品的投资者对原始资产也是没有追索权的,无权要求原始债权人清偿。

(一)金融资产证券化的参与主体

金融资产证券化具有独特的运作方式,因此融资效率极高,却也使得它的运作结构相对复杂。资产证券化过程中的参与者主要包括发起人、发行人、服务商、托管人、信用增级机构、信用评级机构、承销商和投资者。这些机构和个人在证券化过程中,各司其职,共同分担原本属于原始债权人的责任和风险。

1.发起人

金融资产证券化发起人,是拟证券化金融资产的所有者或原始债权人,是基础资产的提供者。发起人根据自身的融资需求,组建资产池并出售,来启动证券化进程。

目前,发起人主要有三类:一是存贷款型金融机构,主要包括商业银行、汽车金融公司、金融租赁公司、财务公司等;二是其他金融机构,如保险公司、证券公司等;三是非金融机构,多为资信较高的大型企业集团。

2.发行人

金融资产证券化发行人的责任是从发起人手中购入资产池,并以其作为担保发行资产支持证券。实际运作中,发行人一般由特殊目的机构或受托人担任。

特殊目的机构(Special Purpose Vehicle,SPV)也称为特殊目的媒介,是为实现资产证券化而设立的一个专门机构,它是联结发起人与投资者的媒介和桥梁,在证券化过程中处于至关重要的中心地位。

通常,SPV有两种组建方式:首先,SPV可以是发起人为了实现证券化而专门设立的机构。这种情况下,机构始于证券化的开始,并随着支持证券的清偿而终结,也就是为了某一次证券化而组建的一次性机构。同时,这种SPV近似于"空壳公司",它从发起人处购得资产,然后委托其他机构进行实际操作,该机构名义上拥有资产的所有权和控制权,实际上却不进行管理和运作。其次，SPV 也可以由现有的中介机构担任，这时，中介机构可以从多个发起人处购得基础资产，也可以多次发行资产支持证券。

无论何种 SPV，在证券化运作中大都需要以"真实出售"为基础，而且必须建立严格的"破产隔离"制度，其内容将在下文详细阐述。

3.服务商

金融资产证券化的服务商，是在证券化过程中提供特殊服务并收取相应报酬的机构。为了投资者的利益对资产池的收益进行管理，主要负责基础资产现金流的收取、记录、报告，并将收入全部存入托管机构以便清偿证券的本息。

4.托管人

托管人的职责是接受 SPV 的委托，按照证券化契约的要求对标的资产及其产生的收益现金流进行存管以保证资金的安全，并负责资金的结算，主要是向投资者支付投资本息和向服务商等服务机构支付报酬，同时负责向委托人提供标的资产的定期报告。根据以往的经验，发起人作为标的资产的提供者对资产情况非常熟悉，所以，运作中多由证券化的发起人同时担任托管人。当然，也可以由 SPV 选择其他信誉良好的金融机构来进行资产的托管。

5.信用增级机构

信用增级，是金融资产证券化特有的运作环节。由于拟证券化的金融资产来源广泛、良莠不齐，很可能会影响投资者的热情。为了增加所发行证券的吸引力，就需要通过信用增级机构运用各种方法来提高资产及其支持证券的质量和信用等级，以保护投资者的利益，也有利于证券的发行和流通。

6.信用评级机构

信用评级机构在金融资产证券化过程中同样起着非常重要的作用，它们通过一系列信用评级标准和方法，对资产支持证券的质量和信用风险作出评估，划分出不同的信用等级。这种评级为投资者提供了一种权威的参考,能够帮助投资者作出更理性的决策。世界上著名的信用评级机构主要有穆迪(Moody's)、标准普尔(Standard & Poor's)、惠誉(Fitch)、杜夫—菲尔普斯(Duff & Phelps)几家,它们的评级结果具有很强的公信力。

7.承销商

金融资产证券化产品的承销商,是指代理发行人向公众发行证券的机构。它类似于普通证券的承销商,可以选择代销或者包销方式,[1]不同的是证券化产品的承销商还可以通过购买标的资产的方法兼以发行人的身份参与金融资产的证券化。由于产品的特殊性,资产支持证券的承销商多由投资银行或由其组成的承销团担任。

8.投资者

投资者是证券化产品的最终持有人,包括个人投资者和机构投资者两大类。从事金融资产支持证券投资的自然人即为个人投资者。由于进行证券化的资产在选取时就非常重视其质量并辅以信用增级,再加上较高的收益率,使得证券化产品对个人投资者具有相当的吸引力。目前,机构投资者是金融资产支持证券的主要购买者。如上所述,证券化产品的信用等级高而且种类繁多、收益风险各异,能够很好地平衡机构投资的安全性、流动性和收益性,所以保险公司、养老基金、储蓄机构等都成为了金融资产支持证券的投资人。

(二)金融资产证券化的运作流程

金融资产支持证券的发行比普通证券发行的流程要更为复杂,需要上述参与主体的通力合作才能实现。我们以最为普遍的"真实出售"债权进行证券化为例,介绍金融资产证券化的基本流程,如图5-1所示。

1.组建基础资产池

金融资产证券化的过程始于发起人的融资需求。为获取流动性等目

---

[1] 代销,是指承销商代理发行人发售证券,在承销期满将未售出的证券全部返还给发行人的承销方式。包销,是指承销商按照协议全部购入或者在承销期满将未售出的证券全部购入的承销方式,其中,前者称为全额包销,后者称为余额包销。

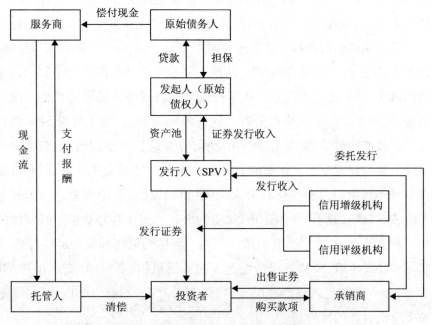

图 5-1　金融资产证券化的一般流程

的,发起人选择自己拥有的流动性差且能够产生稳定的预期现金流的资产,按照种类、信用质量、利率、期限、到期日等特征进行分类,选取其中具有同质性的资产加以清理、重估,进行标准化、规格化的包装和捆绑,形成基础资产池。

图 5-1 所示的是债权资产证券化的运作流程,发起人也就是原始债权人向原始债务人发放贷款,并要求债务人提供抵押担保,形成的债权和抵押品产生的现金流收益就是基础资产组合的原始要素。可以作为基础资产的还可以是发起人的所有权资产,例如股权和现金等。

2.构建特殊目的机构(SPV)

组建资产池后,就需要设置特殊目的机构作为证券发行载体,来接收资产。SPV 可以由发起人或者第三人组建,也可以委托现有的中介机构担任,机构的组织形式可以是公司形式、信托形式也可以是合伙企业形式。无论何种 SPV 在构建时,都必须明确其经营资产证券化的唯一目的和"破产隔离"制度。破产隔离的目的是避免标的资产陷入发行主体的破产危机,成为破产财产用于清偿,以保护资产支持证券投资者的利益。

需要隔离的破产风险主要来自两个方面:一是发行人的破产风险,包括 SPV 自愿破产的风险和 SPV 债权人强制破产的风险。为了制约自愿破产风险,SPV 通常于设立时在章程或其他协议中明确限定机构的破产条件,甚至可以直接按照避免破产的组织形式设立;为了规避 SPV 债权人强制破产的风险,需要对 SPV 的经营行为进行严格的约束,明确机构只能从事与证券化运营相关的业务而决不允许涉及无关业务,同时限制 SPV 对外举债能力和担保行为来保障机构和投资者的安全。二是发起人的破产风险,源于"实体合并"现象的出现。实体合并是指不同实体的财产和责任合并在一起,并被像一个单一实体的财产和责任那样对待。①实体合并发生后,SPV 被视为发起人的从属机构,资产的"真实出售"几乎无效,一旦发起人破产,SPV 所持资产必然会受到影响,因此,必须避免实质性合并的发生。

3.资产组合的转移

特殊目的机构组建成功后,发起人与其签署协议进行基础资产的转移。一般资产转移是通过"真实出售"方式进行的,SPV 向发起人支付资金来购买资产组合,发起人将资产池的所有权益和风险都转移给 SPV。此时,资产组合从发起人的资产负债表中移出,不再属于发起人,图 5-1 描述的就是这一过程。资产转移还能够以信托方式实现,发起人将资产池移交给信托机构(可以是 SPV,也可以是第三方)进行管理,实现风险的转移,SPV 仍然以标的资产为基础发行证券。

4.对基础资产进行信用增级和信用评级

SPV 购入基础资产池后,需要对其进行打包重组,并委托信用增级机构通过各种方式来提高资产组合及其支持证券的信用等级,使资产组合的信用等级能够完全脱离发行主体资信情况的局限。同时,需要聘请

---

① 彭冰:《资产证券化的法律解释》,北京大学出版社 2001 年版,第 104 页。

信用评级机构对证券进行评级,为投资者提供专业权威的参考,增加发行证券的信息透明度和认知度。这一环节的实施一方面有利于降低发行主体的信用违约风险,维护投资者的利益;另一方面也有利于提升证券产品的信用等级和吸引力,加速证券流通,减少发行人的发行成本。

常用的信用增级方法有:

①标的资产池打折,即会计处理时,资产池的账面价值小于其预期现金流的现值。

②超额担保,拟证券化资产的现金流价值,大于拟发行证券的偿付总值。

③第三方担保,由银行、保险公司等资信良好的金融机构提供担保,增加资产的信用度。

④建立资产储备,SPV 在基础资产之外,另设一定规模的资产,当基础资产不能足额清偿时,以储备资产来弥补。

5.发行金融资产支持证券,并以发行收入向发起人支付资产池价款

发行资产支持证券是证券化过程的关键环节。SPV 选择承销商共同决定证券的发行模式、发行种类,设计证券发行流程等,同承销商签订书面协议,委托承销商代理发行证券并确定承销方式。承销商接受委托后,负责将证券出售给投资者取得销售收入,之后将证券发行收入移交给 SPV。SPV 则以获得的发行收入,向发起人支付基础资产的购买价款,完成资产的真实出售。

6.管理资产,收取现金流,向投资者支付本息

SPV 一般会委托托管机构进行基础资产和证券权益的管理,由专门的服务商负责收取基础资产产生的现金流,存入托管机构。托管机构按照约定向证券投资人支付本息或股利,维持证券化过程的良好运行。

7.到期清偿

随着基础资产现金流的全部回收,金融资产证券化的流程也宣告结束。回收的现金流首先用于偿付证券持有者的权益,之后支付运作过程中涉及的各服务机构的酬金,剩余部分即为资产证券化的收益,由 SPV 和发起人按比例分配。

(三)金融资产证券化产品的发行模式

金融资产证券化产品,指的是资产证券化过程中发行的,以金融资产池为支撑的证券,发行者可按照自身需要选择股票、债券、基金等基础证券产品。证券化运作中,发行人也可以根据不同的需要选择不同的发行模式。

1.债权模式

金融资产证券化的债权运作模式是证券化模式中最为原始也是最常运用的类型,发行人以"真实出售"的方式从发起人手中购入其原始债权资产,之后直接以其为基础资产,向投资者发行证券。

2.股权模式

除了债权模式,证券化的股权模式的应用也是很广泛的。SPV 将发起人对原始债务企业的债权转化为企业股权,再通过购买基础资产形成对企业的实质持股。之后,SPV 通过企业重组、并购、改制及股权置换等资本运营方式,优化原始债务企业的组织结构和资产构成情况,使原企业能够成功上市或者组建新公司上市,最终实现股份的发行。

3.混合模式和基金模式

SPV 还能够选择混合模式来完成金融资产证券化,即发行可转换债等混合型证券。经过上述"债转股"的操作后,SPV 将其持有的企业股权以可转换债的形式折价发售给投资者,同时,债务企业进行重组改制,实现股份上市。企业上市后,投资者可以在其限定的时间将所持可转换债券转换为新上市的公司股票,也可以持有可转债直至到期获得清偿。

基金模式是 SPV 接收发起人的"债转股"资产组合作为担保和基金管理公司合作,由基金管理公司设立投资基金并折价发行基金份额募集资金,之后用募集所得资金对原始债务企业投资。这种模式下,开始 SPV 需要购入大量基金份额,把基础资产中的企业股权全部转化为投资基金对企业的股权,待到基金运作逐步规范之后,SPV 则开始转让所持基金份额,回收资金以偿还基础资产的购买价款。

四、金融资产证券化的效应

金融资产证券化是金融创新史上的一次伟大革命,彻底改变了传统的投融资结构和渠道。自诞生以来,证券化凭借强大的融资能力、多样化的产品种类和高于同级证券的收益,受到发起人和投资者的青睐。在美国,证券化资产的种类已经从 1985 年的 3 种扩展到 1996 年的 23 种,在金融危机爆发前的 20 年间,证券化资产的数量以 18% 的年复合增长率(CAGR)飞速增长,到 2008 年年末已超过 11 万亿美元,仅 MBS 就达 8.9 万亿美元。[①] 然而,不良贷款证券化的飞速发展加上监管的不完善导致了席卷全球的金融危机,向我们警示了证券化不良运用的巨大危害。任何一种金融工具都具有正反两方面的效应,我们应该充分认识其特性,趋利避害,使其发挥最大作用。

(一)金融资产证券化的积极效应

1.提高了金融体系的效率

第一,证券化提高了金融体系的资金周转效率。金融资产证券化是一种直接融资方式,把借款人与投资者直接联系起来,减少银行等中介机构的资金占用,加速资金流通,极大地加快了金融市场资金的周转率。

第二,证券化优化了金融市场资源的配置。金融资产证券化加深了金融市场的专业化分工,各个参与主体各司其职,都能够集中精力和资金从事自身的优势业务,有利于市场资源的优化配置。

第三,证券化联结货币市场和证券市场,扩大了信贷资金的来源。金融资产证券化使得流动性的供给者不再局限于贷款机构,非贷款机构和个人都可以通过认购资产支持证券成为资金的提供者。

第四,证券化提供了多样化的产品,使金融市场更加完善。金融资产

---

① 李彬:《美国资产证券化发展历程及对我国的启示》,《财政监督》2009 年第 8 期,第 72 页。

证券化的飞速发展使得金融工具急剧增加,满足不同投资者的需要,提高了金融市场的吸引力。

2.为银行等中介机构带来了新的机遇

第一,提供流动性,满足金融机构的融资需求。金融资产证券化为非流动性资产提供了一个二级市场,将低流动性资产转化为高流动性资产,从而填补了存贷款金融机构的期限缺口,缓解了中介机构的贷款压力。一旦中介机构出现流动性不足,就可以通过将资产打包处理的方式,获得资金缓解压力。

第二,分散银行等中介机构的风险,降低信用风险暴露。证券化是转移信用风险的主要工具之一,原始债权人为了防范信用风险和降低损失,通过资产组合的"真实出售"来实现信用风险的完全转嫁,资产支持证券的发行则把原始债务人的违约风险分散到各服务商和投资人的身上,这样就有效地降低了作为原始债权人的银行等机构的风险暴露。

第三,为贷款机构创造获利机会,提高经营绩效。显然,当基础资产的市场价值超过其账面价值时,发起人就可以通过出售资产组合而获利;同时,原始债权机构可以把出售收入投入到它的优势业务或者高收益项目中,提高资金的使用效率,获取额外收益。

第四,为银行提供了有效管理资产负债表的方法和提高资本充足率的新策略。① 为了满足监管机构对资本充足率的要求,传统银行会采用两种方式:一是分子策略,即增加银行核心资本或附属资本额;二是分母策略,即降低加权风险资产总额。然而,这两种方法都会导致银行业务的萎缩及利润的减少。金融资产证券化为银行提供了一种满足资本监管要求的新思路,证券化可以把高风险资产从银行的资产负债表上剔除,降低银行的风险加权资产总额,从而在不减少银行业务的情况下,提高银行的资本充足率。

3.给投资者提供了新的投资工具

证券化产品种类繁多,能够满足不同投资者的需要。因为资产来源

---

① 洪艳蓉:《资产证券化法律问题研究》,北京大学出版社 2004 年版,第 146 页。

和风险偏好的不同,投资者对金融工具的需求大相径庭。风险厌恶型的投资人,例如养老基金、企业年金和大部分个人投资者,都偏好于期限较长收益相对固定的投资品种;相反的,风险偏好型的投资者则更愿意购买短期浮动收益的金融产品。证券化基础资产现金流的多样性和不稳定性,使得金融资产证券化能够设计出期限、利率、风险、权益不同的多种产品,满足不同投资者的需要。而且,证券化产品的出现,使个人投资者能够涉及他们原本不能直接涉足的领域,也增加了产品对投资者的吸引力。

金融资产证券化还能够为投资者提供高信用级别、高收益的投资产品。资产支持证券经过资产重组、信用增级、评级等环节之后,通常都具有很高的信用等级,一般都能达到投资级(BBB 级以上)[①],很多还是 AAA 级的,为投资者提供了许多优质证券。另外,由于证券化融资成本较传统融资成本低,所以,证券化产品的收益率一般都高于同信用级别的投资产品。可见,证券化为投资者提供了一类高收益且比较安全的投资品种。

(二)金融资产证券化的消极效应

1.可能导致金融体系的不稳定

从流动性供给来看,资产证券化是运用风险转移工具创造出的内生流动性,金融机构认为能够通过金融资产证券化获得资金而不会出现流动性短缺。然而,资金的稳定供给是建立在金融市场顺畅运转的基础上的,如果经济出现不景气,投资者丧失信心不再提供流动性,必然会导致信用链条的断裂引发流动性危机,金融市场的复杂性又会加剧这种危机

---

① 标准普尔公司把债券的评级定为四等十二级:AAA、AA、A、BBB、BB、B、CCC、CC、C、DDD、DD、D。AAA 是信用最高级别,表示无风险,信誉最高,偿债能力极强,不受经济形势任何影响;AA 是表示高级,最少风险,有很强的偿债能力;A 是表示中上级,较少风险,支付能力较强,在经济环境变动时,易受不利因素影响;BBB 表示中级,有风险,有足够的还本付息能力,但缺乏可靠的保证,其安全性容易受不确定因素影响,这也是在正常情况下投资者所能接受的最低信用度等级。或者说,以上这四种级别一般被认为属投资级别,其债券质量相对较高。后八种级别则属投机级别,其投机程度依次递增,债券面临大量不确定因素。

进而导致系统性的金融危机。

从风险积聚来看,金融资产证券化把发起人所承担的信用风险转移分散,而并非消除。因为证券化产品投资者的广泛性,使这种风险扩散到金融体系的各个领域并通过在二级市场流通逐渐积聚。被证券化掩盖的基础资产风险一旦发生,就会给整个金融体系带来冲击,在多米诺骨牌效应的作用下,无论金融体系哪个部分受到冲击都会传染到其他领域,最终导致整个体系的崩溃。

2007年美国的次贷危机起到了巨大的警示作用,向我们昭示了证券化制度设计不完善、监管不利、运用不当的恶果。此次危机中,雷曼兄弟公司破产、五大投行销声匿迹、30多家次级贷款公司倒闭,美国金融体系受到重创,可见资产证券化使用不当会造成毁灭性的危害。

2.给银行等金融机构带来了新的挑战

一方面,证券化是对放贷机构的道德考验。金融资产证券化为银行等贷款机构提供了风险管理的新工具,能将其面临的信用风险转嫁,这样就降低了商业银行等机构进行贷款质量评估分析的动力,造成市场整体信用的下降。而且,在发行人付费模式的评级制度下,信用评级机构受聘于发行人,必然会作出对雇佣方有利的评级结论,可能造成信用评级制度的扭曲,不能反应基础资产及其支持证券的真实信息,这就更加剧了放贷机构的道德风险。

另一方面,证券化将金融中介机构暴露于新的风险之中。传统金融机构面临的是原始借款人的信用风险和资金运营不利形成的流动性风险,金融资产证券化成功的转移了这两种风险,但与此同时,却将拟证券化机构置于新的不熟悉的风险环境之中。金融资产在证券化过程中,可能因为不恰当的结构设计、参与机构的违约行为和法律政策的约束等原因而出现证券化风险,证券化机构因为经验不足、技术不纯熟、缺乏风险应对技巧等原因不能有效控制证券化风险,就可能危害金融机构的安全。

除此之外,证券化还可能动摇金融中介机构,尤其是商业银行在金融体系中的重要地位。正如前文所述,金融资产证券化作为一种直接融资方式联结了筹资者和投资者,大大的弱化了中介机构的媒介作用,形成了所谓的"脱媒"现象。"脱媒"现象的发生,可能使原本具有存贷款垄断地位的商业银行的业务量下降,甚至会动摇与原来客户的关系,给银行声誉造成不利影响。

3.改变货币政策的传导机制,削弱宏观调控的力量

存款准备金率、再贴现率、公开市场业务,是货币政策工具的"三大法宝",而这三者特别是前两种工具的实施和作用,必须依赖于金融机构尤其是商业银行的传导,所以会受到证券化的显著影响。

通常,中央银行通过运用货币政策工具来调节商业银行的可贷资金数量,进而影响金融市场利率和货币供应量,实现宏观调控的目标。例如,央行实行紧缩性的货币政策,上调存款准备金率和再贴现率,就会减少商业银行的可贷资金,进而约束其放贷行为。然而,金融资产证券化出现以后,商业银行等储蓄机构能够通过贷款证券化筹资,央行的货币政策对其贷款行为的约束力也就大大削弱。

另外,一些非银行储蓄机构因为没有资本配置要求,可以借助证券化取得竞争优势,冲击商业银行作为金融中介的垄断地位,这也会导致货币政策的信用传导渠道效率的下降。

4.增加了监管难度,对法律政策的制定提出了新的要求

创新的金融产品必然要求建立与之相对应的监管机制和法律体系,美国的次贷危机暴露了证券化过程中监管不足、设计不合理、法律不完善的问题。

金融资产证券化参与主体众多,基础资产质量、发起人的道德、发行人的技术操作、信用增级机构的信誉和信用评级机构的评级方法,都会形成证券化的风险,进而危及整个市场,这就增加了金融监管的复杂性和困难性。而且,证券化给商业银行提供了提高资本充足率、规避监管的新工具,也增加了监管难度。

维持证券化的良好运行,还需要健全的法律体系。真实出售、破产隔离、信用增级等都是证券化特有的环节,需要完善的法律来规范其运作,

以保证投资者的安全和金融系统的稳定。

第二节　金融资产证券化的动因分析

金融资产证券化的动因一直是学术界研究的热点,但由于各国证券化出现的时间和背景各不相同,其产生的直接动因也不尽相同。我们总结了资产证券化兴起的一般情况,从理论分析和金融环境背景两方面进行阐述,并在此基础上,进一步分析金融危机以后资产证券化动因的新变化。

一、金融资产证券化的理论动因

金融资产证券化产生至今的四十余年间,理论界着重研究证券化发起主体的行为动机[1],试图从不同方面说明这种行为的内在动力,提出了资产证券化动因的各种假说。[2]

(一)监督技术假说

监督技术假说(Monitoring technology hypothesis)的主要观点为,随着信息技术的进步,监督成本大幅下降,必然会产生脱离于传统金融中介的证券化,即非中介化。

监督技术指的是金融业运用信息技术和统计方法,进行信用风险分析的技术。现代化的信息技术、统计方法和监管手段的使用,大大降低了借贷双方信息不对称所带来的监督成本。一方面,金融市场的投资者能以较低的成本且比较容易地获得借款者的相关信息,使融资市场的信息障碍得到一定程度的消除,资本市场相对于银行等金融中介市场的竞争力得以加强,许多原本依赖于银行监督实现融资的企业,可以在资本市场上实现借入。另一方面,银行等储蓄机构的监督成本也会随之降低,放贷

---

[1]　因最早出现的金融资产证券化品种是住房抵押贷款证券化,发起主体是银行,所以这里研究的主要是银行等金融中介机构的行为,而未涉及企业主体。

[2]　张超英:《资产证券化的本质和效应》,复旦大学2004年,第37—44页。

审核难度下降,使原来无法通过银行监督获得贷款而只能自身内部融资的企业,能够实现贷款融资的需求。换言之,若将企业融资的类型一线排开,那么监督技术进步使每一种融资方式的应用边界都向左移动,如图5-2所示。监督技术进步的这种作用,改变了银行中介的作用,把资本市场和金融中介两种制度的竞争均势导入到一种新的状态,金融体系的最优制度安排必然会发生新的变化,于是出现了偏离于传统金融中介的证券化。

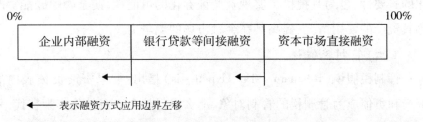

图5-2　融资方式的新变化

监督技术假说指出,银行等中介机构功能弱化是证券化产生的动因。该理论认为资产证券化的产生与银行的风险和流动性无关,是技术进步推动了非中介的证券化形式,使金融中介由传统型间接金融转变为市场型间接金融。监督技术的进步使直接金融市场得以完善,对银行等中介机构形成极大地冲击,面对这种挑战,传统金融中介只能通过战略转型以适应市场。对于主要的中介机构——商业银行而言,一种战略选择就是使其贷款不在资产负债表中显现。因为,银行必须对资产负债表中的贷款项配置相应的资本金,以满足监管机构对资本充足率的最低要求,这就削弱了银行中介的竞争力,也影响了银行的盈利能力。为增强竞争力,银行就会选择运用资产证券化,把参与融资的行为控制在贷款发放的初期(即贷款审查)阶段,而对于贷款的长期管理则通过证券化的方式由资本市场来负责。这种证券化,通过资产的"真实出售",实现无追索权的资产转移,具有表内资产表外化的效果,使得贷款机构无需再进行资本金配置,改变了银行等中介机构的传统融资渠道,把传统上由银行中介集中承担的部分职能转变为由中介机构和资本市场来分担完成,增加了金融中介机构的市场竞争力。另外,从证券化的结果来看,证券化这种制度安排对金融中介确实是非常有利的,前文中已经阐明了它给银行等中介机构带来的风险分散、提供流动性、提高效益等好处。当然,要实现这些,同样需要先进的监督技术来支持,没有高效的信用分析技术,就不能保障资产证券化的良好运行。

综上所述,监督技术的进步既向金融中介机构提出了实行资产证券化的必要性,也为其提供了实现资产证券化的可能性,使金融中介能够改善其资产的使用情况,提高其在金融市场的竞争力。

(二)管制税假说

管制税假说(Regulatory Tax Hypothesis)指出:如果资产负债表内的资产和负债成为管制税的管制对象,那么银行就会以表外化作为替代,来规避管制。管制税包括了存款准备金率、存款保险费率、自有资本比率要求等银行资本监管的各项内容。

20世纪80年代,美国提高银行机构自有资本比率要求,各大银行纷纷通过资产证券化来实现合规管理,从而促进了证券化的发展,也充分印证了管制税假说的正确性。

1998年,斯坦顿(Stanton)又从信用收缩的角度深化了该假说的论述[1],他认为:在运用信息不对称的模型分析自有资本比率管制给银行融资行为带来的影响时,同时要引入银行的融资需求和经济的周期性变化等因素。若银行融资行为出现在融资规模与质量同时恶化的时期,说明经济出现了不景气的变化,这时就需要加大资产证券化的资产规模来修正融资行为,因为资产证券化能加快货币流通速度和降低风险暴露。反之,若银行融资需求出现于经济景气时期,则不需要过多的运用资产证券化,因为经济景气时期,贷款的违约率和违约损失率都是比较低的。

---

① Sonya Williams Stanton, "The Underinvestment Problem and Patterns in Bank Lending", *Journal of Financial Intermediation*, Vol.7, No.3, 1998, pp.293-326.

可见，在管制税假说下，是否进行金融资产的证券化以及证券化的规模，是由信用风险暴露的程度来决定的。

（三）担保假说

担保假说（Collateralization Hypothesis）认为：资产证券化主要是针对安全资产进行的，通过证券化可以管理不同风险的贷款，这样就能够平衡不同风险偏好的投资者以及他们和贷款机构的关系。

有的学者从风险转移角度论证担保假说。[1] 他们认为，证券化能使风险从风险规避型投资者向风险中立型投资者转移，这是一个帕累托改进的过程，可以优化资源的配置。具体来讲，放贷机构对低风险资产进行证券化，在资本市场中发行高信用等级的证券化产品，来吸引风险规避型投资者的资金；同时，在美国通过联邦存款保险机构的存款保险制度维护风险中立型投资者（亦即存款者）的利益，以吸引风险中立者的存款。这样，风险规避者投资证券化产品，风险中立者进行银行存款，既能满足不同投资者的需求，又能增加资本的供给，实现了帕累托改进。

也有学者从"投资不足"出发，同样支持担保假说。[2] 放贷机构需要把低风险资产置于资产负债表表外，而将高风险资产保留于表内，因为机构向投资于资产负债表的存款人支付的利息是以固定利率计算的，若将安全资产和风险资产同时置于表内，就会造成风险承担与利息收益不匹配的结果。此时，证券化被认为是为了缓和存在于存款者与存款机构之间的这种矛盾，而设计的一种金融创新工具。

（四）道德风险假说

道德风险假说（Moral Hazard Hypothesis）的主要观点是：不考虑风险水平的固定存款保险费率，会引起银行机构的道德风险，也是证券化的

---

① Lawrence M.Benveniste, Allen N.Berger, "Securitization with Recourse: An Instrument that Offers Uninsured Bank Depositors Sequential Claims", *Journal of Banking & Finance*, Vol. 11, No.3, 1987, pp.403-424.

② Christopher James, "Off-balance Sheet Activities and the Underinvestment Problem in Banking", *Journal of Accounting, Auditing & Finance*, Vol.4, No.2, 1989, pp.111-124.

动因。

1994年以前,美国实行的是固定的存款保险费率制度,即存款机构所缴纳的保险费率与其风险水平无关,所以,银行等储蓄机构没有因风险增加致使存款保险费率提高的烦恼。而且在美国的会计规则上,由债权转让(即证券化)得到的收益能够方便地计入损益,但是资产负债表中的收益在其实际实现前却不能直接计入损益。这样,银行会不考虑风险,选择优质资产证券化来增加收益。这是银行在破产可能性增大时,进行证券化的重要动因。

道德风险假说认为,证券化和银行风险成正比:当银行风险增加时,通过大量的证券化来创造融资以化解风险,因此,财务状况较差的银行是证券化的主要需求者;反之,安全资产证券化把银行的优质资产表外化,而风险资产保留于表内,必然会增加银行的风险。

(五)市场原理假说

与道德风险假说相反,市场原理假说(Market Discipline Hypothesis)指出,证券化主要由财务状况良好的银行进行。该假说认为,证券化充分体现了银行的安全性,能提高银行的品牌价值,这就增加了银行进行资产证券化的动力。

因为进行证券化的基础资产多为安全资产,所以能够进行资产证券化的银行需要保有相当规模的低风险资产,这样看来,信用风险小的银行更容易实施资产的证券化。而且,受这种认识的影响,证券化进行良好的银行,信誉会随之上升,经营产品的附加值也随之提高,于是形成了对银行进行证券化的激励效果。可见,在市场原理假说中,证券化与银行安全成正比,而且二者有互相促进的作用。

(六)流动性假说

流动性假说(Liquidity Hypothesis)论证的是存贷型金融中介机构的流动性风险和证券化之间的关系,该理论认为,证券化能够降低银行的流动性风险,故证券化与银行的流动性风险呈反向变动关系。

证券化可以改善贷款的可逆性,提高贷款及为其配置的经济资本的流动性,平衡资金借短贷长的问题,从而缩小银行的流动性融资缺口,降低银行的流动性风险。然而,考察这一假说,还要看到资产证券化后,对于资产证券化产品的投资会分流储蓄性投资,减少存款额,进而影响银行的流动性情况。所以,对这种理论的思考,需要关注证券化在降低流动性风险方面的显著净贡献。

(七)比较优势假说

比较优势假说(Comparative Advantage Hypothesis)认为:在融资方法上,不同的金融中介机构具有不同的比较优势,对于某些机构来讲,证券化融资与央行借款或同业拆入相比具有较低的融资成本优势,所以,这些机构选择证券化。

研究表明,金融机构是否进行证券化的决策会受到边际融资成本和受管制程度的影响。小规模机构因难以满足证券化的管制要求很难进行证券化操作,而在存款市场具有融资的比较优势;反之,规模越大的银行越容易进行证券化。大银行能够提供资源满足管制要求,而且在技术和成本上也可以体现出规模优势,通常在批发银行业务部门由中心大银行进行证券化是有效率的。当然,这并不是说证券化对中小金融中介机构毫无益处,大银行通过证券化实现低成本融资,小银行则可以通过认购证券化产品或者提供证券化服务而获得额外收益。

(八)资本套利假说

资本套利假说(Capital Arbitrage Hypothesis)是研究《巴塞尔资本协议》对银行的影响而得出的一种理论,该假说认为:证券化能够提高银行的资本充足率,使其满足协议规定的最低资本充足率要求,所以证券化得以发展。

首先,对于证券化发起行,资产组合的"真实出售"能将贷款资产移出资产负债表,降低银行的加权风险资产,而且债权出售又能得到销售收入以增加银行的核心资本,这种操作显然会提高银行的资本充足率,而且银行将优良资产证券化以释放资本,把风险资产保留在表内获取较高的利息收益,能轻易实现资本套利的目的。其次,对于证券化产品投资行,由于证券化产品一般都具有较高的信用等级,投资证券化产品的风险权重会小于其他资产业务,要求的监管资本配置相应较少,于是银行对证券化产品会有一定的需求。这样,银行的资本套利行为就从供需两方面促进了证券化的发展。

二、金融资产证券化的市场动因

以上我们从微观主体的行为动机角度,讨论了金融资产证券化的内在理论动因。众所周知,任何金融行为都是与宏观经济金融环境密不可分的,证券化也有其市场动因。

(一)国际金融新浪潮的引领

进入 20 世纪 60 年代,特别是进入 70 年代后,国际经济环境发生了重大变革:科学技术飞速发展,经济自由主义思潮日益盛行,金融市场需求激增而供给明显不足。特殊的社会历史背景下,国际金融出现了新的发展趋势,金融自由化、全球化、创新化等浪潮席卷全球,金融资产证券化就是在这一浪潮中孕育而生的。

首先,证券化是金融创新的重要发明,创新浪潮对其产生的推动作用十分巨大。金融创新是金融业为适应实体经济发展的要求,通过各种要素的重新组合和创造性变革所创造或引进的新事物,包含宏观市场创新、中观机构创新和微观工具创新三个层次,其中又以微观的金融工具创新最易实现、最受金融机构欢迎。金融创新工具不断出现,一方面丰富了金融市场的投资品种,提高了市场运作效率,另一方面,也加剧了金融市场的风险,增加了市场价格的波动性。这种新变化,影响了各经济主体原始的投融资方式,使其对金融资产流动性和盈利性的需求日益增加,对低成本、多元化融资方式的需求也越来越迫切。于是,市场又将希望寄托于金融创新型工具,资产证券化恰恰就是为满足这种需求,运用金融工程理论设计而成的低成本、高效率的创新型融资工具。

其次,经济全球化趋势加速了证券化的产生和发展。经济全球化力图突破传统上由国家、地区界限所构成的市场之间的藩篱,形成一个高度开放的、高度统一的、高度流动性的全球市场。一方面,国际贸易活动频繁促使跨国公司数量和业务的急速增长,生产和资本流动的国际化程度日益加深,提供资金支持和结算服务的银行业务也骤然膨胀,离岸金融市场开始出现并逐渐增多。企业和银行等经济主体的业务范围不断扩大却也日益复杂,所承担的风险也不断增加。为适应全新的市场环境,实现稳健经营,各个实体企业和金融机构都在寻求新的金融工具和风险管理手段。另一方面,金融市场的全球化引发了资本的国际流动,资金供给急速增加,也需要新的投资品种满足投资者需求,同时,全球化可以加速金融工具在国际市场上的传播和推广,为证券化创造了广阔的市场平台。

另外,金融自由化的思想使得西方各国纷纷放松管制,金融电子化则提供了强大的技术支持。总之,国际经济、金融新趋势给证券化创造了良好的条件,最终培植了金融资产证券化这一全新的金融工具。

(二)经济不景气增加了证券化的迫切需求

各国进行证券化的初始动机大都是为了融通资金,以缓解经济不景气引起的流动性危机。

美国是最早出现证券化的国家,1929年大危机的爆发可以视为证券化的最初动因。大危机后,美国政府加强了对金融业的监管,颁布了"Q条例",严格限制了商业银行等存贷款机构的存款利率上限。之后几十年,该法规在稳定的经济环境下发挥了很大作用。然而,20世纪60年代末,这一法规却使存贷款金融机构陷入了危机。20世纪70年代,美国经济出现了严重的滞涨,市场利率大幅攀升、汇率极其不稳定,美联储采取紧缩的货币政策,进一步加剧了利率的上涨。通货膨胀已经对商业银行等以固定利率吸收存款的机构极为不利,而"Q条例"对最高存款利率的限制更加剧了这种影响,致使这些机构的业务大量萎缩,许多资金直接由证券吸收而不通过银行进行间接融资。许多金融机构因承做长期房贷抵押贷款,空有信用质量良好的资产却无法变现,最终因流动性不足陷入经营困境甚至面临破产危机。为了解决"如何将这些优良但长期的资产变现",进而缓解长期贷款机构危机,防止更严重的连带风险,市场急需一种将优质债权转化为现金资产的融资工具。于是,美国政府主导了资产的证券化,最终使 MBS 一举成功,引领了全球资产证券化的发展。

在亚洲,各国实施金融资产证券化的最直接动因就是 1997 年东南亚金融危机的冲击。亚洲最早的资产证券化出现在日本。1973 年 6 月,日本将信托资产进行证券化被视为日本住房抵押贷款证券化的雏形,日本金融体系改革委员会于 1988 年讨论证券化问题,完善了该产品。但此时日本经济正处于膨胀时期,融资渠道众多成本也不高,没有对证券化的迫切需求,所以证券化规模非常有限,到 20 世纪 90 年代进行了证券化的住房抵押贷款额仅占住房抵押贷款余额的 0.6%。同期,中国香港、印度尼西亚、马来西亚也略有雏形,但由于亚洲"经济奇迹"光环的笼罩,各国发展证券化的动力不足,进展非常缓慢。1997 年,东南亚爆发了金融危机,严重影响了亚洲的金融体系,打击了实体经济,亚洲各大企业的偿债能力大大下降,造成大量的不良贷款。当时,亚洲金融体系的不良贷款总额高达 2 万亿美元,其中日本就占 60%。金融环境广泛而深刻的恶化,打破了亚洲的"经济神话",国际游资纷纷撤离。据 IMF 发表的国际资本市场数据显示,1997 年涌入亚洲资本市场的私人投资出现 10 年来的首次下降,其中流入东南亚四国的私人投资减少了将近 1000 亿美元。为了处理大量的不良贷款,也为了提高金融机构和企业的融资能力,日本、马来西亚、韩国、印尼、泰国以及中国香港等亚洲新兴市场纷纷诉求通过资产证券化方式筹集资金,以解流动性不足的燃眉之急。

综上所述,经济不景气所带来的金融环境恶化、金融市场投资者信心下降、市场流动性不足、金融中介机构甚至企业融资能力弱化等问题,增加了经济主体对证券化这种新型融资方式的迫切需求,这是证券化的直接动因。

(三)政府的支持和推动

证券化出现并得以飞速发展,与政府的支持和推动是密不可分的。以美国为例,由于最初的资产证券化产品 MBS 为债权性直接融资工具,对安全性要求很高,为使最初的债权资产证券化顺利实现,美国政府积极介入,由其所属机构——政府国民抵押协会(GNMA)担保,发行了首支住房抵押贷款支持证券。之后,由 GNMA、FNMA、FHLMC 三个机构共同出面协助收购此类具有抵押债权的资产,汇集成资产池,并提供担保,发行资产支持证券。

(四)金融市场投资主体结构变化的促进

金融市场的投资主体包括机构投资者和个人投资者两类。以往个人投资者一直是金融市场主要的资金供给者,而随着战后经济的发展,养老基金、保险公司、信托基金、对冲基金、企业年金、投资银行等机构投资者不断增加,其重要性日益凸显。美国前 300 家大机构投资者的总资产与 GDP 的占比已经从 1975 年的 30%上升到 1995 年 158.6%。不同于个人投资者,机构投资者更重视投资安全性和盈利性的平衡,而且不同的投资机构由于自身特点不同,投资需求存在很大差异。资产证券化产品流动性强、安全性好、又比同等级的政府债券收益高,因此,证券化深受机构投资者的推崇。

三、次贷危机后证券化动因的新变化

2007 年,美国次级贷款危机引发了祸及全球的金融危机,危机之后各国纷纷加大金融监管力度,《巴塞尔新资本协议》全面实施,金融环境发生了深刻变革,经济主体进行资产证券化的动因也随之转变。

(一)资本套利动因明显弱化

2004 年颁布的《巴塞尔新资本协议》与旧协议相比,监管框架更为完善、风险权重计量更为准确、风险认识更为全面、评级方法更为先进。次贷危机以后,各国意识到完善金融监管的重要性,《巴塞尔新资本协议》的实施被越来越多的国家提上日程。《巴塞尔新资本协议》提倡使用内部评级法,计量的风险种类涵盖非常全面,弥补了旧协议对资产证券化风险估算的漏洞。

商业银行利用金融资产证券化进行监管套利的主要方法是从银行资产业务中选择高质量债权进行证券化,达到满足最低资本要求的目的。按照 1988 年《巴塞尔资本协议》的标准,高质量资产与不良贷款都需配备相同的监管资本,而安全资产的收益却大不如后者,于是银行利用优质资产的证券化来实现资本套利。内部评级法的实施,彻底改变了这种情况,计量银行的风险加权总资产时,对不同的业务赋予不同的风险权重评级,银行利用上述方法进行证券化套利的机会大大减少。因此,金融危机后,随着《巴塞尔新资本协议》的实施和内部评级法的推广,证券化的监管变得非常严谨,资产证券化的资本套利动因将逐渐弱化。

(二)流动性动因逐渐被有效管理动因替代

2008 年的金融危机重创了全球的金融业,至今市场各参与主体仍心有余悸,金融市场收缩、金融机构业务重整,经济主体进行信贷扩张、提高资产流动性的需求不足。这样,短期来看,获得流动性已经不是证券化的主要动因。可以预见,在较长时期内金融机构的发展战略会由之前的扩张外向型战略转向以内部控制为主的稳健型战略,资产证券化的动因也相应的转变为金融机构对有效管理方法的需求。

首先,资产证券化能够降低融资成本,是银行等金融机构和企业控制成本的有效方法;其次,资产证券化在分散信用风险、降低风险缺口方面作用突出,是银行等金融机构进行风险控制的有效手段;再次,资产证券化是一种灵活的资本管理手段,将更多地被银行运用于管理资本结构、进行期限风险匹配等领域,来提高资本运作效率,完善机构对资本运作的管理。这样,金融危机后,金融机构以及企业进行资产证券化的主要动力将不再是获得流动性,而转变为对有效管理方法的需求。

第三节　美国金融资产证券化的发展及启示

美国的住房抵押贷款证券化是金融资产证券化的开山之作,自 1968 年第一支证券化产品发行以来,美国的资产证券化市场取得了飞速的发展。如今,美国资产证券化市场规模已经可与公司债市场匹敌。[①] 美国

---

① 刘红:《美国资产证券化的启示》,《金融时报》2013 年 9 月 24 日。

是金融资产证券化发展成熟的国家,尽管存在着一些问题和不足,仍然能够给我国的金融创新和证券化发展提供经验和启示。

一、美国金融资产证券化的产生和发展

美国的资产证券化自 20 世纪 60 年代末产生以来,在产品运作和市场规模上都取得了飞速发展。结构上,经历了转手证券——抵押担保证券——剥离式抵押担保证券的发展;基础资产种类上,也由单一的住房抵押贷款而不断丰富,至今美国的可证券化资产已包括贷款、有价证券、保险单、企业应收账款、租赁收入等多种类型。

(一)美国金融资产证券化的产生背景

美国之所以能成为住房抵押贷款支持证券的发源地,是因为美国拥有庞大的抵押贷款市场和独特的金融市场制度。一方面,数额巨大的长期债权不但引致了对资产证券化的需求,而且为证券化提供了大量的基础资产和市场动力;另一方面,特殊的金融制度、监管方法和立法为证券化的产生奠定了基础。

1.美国建立了完善的住房抵押贷款市场机构和立法

美国住房抵押贷款的主要提供者是储蓄与贷款协会(Saving and Loaning,以下简称 S&L),该机构吸收短期存款作为资金来源,用以发放固定利率的中长期住宅抵押贷款。第一次世界大战以后,美国成为世界上最大的债权国,国内经济飞速发展,住房市场需求异常旺盛,S&L 也随之进入发展的黄金时期。然而,1929 年股市大崩盘引发了美国经济大萧条,金融机构和投资者都遭受了重大的损失,贷款坏账比比皆是,市场濒临崩溃,S&L 也因此遇到前所未有的危机,受到重创。为缓解 S&L 的危机,恢复公众信心,美国于 1932 年 7 月颁布《住宅贷款银行法》(Home Loan Bank Act),成立了 12 个联邦住宅贷款银行,类似于联邦政府的贴现窗口,为 S&L 融通资金。该法律还赋予了联邦住宅贷款银行在资金不足时向财政部借款的权力,以便其更好地为 S&L 提供资金支持,使 S&L 可以为购房者提供长期的低利率住房抵押贷款,进而保障和促进美国房地

产业的良好发展。1934 年,美国成立联邦住宅管理局(FHA),为达到一定标准的贷款机构提供抵押贷款保险和存款保险服务,以降低机构的信用风险敞口,并推出固定利率的定期平均偿付抵押贷款,首次将抵押贷款标准化。1944 年,美国政府又批准组建美国退伍军人管理署(the Veterans Administration,VA),专职为武装部队退伍军人及其配偶的住宅抵押贷款提供保险。随着政府抵押贷款保障机构的建立和立法的推出,美国政府开始参与抵押担保贷款市场活动,在维护市场稳定、加速抵押贷款标准化、降低风险方面作用重大。加之从二战结束到 20 世纪 70 年代美国经济再次繁荣,住房市场达到了发展的高峰,70 年代末,美国 S&L 的资产总额已经突破了 6000 亿美元,形成了庞大的住房抵押贷款市场。然而,这一时期发生了严重的滞涨,巨额的优质抵押贷款不能变现,极大的影响了放贷金融机构的流动性,于是机构希望建立中长期抵押贷款的二级市场,并诉求于金融创新产品来实现,这就是住房抵押贷款证券化的开端。

2.美国特殊的金融制度是其首创证券化的重要条件

第一,1929 年大危机后美国颁布了多项法案以维护银行系统的稳定。1933 年,美国颁布《格拉斯—斯蒂格尔法案》(Glass-Steagall Act),将商业银行业务与投资银行业务严格分开,禁止商业银行参与资本市场(美联储批准经营的债券除外)活动,形成了美国的分业经营、分业监管模式。施行之初,该法案保证了商业银行免受证券市场风险的影响,但随着市场的发展,分业经营格局严重制约了商业银行的盈利能力,遏制了商业银行对其他金融机构的竞争力。同一时期的"Q 条例"还禁止联邦储备委员会的会员银行对其吸收的活期存款(30 天以内)支付利息,并对这些银行吸收的储蓄存款和定期存款规定了 2.5% 的利率上限。这一上限在稳定的金融环境中影响不大,但是 20 世纪 60 年代以后,直接融资市场发展迅速且不受利率限制,以至于众多资金流向资本市场,出现了所谓的"金融脱媒现象",致使银行竞争力下降。

第二,美国实行单一银行制,政府限制商业银行等机构建立分支机构和跨州经营。事实上，大多数国家的地区发展并不平衡，美国也不例外，东部各州通常拥有大量的资金盈余，而西部和南部则经常出现资金供不应求的情形。单一银行制使得美国各州之间无法进行资金余缺调剂，加剧了地区发展的不平衡。另外，单一银行制下，银行规模较小，贷款能力和承担风险能力有限，这就降低了银行对大客户的吸引力。为规避金融管制，发展核心竞争力，商业银行等机构也希望新型金融工具能够出现。

（二）美国住房抵押贷款证券化市场的兴起

20 世纪 60 年代，美国资产证券化应运而生，1968 年，首支住房抵押担保证券由联邦政府机构担保发行。随后，金融机构进行证券化的热情日渐高涨，政府也积极促进其发展，并为抵押贷款流通建立了完善的二级市场。

美国的二级抵押市场始于 1938 年联邦国民抵押协会（FNMA）的成立，这是一个专门负责提供交易市场的政府机构，以购买抵押贷款合同的方式，为联邦住宅管理局和退伍军人管理署担保和保险的抵押贷款提供二级流通市场。该机构能够在纽约证券交易所上市，股票可以公开买卖来获取资金，另外，在资金不足时还可以向财政部借款。

1968 年，美国国会把联邦国民抵押协会一分为二，分成了现在的联邦国民抵押协会和政府国民抵押协会（GNMA）两个机构。前者以股份公司形式组建，私人所有但承担政府责任，受权购买联邦住宅管理局和退伍军人管理署不予担保和保险的非标准抵押贷款。后者为官方机构，隶属于美国住宅和城市发展部，承接了原 FNMA 所运作的扶助贫困家庭住宅抵押项目，同时该机构还为企业证券提供担保，企业把抵押贷款组合在一起作抵押来获取证券发行担保。

1970 年，美国又成立了半官方机构——联邦住宅贷款抵押公司（FHLMC），负责承担原 FNMA 收购联邦住宅管理局和退伍军人管理署提供保险的标准住房抵押贷款。

至此，美国健全的抵押贷款二级市场完成构建，包罗了各种抵押贷款的流通需求。之后，FNMA、GNMA、FHLMC 三家机构担保发行了多种抵押贷款支持证券,并成为三家最大的 MBS 发行机构,推动了美国资产证券化市场的蓬勃发展。

(三)美国金融资产证券化市场的发展

美国的住房抵押贷款证券化一举成功,随即受到金融市场参与者和政府机构的青睐。之后十几年,美国金融界对证券化进行了广泛的研究,令其更适应市场的需求,满足各种消费者的需要。

1.金融资产证券化产品种类日益增加

1985 年,马林·美德兰银行发行第一笔汽车贷款支持证券,打破了抵押贷款支持证券独占证券化市场的格局,实现了从 MBS 到 ABS 的跨越。住房抵押贷款证券化充分发展的同时,可证券化资产种类不断丰富,如表 5-2 所示,截至 1992 年按担保品种类划分的资产支持证券共计二十余种。此后,ABS 市场逐渐形成并快速发展,发行规模从 1996 年的 1211.16 亿美元增长至 2007 年的 2896.56 亿美元。虽然受次贷危机的影响,ABS 发行量从 2007 年起开始下降,然而,截至 2013 年该市场发行规模又增长至 1860.89 亿美元(见表 5-3)。

表 5-2   截至 1992 年按担保品种类划分的资产支持证券发行时间表

证券化种类	首次发行日期
计算机租赁证券化	1985 年 3 月
零售汽车贷款证券化	1985 年 5 月
附属票据证券化	1986 年 7 月
轻型货车贷款证券化	1986 年 7 月
信用卡应收账款证券化	1987 年 1 月
标准货车贷款证券化	1987 年 6 月
商业应收账款证券化	1987 年 9 月
汽车租赁证券化	1987 年 10 月
消费者贷款证券化	1987 年 11 月
船舶贷款证券化	1988 年 9 月
成品住房贷款证券化	1988 年 10 月

证券化种类	首次发行日期
设备租赁证券化	1988 年 12 月
收货凭证贷款证券化	1989 年 7 月
住宅资产净值贷款证券化	1989 年 8 月
摩托车贷款证券化	1990 年 8 月
时间分享应收账款证券化	1990 年 12 月
批发商机动车贷款证券化	1992 年 1 月
批发商货车贷款证券化	1990 年 12 月
小企业贷款证券化	1992 年 1 月
铁路机车租赁证券化	1992 年 5 月
预制式住宅贷款证券化	1992 年 6 月
农业设备贷款证券化	1992 年 9 月

资料来源：于凤坤：《资产证券化：理论与实务》，北京大学出版社 2002 年版，第 19 页。

表 5-3　1996—2013 年美国 ABS 发行量统计（按基础资产分类）

（单位：百万美元）

年份	汽车贷款	信用卡贷款	设备租赁	学生贷款	其他	合计
1996	35737.60	48736.80	12391.20	8047.50	16203.10	121116.20
1997	42123.50	40570.90	8321.80	12563.90	19871.00	123451.10
1998	40901.60	43070.00	10142.80	10229.20	43797.90	148141.50
1999	46579.80	40676.80	12527.30	11092.90	34502.30	145379.10
2000	71026.90	57143.30	11464.90	18562.00	36055.70	194252.80
2001	83946.90	68618.40	8499.60	14883.90	30897.40	206846.20
2002	94659.00	70336.90	6419.50	27739.90	19353.20	218508.50
2003	82525.70	66730.90	9451.40	42993.00	30422.90	232123.90
2004	79381.40	53742.30	8462.80	48042.80	36774.00	226403.30
2005	106096.00	67833.50	10442.80	63239.60	45304.30	292916.20
2006	90440.20	66899.00	8777.60	67129.20	36666.00	269912.20
2007	78599.80	99527.20	5768.90	61370.90	44389.10	289655.90
2008	36164.20	59059.50	3070.30	28204.00	8870.20	135368.20

续表

年份	汽车贷款	信用卡贷款	设备租赁	学生贷款	其他	合计
2009	62748.00	46094.50	7655.10	22095.90	11734.50	150328.00
2010	59318.61	7371.69	7826.40	15451.98	16565.49	106534.17
2011	68219.07	16151.77	9525.52	13963.40	16223.77	124083.53
2012	90183.18	39820.65	19499.38	25338.81	26328.87	201170.89
2013	87522.75	35634.66	13585.75	17851.91	31493.92	186088.99

资料来源：美国证券业和金融市场协会（Securities Industry and Financial Markets Association），
www.sifma.org。

与此同时,美国证券化技术日益成熟,在处理现金流和设计证券化产品结构方面也有了重大突破。证券化产生之初都是以转手证券形式发行的,这种证券的发行者按月将基础资产产生的现金流,根据持股比例分配给证券持有人。证券发行人对收取的基础资产收益不做任何处理,机械的把来自原始债权人的权益和风险按比例细化给每个投资者,没有考虑不同投资者的风险偏好问题。为弥补这一不足,美国设计了以CMO为代表的转付证券,将基础资产产生的现金流重新划分,按照投资者的不同需求发行短期、中期、长期三种风险收益各异的产品。随后,FNMA又发行了更为成熟的剥离式抵押担保证券,收取现金流收入而将其非均衡的分配给投资者,由此出现了本金支持类产品(Pricipal-only class)和利息支持类产品(Interest-only class)。

2.金融资产证券化市场规模不断扩张

金融资产证券化产品品种不断丰富,促进了美国证券化市场规模的迅速扩张。如表5-4所示,美国资产证券化产品余额(MBS与ABS之和共计14064亿美元)自1990年首次超过公司债余额(13503亿美元)。如今,资产证券化产品市场规模已经超过国债、市政债券、公司债等成为美国最大的固定收益证券市场。

表 5-4　1985—2012 年美国债券市场余额统计

(单位:10 亿美元)

年份	市政债券	国债	公司债	联邦机构证券	资产支持证券（MBS+ABS）
1985	859.5	1437.7	776.6	261.0	401.1
1986	920.4	1619.0	959.3	276.6	625.9
1987	1012.0	1724.7	1074.9	308.3	834.1
1988	1080.0	1821.3	1195.8	370.7	999.4
1989	1129.8	1945.4	1292.5	397.5	1230.0
1990	1178.6	2195.8	1350.3	421.5	1406.4
1991	1272.1	2471.6	1454.6	421.5	1668.8
1992	1295.4	2754.1	1557.0	462.4	1890.8
1993	1361.7	2989.5	1674.6	550.8	2341.6
1994	1325.8	3126.0	1755.6	727.7	2514.8
1995	1268.2	3307.2	1950.6	924.0	2647.0
1996	1261.6	3459.7	2126.5	925.8	2903.3
1997	1318.5	3456.8	2359.0	1021.8	3264.6
1998	1402.7	3355.5	2708.5	1302.1	3721.3
1999	1457.1	3266.0	3046.5	1620.0	4415.8
2000	1480.7	2951.9	3358.4	1853.7	4818.9
2001	1603.4	2967.5	3836.4	2157.4	5522.9
2002	1762.9	3204.9	4132.8	2377.7	6188.3
2003	1900.4	3574.9	4486.5	2626.2	6700.7
2004	2850.3	3943.6	4801.6	2700.6	7385.8
2005	3044.0	4165.9	5089.7	2616.0	9253.8
2006	3212.4	4322.9	5461.9	2634.0	10018.4
2007	3424.8	4516.7	6118.5	2906.2	11310.9
2008	3517.2	5774.2	6390.7	3210.6	10890.7
2009	3672.5	7249.8	7089.2	2727.5	10715.2

续表

年份	市政债券	国债	公司债	联邦机构证券	资产支持证券（MBS+ABS）
2010	3795.9	8853.0	8015.8	2538.8	10442.3
2011	3729.3	9928.4	8324.7	2326.9	10375.8
2012	3714.4	11046.1	9096.6	2095.8	10072.4

资料来源：SIA Research Department：《Security Industry Facebook（1986—2013）》。

3.金融资产证券化逐渐向市场主导过渡

证券化产品成功发行并得以良好运行以后,美国金融资产证券化由最初的政府主导逐渐向市场导向过渡,证券化市场结构日趋成熟合理。发起人不再局限于商业银行等机构,资金庞大而又不易变现的金融公司和企业也加入了资产证券化的行列,成为现在证券化市场的主体。

4.次贷危机后,美国证券化市场更加规范

金融资产证券化毕竟是一种新兴的金融创新产品,虽然美国拥有相对成熟的技术和市场,证券化市场运作也比较成功,但在金融资产证券化产品设计和经营上仍然处于探索阶段,也存在许多缺陷,诸如抵押品质量问题、评级机构和发起人的道德风险问题,尤其是风险监管问题,最终导致了 2007 年次贷危机的爆发和蔓延。这场危机重创了美国的资产证券化市场,ABS 的发行额一度从 2007 年的 2896.56 亿美元下降为 1065.34亿美元,也暴露了美国资产证券化市场存在的问题,引起了美国乃至全球对金融资产证券化的新思考。危机后,美国改革其监管体制,颁布《现代化金融监管架构蓝图》《金融监管改革:新基础》《众议院法案》《参议员法案》等一系列计划法案,旨在弥补评级机构和金融创新工具监管等监管真空,构建更为完善的法律和监管体系,以规范证券化市场秩序,保证金融市场安全。经过此次改革,美国金融资产证券化产品设计缺陷得以弥补,市场也更为规范。随着危机后经济的复苏,证券化市场也逐渐恢复,可以预见,更为严谨完善的证券化产品必然会进一步发展。

综上所述,美国资产证券化从无到有,从有到优,经过不断地探索和

研究,积累了丰富的经验,同时也经历了惨痛的教训,给我国的证券化发展提供了宝贵经验和启示。

二、美国金融资产证券化对中国的启示

美国在金融资产证券化方面的经验,包括市场机构的建立和规范、产品设计、法律制度、政府监管和投资者保护等若干方面。

(一)资产证券化市场建立和规范方面

从美国金融资产证券化的历程来看,资产证券化市场的建立与政府支持是密不可分的。首先,美国建立了众多政府机构为住房抵押贷款供给机构提供保险和担保服务,推动贷款的标准化和规范化,使房地产市场和住房抵押贷款市场欣欣向荣。进而,政府出面构建住房抵押贷款的二级流通市场,专门设立 FNMA、GNMA、FHLMC 三家机构进行证券化,包揽美国早期绝大部分 MBS 的发行。可见,政府财政和政策扶持是金融资产证券化市场的强大后盾,庞大的中长期贷款一级市场及其流通是证券化市场的基础。

然而,随着金融资产证券化市场不断成熟,政府力量逐渐淡出,三大机构成立之初虽然主要担负政府职能,而如今除 GNMA 仍承担较多政府职能外,另两家已几乎完全市场化。政府职责仅限于创造稳定的金融环境以弥补市场机制的不足,最终支持美国证券化市场飞速发展的是其完善的金融市场体系。

(二)证券化产品设计和运作方面

1.基础资产的选择

美国证券化之初,以具有稳定现金流的低流动性优质资产作为担保发行证券,证券化市场运作与偿还均比较顺利。可是,近三十年来美国经济飞涨、市场信心膨胀,各大银行和投资机构争相推出次级抵押贷款,并以其为支撑发行证券。因为次级贷款面向信用度较低的中低收入者发放,债权的违约率和违约损失率都大大高于标准贷款,如果管理不善就会导致严重的金融市场危机。所以,我国在进行证券化资产选择时,应以优

质资产为开端,如进行不良资产的证券化则需密切关注市场变化,严格管理资产池,保证现金流的顺畅。

2.组建 SPV 的经验

在美国,SPV 通常采用信托或公司形式组建,专门的 SPV 主要有 FNMA、GNMA、FHLMC 三大机构,最初以国有独资形式设立,这一模式在我国现有国情下是比较适用的。美国还比较推崇信托形式的 SPV,其税法中明确规定信托是免税载体,种类多样的信托形式也有利于不同类型资产证券化的运作,这一方式也是值得我国借鉴的。

3.证券化中介服务机构的发展

20 世纪大危机之后,美国颁布《格拉斯—斯蒂格尔法》实行商业银行与投资银行的分业经营,摩根士丹利、美林、高盛等大型投资银行相继出现。经过三十余年的调整,20 世纪 70 年代以后,美国投资银行业已经非常发达。正如前文所述,投资银行一直是证券化产品的主要发行人并且是证券化活动的重要中介机构,在证券化产品策划、实施及管理方面的作用不容小觑。

美国信用管理体系也为证券化市场的扩张起到了很大的推进作用。美国通过政府力量对信用进行宏观管理,为市场创造一个健康的社会信用环境,进而由信用评级机构面向资本市场,为投资者提供可信赖的证券评级结果。目前,美国拥有穆迪、标准普尔和惠誉三家世界上最大的信用评级公司以及先进的评级方法和体系,为证券化产品的信用评级环节提供良好的服务。尽管次贷危机中,信用评级环节出现了一些问题,但仍有众多可借鉴之处。

(三)立法和制度建设方面

为保证资产证券化的顺利进行,美国建立了比较健全的法律、制度体系,对于基础资产的"真实出售"和"破产隔离",制定了配套的法律规定和会计标准。美国颁布了一系列会计准则以规范证券化市场,1983 年,财务会计准则委员会颁布第 77 号财务会计标准,首次规定了"真实出售"的条件,其后又于 1996 年颁布第 125 号标准,重新确定了"真实销售"的认定标准。2000 年 9 月又颁布第 140 号财务会计标准,对应收账款转让的会计处理作出明确规定。对于"破产隔离"的法律安排则主要从 SPV 破产和发起人破产两方面做了规定。SPV 破产存在两种情况:一是 SPV 自行申请破产;二是 SPV 的债权人申请其破产。对于前者,根据《美国破产法》第 303 节规定,发起人有权让 SPV 自行申请破产,且法律没有限定条件。对于后者,法律则规定了明确的限制条件,例如:债务人不能履行到期债务,或有财产管理人、接收人或代理人为执行它对特殊目的公司财产的留置权而被授权接管公司所有的实质性财产,且它们已经实施了实际的占有等。为了杜绝发起人破产而影响证券化活动的情况,美国则重视防范发起人与其组建的 SPV"实质合并"的发生。另外,在维护资产证券化市场方面,《全国住宅法》《住宅暨都市发展法》《二级抵押贷款增补法案》等一系列相关法律,促进了抵押贷款证券化乃至整个金融资产证券化市场的稳定发展。除此之外,美国的证券化监管制度也是比较完善的,其监管由政府主导,美国联邦证券交易委员会(SEC)为主要监管部门,并制定《证券交易法》《金融服务现代化法》《公众公司会计改革与公司责任法》等法律规范证券市场,证券交易委员会与法院相互联系又相互制约,构成完善的监管体系。由此,我国在进行资产证券化活动以及规范证券市场管理时,也需要建立相应的法律体系。

第四节 中国资产证券化问题探讨

与美国、日本等发达国家以及亚洲新兴市场国家相比,中国的资产证券化起步较晚,尚未进入实质性发展阶段。这既与国际发展水平差距显著,又与巨大的资产证券化潜在市场规模不相协调。当前,我国资产证券化只是进行了初步的探索和实践,在制度、法律等诸多方面还存在着问题,金融资产证券化之路可谓是任重而道远。

一、中国资产证券化的实践

（一）发展历程

20 世纪 90 年代，我国开始了资产证券化的初步尝试。1992 年海南省三亚市开发建设总公司以丹洲小区 800 亩土地为发行标的物，公开发行了 2 亿元的 3 年期投资证券，是我国资产证券化迈出的第一步。这次发行具备了证券化的某些基本特征。此后，相继出现了珠海高速、中国远洋运输总公司、中集集团等公司离岸资产证券化交易，为国内资产证券化的发展积累了经验。

2000 年，中国人民银行批准中国建设银行和中国工商银行为资产证券化试点单位，标志着证券化被政府认可。此后，2003 年 1 月，信达资产管理公司与德意志银行签署资产证券化和分包一揽子协议，是我国利用资产证券化处理不良资产的首次尝试。2003 年 6 月，华融资产管理公司推出了国内首个资产处置信托项目，以中信信托为受托人设立财产信托，该模式已经接近真正的资产证券化项目。2004 年，中国工商银行通过财产信托对其宁波分行的 26 亿元不良资产进行了证券化。

2005 年，我国资产证券化有了突破性进展。国务院正式批准国家开发银行和中国建设银行作为信贷资产证券化的试点单位。2005 年 12 月 15 日，国家开发银行和建设银行分别在银行间市场成功发行了第一只 ABS 债券和第一只 MBS 债券，真正拉开资产证券化的帷幕，理论界称之为我国证券化"元年"。伴随着实践的发展，资产证券化相关的法律法规也相继出台，为资产证券化的纵深发展减除障碍。2006 年是我国企业资产证券化"元年"，以中国联通"联通 CDMA 网络租赁收益计划"的推出为标志。之后一年中，又有 8 支企业资产证券化产品相继推出，基础资产涉及与高速公路收费、设备租赁、电力销售、基础设施建设和股权转让等相关的各种应收账款或未来现金流。2007 年，浦发银行、中国工商银行、兴业银行、浙商银行及上汽通用汽车金融公司等机构成为第二批试点，发行资产扩大到不良贷款、汽车贷款及助学贷款等。截至 2008 年年末，共有

11家金融机构发行17单累计668亿元银行间资产证券化产品,资产证券化取得较快发展。[①] 但是经历了席卷全球的金融危机之后,我国资产证券化一度处于停滞状态。2012年5月,中国人民银行、银监会、财政部三部委联合下发《关于进一步扩大信贷资产证券化试点有关事项的通知》,资产证券化试点重启。

（二）现状分析

1.发行种类

目前我国资产证券化产品主要分为信贷资产证券化产品和企业资产证券化产品两类。我国资产证券化走的是一条特色化道路,信贷资产证券化产品是在中央银行和银监会的监管下,银行作为发起人,在银行间债券市场流通的证券化产品;而企业资产证券化产品则根据《证券公司客户资产管理业务试行办法》的相关规定,受证监会监管,企业为发起人,由创新类证券公司采取专项理财计划模式向社会发售资产收益凭证,在证券交易所流通的证券化产品,两种证券化产品天然相隔。由于我国资产证券化尚处于试点阶段,信贷资产证券化产品存在着发行期限短、发行规模小、投资者受限等问题;企业资产证券化产品也存在着难以实现"真实销售""破产风险隔离"等问题。

2.发行规模

2012年资产证券化重启,试点的资产池主要集中在国家重大基础设施项目贷款、涉农贷款、中小企业贷款、经清理合规的地方政府融资平台公司贷款、节能减排贷款、战略性新兴产业贷款、文化创意产业贷款、保障性安居工程贷款、汽车贷款等多元化信贷资产,成为基础资产。截至2013年6月末,我国信贷资产证券化累计发行规模达896亿元。[②] 虽然自试点以来我国资产证券化取得了一定成就,但与债券市场中其他种类债券的发行额相比,资产证券化的规模仍然过小,截至2013年6月末,我

---

① 联合资信评估有限公司:《资产证券化情况报告》,2010年8月30日。
② 中国资产证券化网:《2013年银行业资产证券化分析报告》,2013年7月,第35页。

国资产支持证券存量规模仅占债券规模的 0.17%。①

3.投资者范围

美国等资产证券化较为发达和成熟的市场上,以机构投资者为主力,我国资产证券化市场的现状是机构投资者数量少且分散。目前机构投资者主要有商业银行、社保基金、商业保险公司、证券投资基金、企业年金、信托公司、财务公司以及海外的机构投资者等。但有关监管当局并未批准社保基金、保险机构可投资资产证券化产品,而其他可涉足资产证券化领域的机构投资者受行业监管、内部指引的要求和限制,或缺乏相应的分析能力,或对期限较长的资产支持证券缺乏投资兴趣,或投资规模过小。

4.发起人

目前我国资产证券化的发起人主要有两类:银行类金融机构和大型企业。2005 年,银监会颁布的《金融机构信贷资产证券化监督管理办法》中,资产证券化的范围限于由金融机构持有的信贷资产,符合条件的机构仅包括商业银行、政策性银行以及管理活动受银监会监督的其他金融机构。受这一规定的限制,只有银行业金融机构有资格作为信贷资产证券化产品的发起人。这一规定并未包含商务部监管下的租赁公司、公共事业公司及非银行政府机构。而在其他国家或地区,这些机构都积极投入资产证券化。企业作为发起人,但只有少数大型企业才可获得资格,而真正缺乏资金的中小企业或高成长性企业却难以进行资产证券化。

5.法律法规基础

我国资产证券化处在起步阶段,与资产证券化相关的法律法规相继出台。2004 年 2 月,《国务院关于推进资本市场改革开放和稳定发展的若干意见》中提出:积极探索并开发资产证券化品种。自 2005 年 4 月 21 日,中国人民银行和银监会共同发布了《信贷资产证券化试点管理办法》后,一系列支持和规范资产证券化的法律法规相继出台(见表 5-5)。

---

① 张明:《中国资产证券化实践:发展现状与前景展望》,《上海金融》2013 年第 11 期,第 32—33 页。

表 5-5　2005—2013 年资产证券化相关法律法规一览

发布时间	发布机构	规章
2005 年 4 月	中国人民银行、银监会	《信贷资产证券化试点管理办法》
2005 年 5 月	建设部	《关于个人住房抵押贷款证券化涉及的抵押权变更登记有关问题的试行通知》
2005 年 6 月	财政部	《信贷资产证券化试点会计处理规定》
2005 年 6 月	中国人民银行	《资产支持证券信息披露规则》
2005 年 8 月	全国银行间同业拆借中心	《资产支持证券交易操作规则》
2005 年 8 月	中央国债登记结算有限责任公司	《资产支持证券发行登记与托管结算业务操作规则》
2005 年 8 月	财政部	《金融工具确认和计量暂行规定（试行）》
2005 年 11 月	银监会	《金融机构信贷资产证券化试点监督管理办法》
2006 年 2 月	财政部、国家税务总局	《关于信贷资产证券化有关税收政策问题的通知》
2006 年 5 月	证监会	《关于证券投资基金投资资产支持证券有关事项的通知》
2006 年 6 月	国务院	《关于保险业改革发展的若干意见》
2007 年 8 月	中国人民银行	《信贷资产证券化基础资产池信息披露》
2008 年 2 月	银监会	《关于进一步加强信贷资产证券化业务管理工作的通知》
2013 年 3 月	证监会	《证券公司资产证券化业务管理规定》
2013 年 4 月	深圳证券交易所	《深圳证券交易所资产证券化业务指引》

二、中国资产证券化存在的问题

我国资产证券化存在的主要问题有以下几个方面：

（一）法律法规问题

资产证券化的运行涉及多方主体，各方主体之间的法律关系纷繁复杂，几乎涵盖了所有经济法律领域。2005 年以来，我国为促进资产证券化顺利开展和运行，相关的法律法规相继出台，但是目前还没有专门的资产证券化法律,资产证券化的运行还存在着诸多法律空白和障碍。

1.SPV 组建和运行的法律问题

SPV 组建和运行的法律问题包括:第一,SPV 的组建。根据资产证券化较为发达国家的经验,SPV 主要有公司、信托及合伙三种组织模式,但在我国目前的法律环境下三种组织模式的建立都存在着一定法律障碍。根据《公司法》的规定,不管是有限责任公司的设立还是股份有限公司的设立及债券的发行都要具备一定的条件,但由于 SPV 业务的特殊性难以满足规定的条件;我国《信贷资产证券化试点管理办法》中选择的是信托模式 SPV,但是在信托财产的登记上及内外监督机制上存在问题;合伙模式 SPV 下,由于合伙人要对合伙组织承担无限连带责任,导致难以有效的做到二者的破产风险隔离,容易形成恶意破产。第二,SPV 的破产风险隔离。在资产证券化过程中 SPV 的风险隔离至关重要,直接关系到投资者的利益,也是实现资产证券化基础资产信用与发起人信用分离的关键。我国对于 SPV 破产的法律规定较少,当发起人公司破产时很可能牵连到 SPV 失去独立法人资产,而被列入发起人的破产财产之列,或者失去优先受偿权。

2.资产转让的法律问题

资产转让上的法律问题主要表现在:首先,资产转让登记存在法律障碍。我国《合同法》规定债权转让只有在通知债务人的条件下才生效。我国目前的资产证券化实践中主要采取通知转让的方式,但由于资产证券化的基础资产规模大、涉及的债务人众多,如果按照《合同法》——通知,势必造成资产证券化的成本过高,与资产证券化的初衷相悖;我国法律对发起人欺诈性转让行为也没有明确的规定。其次,"真实出售"存在法律问题。如果发起人以"真实出售"的方式将资产转让给 SPV,可以将这部分资产剥离出发起人的资产负债表,优化了资产负债表,也达到了SPV 与发起人的破产风险相隔离目的。但我国并不承认信托的民事主体地位,不存在真正意义上的"真实出售"。如果采用担保融资,很可能会产生超额担保的问题,而依照法律规定超额担保的部分应列入发起人的破产财产,SPV 并没有优先受偿权,这样也就无法实现 SPV 与发起人的风险隔离。

3.信用增级和信用评级过程中的法律问题

信用评级业在我国还属于新兴行业,资产证券化的复杂程序、信用主体众多都为信用评级带来了困难。信用评级法律上的障碍主要表现为:缺乏相关的法律法规对信用评级机构的设立、运行及评级标准等进行规范。基础资产经过 SPV 打包后,由信用增级机构进行增级,实现基础资产的信用与发起人的信用分离。在我国目前的法律环境下,相关法律缺位,使得超额抵押、追索权、担保公司担保等信用增级方式受到制约。

4.证券发行过程中的法律问题

我国现行的《公司法》、《证券法》等都对证券的发行进行了相关的规定,但是对于脱离公司主体、完全以未来现金流为担保的资产支持证券的发行没有具体的规定。此外,现行的法律对证券发行的种类和规模进行了规定,但大多是适用于实体公司,SPV 作为一个专门从事资产支持证券的消极实体受到限制。

(二)市场问题

近些年来我国金融市场已经有了较大的发展和进步,但是与发达国家的市场相比,其发展还是比较滞后和缓慢。这也给资产证券化的进一步发展带来了障碍,主要体现在以下几方面:第一,分业经营、分业监管的体制制约。资产证券化涉及银行、证券、信托等多个主体的参与,而目前我国分业经营、分业监管的体制,制约了资产证券化的产品多样化和 SPV 的建立,制约了资产证券化长期的发展。第二,金融市场规模小,结构不合理。我国金融市场上投资者数量大,但机构投资者比例小。资产证券化设计复杂、风险高、评估难、需要的资金量多,大量的散户投资者不具备评估风险的能力。只有大量的机构投资者参与进来,才能真正为资产证券化提供充足的流动性,从而推动资产证券化的发展。但目前我国机构投资者,如保险基金、住房公积金、专业投资基金、养老基金等的投资都受到了种种限制。第三,债券市场发展滞后。发达的债券市场是确保资产证券化的流动性与合理定价的基础,目前我国国债市场较为成熟,公司债发展滞后,缺乏合理的定价机制,发行上市等也受到严格限制。第四,市场秩序不规范,缺乏有效的市场运行机制。我国缺乏有效的金融资产产权交易市场,没有建立起一个信息公开、公平合理的市场运行机制,缺乏统一的交易规则,信息披露不规范,难以为资产证券化提供长期健康有序的运行环境。第五,可证券化资产的规模和数量有限。没有足够数量的可证券化资产的积累,难以形成具有相似条件、相似违约率和提前偿还率的资产组合,给资产证券化带来困难。而且,可证券化资产难以保证稳定的现金流。金融机构的不良贷款是我国可证券化资产的重要组成部分,但这部分资产很多根本不可能产生现金流,剩下的一部分尽管可以产生现金流,也存在着监管、可测和可控的难题,甚至有些已难以确定债务人。而国外用于证券化的资产表面上是不良资产,但事实上绝大部分是到期没有收回或者是流动性差的资产,而非真正意义上的不良资产。

(三)税收和会计处理问题

1.税收处理上的问题

资产证券化运作规模庞大,交易环节繁多,过多的征税将会影响资产证券化运行的经济意义。资产证券化过程中涉及的税收主体主要有原始权益人(发起人)、SPV 和投资者;涉及的税种主要有所得税、印花税、营业税等。我国主要存在征税过多、征税主体不明、税率不合理等问题。

2.会计处理上的问题

首先,会计处理方法的运用问题。证券化较发达国家对证券化资产是否终止发起人的会计确认的方法主要有风险和报酬分析法、金融合成分析法及后续涉入法三种。我国目前是将三种方法都融入了证券化资产的确认计量中,但是三种模式是否能保持其内在的一致性,还有待于实践的进一步检验。其次,财务报表的合并问题。SPV 是否与发行人的财务报表进行合并、哪一部分进行合并及如何合并,目前还是一个存在争议的问题,没有统一的会计准则可遵循。最后,损益确认的问题。我国损益确认主要有两种方法:公允价值法和成本分摊法,但这两种方法适用的是传统业务,金融资产和负债在确认和计量上有其特殊性,目前针对金融资产和负债的确认计量方法规则还是空白。

(四)中介服务机构存在问题

资产证券化的成功运行需要有一系列的中介机构为其提供相关的服务,其中资产评估机构和资信评级机构是任何资产证券化项目中必不可少也是最重要的中介机构。只有全国性、权威性的机构,才能作出有信誉的评估。但在我国资产评估业存在着评估管理尺度不一、政出多门;资产评估机构过多过乱,不正当竞争;重复收费过多等问题,这为资产证券化的成功运行带来了障碍。

资信评级机构在中国还属于新兴行业,而美国等发达国家的信用评级业已有一百多年的历史,穆迪、标准普尔、惠誉三大评级机构在国际上享有盛名,为其资产证券化提供了有效的信用评级。目前中国的证券评级业运作尚不规范,信用评估不细,评级透明度不高,没有一个统一的评级标准。而且这些机构独立性不强,有些机构挂靠政府部门,有些评估人与证券发行人存在利益关系,难以做到公正、独立的评估,严重阻碍了资产证券化的健康发展。此外,我国的会计师事务所、证券公司、律师事务所等中介机构的缺陷和差距,也在一定程度上制约了资产证券化的开展。

(五)风险问题

资产证券化是典型的金融创新,在其发展过程中面临着各种风险。我国资产证券化主要面临以下风险:第一,基础资产的风险。一方面是来自原始债务人的违约,在房地产市场繁荣时期,各商业银行为增加市场份额,很可能对一些信用不足、无力还贷的客户发放贷款;另一方面是来自发起机构的道德风险。我国资产证券化的发起人主要是四大国有商业银行及金融资产管理公司,这些机构进行资产证券化的意愿都不是很强,很可能将真正的不良资产进行打包出售。第二,提前偿还风险。受传统消费观念的影响,我国居民提前还债的可能性很大,这必将为资产证券化带来更多不确定性。第三,结构设计的风险。资产证券化本身就是一个经过复杂设计、资产打包、层层升级的金融衍生工具,具有风险高、评估难等特点。由于我国金融创新的人才、技术手段与国外发达国家还有相当的差距,在"真实出售"、"破产隔离"等相关设计以及信用评级、信用增级等方面缺乏经验,因此现阶段在资产证券化产品的设计上存在风险。第四,监管风险。我国资产证券化采取的是银行间债券市场与证券市场完全分离的模式,监管上也是采取央行、银监会与证监会分离的监管模式。这种模式在一定程度上容易出现监管尺度不一、监管不足等问题。

三、中国资产证券化的改革与发展

金融资产证券化是 20 世纪 60 年代以来金融领域的伟大创新,不仅有利于促进金融机构和金融市场的发展,也在解决银行等金融机构的流动性方面起到了重大的作用。但是在美国次贷危机爆发之后,资产证券化受到指责和质疑。然而,资产证券化的趋势并未改变。我国应从改革和完善的角度,坚持"科学发展观",采取有效措施,推进资产证券化的健康发展。

(一)健全相关的法律法规

各国资产证券化的发展都有相关的法律法规进行规范和协调。我国也应不断修订和完善《证券法》《公司法》《合同法》《担保法》等法律中对资产证券化发展、业务处理有限制的条款和规定,为资产证券化的进一步发展扫清障碍。

1.明确 SPV 相关法律制度

SPV 是整个资产证券化业务的核心和关键,在立法和规范的过程中应对 SPV 的业务范围、组织形式、设立程序、破产隔离等作出具体明确的规定。

2.确立资产转让相关法律制度

首先,填补相关法律中未来债权转让规定的空缺;其次,完善《合同法》中关于债权转让的规定;再次,确定"真实出售"的条件,尽量避免"真实出售"的资产再次被界定为担保融资的风险。此外,还应完善资产证券化信用评级和增级的法律法规,简化 SPV 发行证券的条件和程序,减少其证券上市交易的限制规定等。

3.为资产证券化专门立法

如果将现行的法律法规中限制资产证券化开展的条款一一进行修改,既不现实,也会浪费大量的时间和成本。因此,可吸取日本及我国台湾的经验,根据金融市场运行的特点和趋势,为资产证券化进行专门的立法。

(二)完善金融市场环境

1.顺应金融混业经营趋势

金融业混业经营是国际金融业发展的大趋势,我国应顺应金融混业经营的趋势,证券业、保险业、银行业在控制风险的前提下加强银保、银证合作,放松分业经营、分业监管的限制,为资产证券化创造更大的市场空间。

2.促进金融市场的发展,壮大机构投资者的规模和数量

扩大金融市场的容量,改变我国强银行市场、弱资本市场的现状,增加直接融资的比例和渠道。同时,引进机构投资者,放宽社保基金、保险机构等投资资产证券化产品的门槛,减少其他机构投资者的投资限制和要求,甚至可考虑引入专业的资产支持证券基金等,为资产证券化市场提供充足的流动性。

3.加快债券市场的发展

增加债券市场的广度和深度,扩大国债、公司债等的规模,为资产支持证券的合理定价、风险预测提供基础和支持。

4.规范市场秩序,促进公平竞争

建立信息公开,公平合理的金融市场运行机制,建立统一的交易规则和监督管理规范,为资产证券化提供持续、健康、有效的市场环境。

5.重视基础资产的质量,扩大其规模和范围

适合资产证券化的基础资产必须符合一定的信用标准,符合未来具有稳定的现金流、稳定的预期收益等要求,严禁债务人不明、难以监督和测量的不良资产进入资产证券化的范围。

此外,资产证券化不只限制在住房抵押贷款、汽车贷款、应收账款等范围内,可考虑扩大到版税收益、信用卡应收账款、基础设施等一切有稳定现金流的范围,为资产证券化提供有效供给。

(三)规范和发展中介机构

规范和发展中介服务机构,对促进我国资产证券化的进一步发展至关重要。资产证券化的过程涉及各方的利益和风险,需要有完善和专业的中介服务体系。我国中介服务机构的发展和完善主要包括以下方面:第一,尽快建立若干大型的、具有国际水准的资产、资信评估机构,真正做到独立、客观、公平、公正。运用合理高效的评级规则,正确的评价资产的信用和质量。第二,规范中介服务机构市场,加强中介机构的管理和监督。规定中介服务机构的准入门槛,并严格要求其执业行为,促进公平竞争;在提供了评信、评级、担保等服务后进行持续有效的监督和管理,提高市场交易的透明度,保护投资者的利益。第三,加快专业人才的培养和引进,增强中介服务机构的人力资源优势。第四,建设有利于中介机构发展和壮大的配套设施及环境。

(四)完善税收制度和会计规则

资产证券化能否成功运行的一个重要环节是能否处理好相关税收、会计等问题。税收和会计问题关系到各主体的相关利益和风险的确认计量。在税收处理上,首先,必须坚持税收中性的原则,即各交易主体不会因资产证券化的进行而多纳或少纳税,体现税收的公平性。其次,明确征税主体、征税种类和征收税率,尽量给予税收优惠,降低资产证券化的融资成本。在会计处理上,借鉴证券化较为发达国家的会计处理经验,会计制度制定和会计准则的使用上,应有利于资产证券化业务的操作。

(五)加强风险防范

2007年美国次贷危机爆发,金融市场濒临崩溃,迅速波及全球,引发了大萧条后70年以来最严重的金融危机。危机爆发后矛头指向了美国金融市场高度发达的"资产证券化",资产证券化将美国国内的信用风险传导给全球投资者变成市场风险,以致演变成了一场波及范围广、危害程度深的全球金融危机。

资产证券化确为此次金融危机起到了推波助澜的作用,但是我们并不能因此否定资产证券化的积极效应和发展趋势。科学的态度应是从危机中吸取教训,顺应金融发展潮流,加强防范我国金融资产证券化过程中可能出现的风险。

首先,在基础资产质量的选择上严格把关,避免出现类似美国大量住房抵押贷款者违约的现象,防范发起人道德风险,避免资产证券化变成转移坏账、不良账款的"安全港"。资产证券化并不能减少和消除风险,只是一个风险转移的过程,因此对资产证券化基础资产的风险管理不应因风险的转移而放松。其次,减少结构设计链条,培养资产证券化的专门人才。我国在资产证券化初期,经验不足,应在设计上尽量减少资产证券化的链条,把握在可控、可测、可监督的范围内;资产证券化涉及证券、保险、银行等诸多行业,设计难度大,培养一批高素质专业人才至关重要。再次,加强监管。监管不足和缺位是导致美国次贷危机的一大原因。我国应吸取这一惨痛教训,切实建立起统一、高效、全方位的监管体制,避免监管真空,坚持持续有效监管。

第六章　金融制度同质化

金融制度的同质化是经济全球化和金融全球化的必然结果。

经济全球化是在市场经济成为世界基本经济制度的前提下,在高新技术的支持下,在国际经济政策及规则的协调下,生产要素的跨时间、跨空间的运动状态。经济全球化的三个主要载体是:贸易自由化、生产活动国际化及金融全球化,而全球化进程又对市场经济制度在全球范围的普及产生深远的影响。

贸易自由化使得加入 WTO 组织的成员国必须遵守共同的制度,以统一的国际准则来规范自己的行为。生产活动国际化是跨国公司实施全球经营战略的体现,先进的公司治理结构会随着跨国投资的输入而被引进、效仿和采纳,进而导致各国微观企业制度的逐步趋同。

金融全球化的发展会整合、调整各国金融体制,使金融领域的制度安排逐步统一。这些现象不仅仅局限于传统市场经济国家之间,同样也体现在正快速融入世界市场经济的转型国家中。

第一节　金融制度同质化概述

金融制度是规范金融机构、金融市场、金融交易和金融监管的正式规则、惯例和实施机制的总和。金融制度的正式规则部分体现为约束各类经济主体特别是金融机构行为的法律规章体系;金融制度的惯例体现为金融行为中的传统与习俗,与社会的生活习俗、文化背景、惯例等非正式规则密切相关;金融制度的实施机制主要体现为金融监管制度中的一般实施机制。

一、金融制度同质化的含义

(一)金融制度同质化的所属范畴

1.金融制度同质化是政治经济制度同质化的一个分支

一百多年前,马克思揭示了资本运行的本质,并预见其发展前景将最终导致世界上各个国家的发展同质的规律。他说:"资本一方面具有创造越来越多的剩余劳动的趋势,同样,它也具有创造越来越多的交换地点的补充趋势;在这里从绝对剩余价值或绝对剩余劳动的角度来看,这也就是造成越来越多的剩余劳动作为自身的补充;从本质上来说,就是推广以资本为基础的生产或与资本相适应的生产方式。创造世界市场的趋势已经直接包含在资本的概念本身中。"①又说:"资本的趋势是(1)不断扩大流通范围;(2)在一切地点把生产变成由资本推动的生产。"②还说:"资本按照自己的这种趋势,既要克服把自然神化的现象,克服流传下来的、在一定界限内闭关自守地满足于现有需要和重复旧生活方式的状况,又要克服民族界限和民族偏见。"③这样的结果也就是,"各国人民日益被卷入世界市场网,从而资本主义制度日益具有国际的性质。"

马克思的世界历史思想包含着非常深刻的认识和许多值得阐发的内容。在这里有三点值得注意:一是大工业生产使各个国家走向一体化;二是这种一体化既包括物质领域,比如与世界同步的经济增长率、共同克服人类的贫困问题,也包括精神领域,如制度层面上的趋同发展;三是资本在一体化的进程中起到了关键的作用。

所以我们说正由于资本功能在全球的发挥,全球政治经济文化出现同质化趋势。这里的同质化除了表现为简单的事物表面相同之外,更主要的是表现为规则和规范的相同。

---

① 《马克思恩格斯全集》(第三十卷),人民出版社 1995 年版,第 388 页。
② 《马克思恩格斯全集》(第三十卷),人民出版社 1995 年版,第 388 页。
③ 《马克思恩格斯全集》(第三十卷),人民出版社 1995 年版,第 390 页。

金融制度作为经济制度的重要组成部分,被看作政治经济制度同质化的一个分支体系。

2.金融制度同质化是经济转轨的一部分

首先,从经济转轨与经济全球化的关系看,20世纪90年代以来,促进经济全球化迅速发展的主要因素,一是原计划经济国家广泛实行市场化改革,从经济体制上逐渐消除与以市场经济为本质特征的世界经济的差异;二是多数发展中国家实施了开放型的经济发展战略,减少了国家对涉外经济活动的干预。这两者共同作用的结果使得世界经济在空间概念上得到了极大的拓展,经济转轨和对外开放成为经济全球化的重要表现之一。

其次,从经济转轨与制度同质化的关系看,经济转轨是转型国家制度重新设计的过程,目的是消除原有制度的低效率,增强发展的活力,更好地融入经济全球化。经济转轨的含义,一是指一般的制度转换,即从一种制度状态进入另一种制度状态;二是特指中央计划经济国家发生的制度变迁,即从中央计划经济转向市场经济体制。

对转型国家而言,首要任务是成功完成制度的改革设计。金融制度作为政治经济制度的核心,成为经济转轨过程中不容忽视的重要一环。因为一国特定的金融制度框架从根本上界定着金融发展的空间。在其他因素不变的前提下,金融发展的绩效基本上取决于金融制度,金融发展的进程在很大程度上决定于金融制度的适应性和先进性。

(二)金融制度同质化的含义

金融制度同质化是指在经济全球化和金融全球化的背景下,世界各国(包括发达国家和发展中国家)的金融制度和体系在资本本质规律的作用下朝着趋同的方向发展的态势;同时,这种同质化的结果又进一步促进世界市场中更为广泛和全面的竞争与合作,不断将经济全球化推向新的阶段。

金融制度同质化强调的是制度的本质以及实施规则中的国际通行或规律性的部分,而不是绝对意义上的雷同。因为各个国家的金融体系和金融环境的迥异,要求制度实行的时机需因地制宜、因国而异。因此,造成实施的结果也就千差万别。

二、金融制度同质化的表现及特点

(一)银行制度同质化

1.产权制度

产权制度即资本组织制度。在新制度经济学中,产权是构成制度的最重要的变量。产权制度是指既定产权关系和产权规则结合而成且能对产权关系实行有效组合、调节和保护的制度安排。实质上,是指产权规范具有了社会和法律的性质,取得了制度的形式。

(1)产权制度的产生与发展。

早期的商业银行由于经济不发达,信用关系简单,主要以商业信用为主,商业银行规模一般较小,融资功能有限,组织形式基本为独资制或合伙制,银行由出资人所有并控制,出资人作为银行的自然人代表,直接经营自己的资本。这时银行的产权表现为统一的、没有分化的原始产权,资本或财产的占有权、使用权、处分权、收益权紧密地联结在一起。所有权与经营权重合,出资人对银行的债务承担"无限责任"。

随着经济的发展,银行在整个经济中的作用日益重要,自身规模也需扩张,原有的独资制、合伙制的商业银行的缺陷逐渐显露出来。因此,股份制商业银行应运而生。股份制商业银行的产权制度使其具有更高效率的治理机制。银行产权演变成为两个既相互联系又相互区别的部分:出资者所有权(即股权)和法人财产权(即经营管理权)。出资者所有权包括:资本收益权、重大决策权、管理者选择权;法人财产权包括:资本占有权、使用处分权。20世纪以来,股份制商业银行的产权制度不断发展完善,逐渐成为现代商业银行的主导形式。

(2)产权制度的同质化:股份制度。

国际上大多数商业银行,尤其是欧美发达国家的商业银行,基本上采用的是股份制产权制度。根据英国《银行家》杂志社公布的全球1000家大银行的名单及相关资料,2000 年按一级资本总额排名前 50 位的大银行,除我国的四大国有独资银行外,几乎全部采用的是股份制的产权制度。

股份制产权制度的优点,一是产权主体多元化,资本社会化;二是产权分离化,所有权和经营权的分离被认为是现代市场经济最为有效的经营管理模式,既保障了出资者的利益和终极所有者的地位,又使银行经营者拥有直接、独立、自主的经营权,为形成有效的激励、监督、约束机制奠定了良好的制度基础;三是产权的可转让性,赋予了出资者在获取投资回报的同时及时避免风险的权力;四是经营责任有限化,限定出资者权益损失,保护股东利益。

2.业务经营制度

现代商业银行的业务经营制度,主要是指商业银行的业务经营模式与范围。考察实行市场经济制度的国家,业务经营制度可归纳为两种基本模式,即"分业经营制度"和"混业(全能、综合、合业)经营制度"。

——分业经营制度。分业经营制度是把传统的商业银行业务和证券、保险、租赁等业务分离。

分业经营的优势,一是降低了金融体系的风险,主要原因是切断了高风险与高收益并存的证券市场与商业银行之间的联系;二是有利于保障证券市场交易的公正合理,因为如果是混业经营,商业银行与企业的关系密切,容易造成内幕交易,损害广大中小投资者利益;三是在一定程度上,分业促成了金融行业内的分工,金融机构各司其职,专注某一方面业务的发展,有利于提高服务水平和质量;四是有利于减少垄断,维护金融市场的竞争环境;五是有利于金融监管,有利于中央银行准确判断货币需求和供给,实施货币政策操作。

分业经营的主要缺陷,一是限制了银行的业务空间,制约了银行自身的发展壮大;二是削弱了银行的国际竞争能力,实行混业经营的商业银行,凭借其雄厚的实力和高效的综合性服务,比实行分业经营的商业银行更具有国际竞争力;三是无法满足客户的全方位服务的需求;四是商业银行难以实现规模经济,同时,由于限制了各项业务之间的合作,资源无法共享,增加了业务间的交易成本;五是分业经营事实上并不能保障金融体系的整体稳定。

随着各国国内金融业竞争的加剧,商业银行的市场份额被投资银行、证券公司、基金公司、信托公司、保险公司等非银行金融机构所蚕食,迫切需要通过拓展新业务来提高其盈利能力,分业经营制度成了商业银行发展的桎梏。另一方面,金融创新和金融衍生品的不断涌现模糊了业务界限,再加上现代科技在金融领域的应用,为混业经营提供了支持,最终催生了混业经营制度的广泛发展。

业务经营制度的同质化:混业经营制度。混业经营制度是指商业银行可以全面经营传统银行业务、证券投资、保险、信托、租赁等多种金融业务的制度安排。在当代金融证券化、电子化、信息化和经济一体化的发展格局下,银行混业经营的趋势日益明显,原因在于分业经营模式越来越不能适应现代市场经济发展的需要。

混业经营制度的优势,一是拓宽了银行等金融机构的发展空间和利润渠道,增强了业务经营的灵活性;二是较分业经营具有更大的整体稳定性,有效降低金融风险;三是有利于密切银企关系,增强银企综合竞争能力;四是有利于动员、促进储蓄在更大范围、更深程度上资本化。

3.内部控制制度

商业银行内部控制制度,是指商业银行为实现其盈利性、安全性、流动性的经营目标,协调与规范商业银行整体、银行各职能部门及内部各层员工在银行经营管理活动中关系与行为的组织、管理、方法及程序的总和。

从一般意义上说,内控制度的内容包括组织结构控制、决策及高层人员控制、业务程序控制、表内外业务控制、会计控制、授权审批控制及电子化风险控制等。其核心和本质是风险控制。

——内控制度产生的背景:金融危机的频繁爆发。商业银行内部控制制度的健全程度,依赖于市场经济以及与此相适应的金融制度的发达与健全程度,而健全有效的内部控制制度,又会对市场以及金融制度的发展与完善产生重要的推动作用。

在金融自由化、国际化、金融市场一体化的环境下,金融风险问题日益突出。表现为:金融同业竞争加剧,迫使经营者出现"冒险趋利"的倾向,经营风险增加;金融创新中,加大了金融资产的虚拟性,进而形成"金融泡沫",使交易风险增加;在骤然宽松了的金融氛围里,市场主体对市场风险的种类、深度、特点缺乏足够的认识,尤其缺乏抵御、处置风险和危机的心理准备;金融管制放松的同时,没有建立健全有效的内控、监管、防范金融活动风险,保障金融体系稳定以及应付紧急事件的安全保障措施,制度风险增加。

20 世纪 90 年代,世界金融业、主要是银行业危机频繁爆发,呈现出频率高、面积大、时间长、危害深的特征。比如 1992—1993 年欧洲金融市场动荡;1993—1994 年印度尼西亚严重的银行支付危机;1995 年,具有 233 年历史、业务遍布五大洲、因管理英国皇家巨额财产与投资而被称为"女皇的银行"的巴林银行,因投资失败巨额亏损而倒闭等。这些都与内控制度的缺失关系密切。

因此,建立健全商业银行内部控制制度,是防范金融风险与危机的基础性、根本性制度,是银行稳健经营的前提。所谓"内控为先"是银行经营的一个基本原则。

——内控制度的同质化:国际标准——《巴塞尔协议》。适应各国金融国际化和国际金融市场一体化的发展,国际化银行的监管、银行业监管的国际协调以及金融危机的国际救助制度在 20 世纪 90 年代后开始启动。

继 1988 年 7 月巴塞尔委员会的《关于统一国际银行的资本计算和标准的报告》(简称《巴塞尔协议》)通过后,1997 年 9 月巴塞尔委员会正式推出了《银行业有效监管的核心原则》(简称《核心原则》),高度浓缩了发达国家近百年银行业监管的经验,并提出了银行业持续监管的具体方式。金融环境的剧烈变化改变了银行的经营环境,同时金融全球化直接推动了全球范围内银行监管与风险管理原则和框架的整合和统一,为此巴塞尔银行监管委员会于 2003 年 4 月发布了新的资本协议,于 2006 年开始执行,2010 年 9 月,巴塞尔委员会又推出了《巴塞尔协议 III》。

从实质上看,以银行业风险监管为核心的巴塞尔体系,始终包含着银行业内部控制的思想。

1988 年的《巴塞尔协议》将内部控制思想具体化到资本充足率问题上,提出了核心资本、附属资本、表内资产风险权数、表外资产风险换算系数、总资本占风险资产比例等概念及要求。

1997 年推出的《银行业有效监管的核心原则》标志着巴塞尔委员会确立了全面风险管理的理念。推动《核心原则》成型的原因是 1997 年全面爆发的东南亚金融危机使巴塞尔委员会意识到,单靠资本充足率无法保证单个银行乃至整个银行体系的稳定性。由此,全面金融风险管理的思路初步形成,可以说《核心原则》是之后出台的新协议的雏形。

2006 年开始执行的新的资本协议对国际银行监管和许多银行的经营方式产生了极为重要的影响。根据新资本协议的初衷,资本要求与风险管理紧密相连。新资本协议作为一个完整的银行业资本充足率监管框架,由三大支柱组成:一是最低资本要求;二是监管当局对资本充足率的监督检查;三是银行业必须满足的信息披露要求。这三点也通常概括为最低资本要求、监督检查和市场纪律。将这三大要素有机结合在一起,并以监管规定的形式固定下来,要求监管部门认真实施,这不仅是对成功监管经验的肯定,也是资本监管领域的一项重大突破。

2010 年推出的《巴塞尔协议 III》要求商业银行在总资本充足率要求维持 8% 不变的前提下,核心资本充足率由 4% 上调到 6%,同时计提 2.5% 的防护缓冲资本和不高于 2.5% 的反周期准备资本,这样核心资本充足率的要求可达 8.5%—11%。[①] 此外,还引入杠杆比率、流动杠杆比

---

① 根据巴塞尔银行委员会发布的《巴塞尔协议 III》(中国银行业监督管理委员会译,中国金融出版社 2001 年版)相关数据整理。

率和净稳定资金来源比率的要求,以降低银行系统的流动性风险,加强抵御金融风险的能力。

除了统一按照巴塞尔体系标准执行外,各国的其他内控制度也有趋同态势。比如,内部检查与稽核制度,即商业银行通过严格内部检查、及时发现问题和隐患、以便有效预防对抗风险、避免或减少损失的管理制度。又如,各国均不惜巨资投入进行电子化风险管理与控制系统的建设,以有效防范"道德风险"。

4.外部监管制度

监管是监督管理的简称。此处外部监管制度特指银行主管机关或监管机构为了达到其监管目标,根据法律准则和法规程序对银行机构和业务活动实施监督与管理的制度。

——外部监管的必要性。政府金融监管是与中央银行制度的产生和发展直接相联系的,中央银行制度的确立是现代金融监管的起点。20世纪30年代大危机后,金融监管的理论研究主要包括以下方面:其一,金融体系的外部性。金融机构发挥金融中介职能,通过提高储蓄和投资的规模及效率服务于经济增长,这实际上反映了金融体系的公共产品性质,但在市场经济条件下,政府只能通过保持金融体系的健康稳定的手段来维护这种公共产品。其二,金融自由竞争和垄断。金融机构不适用于一般工商业的自由竞争原则,原因在于:一方面,金融机构规模经济的特点使金融机构的自由竞争最终将发展到高度的集中垄断,而金融业的高度集中垄断不仅会对效率和消费者福利带来损害,而且也会产生政治上的不利影响;另一方面,金融机构的激烈竞争会导致金融体系的不稳定,进而会危及整个经济体系的稳定。其三,金融体系信息不对称。信息不对称导致即使主观上愿意稳健经营的金融机构也可能随时因信息问题而陷入困境,而收集和处理信息的成本高昂。

因此,金融监管对防止金融过度集中垄断或无序竞争,维护金融稳定,弥补信息不对称的缺陷,保护存款者利益等是十分必要的。

——外部监管制度的同质化:国际标准——巴塞尔委员会《银行有

效监管核心原则》。1997 年巴塞尔委员会出台的《银行有效监管核心原则》，就有效银行监管的条件、审批程序、持续监管手段以及监管权力等诸多方面提出了基本要求和标准，并通过多种途径和机制使其成为国际银行业共同遵守的原则。2006 年开始执行的新资本协议以及 2010 年发布的《巴塞尔协议 III》则形成了一个以最低资本要求、监督检查和市场纪律作为三大支柱的完整的银行业资本充足率的监管框架。

5.存款保险制度

存款保险制度最初是针对银行倒闭情况设立的，是指当吸收存款的金融机构出现支付困难或失去清偿能力时，为保护债权人的合法利益，维持金融体系的稳定而采取保险形式的制度安排。要求存款性金融机构按吸收存款的一定比例向特定的存款保险机构缴纳保险金，一旦成员机构面临危机或破产时，保险机构向其提供流动性支持或代替破产机构在一定限度内对存款者支付存款。

存款保险制度始于 20 世纪 30 年代末，大萧条造成美国大量银行破产倒闭，为了保护广大储户利益，1933 年和 1934 年美国国会分别通过《格拉斯——斯蒂格尔法》和《国民住宅法》。根据这两个法律，美国联邦政府建立联邦存款保险公司和联邦储蓄贷款保险公司，正式以联邦政府的身份分别承保商业银行、储蓄贷款银行和信用合作社的客户存款，开了现代银行存款保险制度的先河，同时形成了联邦存款保险法案。美国的存款保险制度在稳定银行体系、保护存款人利益上显示出巨大的作用。1934—1981 年，联邦存款保险系统处理的银行破产案共 712 起，涉及约 400 个存款户，其中 99.9% 的存款人获得赔偿。虽然 20 世纪 80 年代中后期，美国银行业由于利率上升、监管法律以及"公共安全网"下的道德风险因素，使银行破产倒闭数量增加，但由于存款保险制度的存在，在很大程度上抑制了银行倒闭的规模及牵连程度。

毫无疑问，美国存款保险制度的建立在世界范围内产生了积极影响。20 世纪 60 年代后，各国先后参照美国制度模式，建立起各具特色的存款保险制度。可以说建立存款保险制度已成为目前各国金融制度发展的一个重要特征。

虽然各国存款保险制度在具体操作上有所不同,但基本目标大致相同,包括:其一,保护存款人的利益,尤其是保护占存款人多数的小额存款人的利益;其二,建立对出现严重问题濒于倒闭的银行进行处置的合理程序,促使银行产生责任感与危机感,进而消减银行的道德风险;其三,通过有限的存款保护,提高公众对银行和金融体系的信心,保证银行体系的稳定,构筑防止挤兑、保证银行安全的社会心理防线。

(二)证券市场制度同质化

1.证券发行制度

证券发行,是指符合条件的证券发行人依照法定程序通过发行有价证券向投资者募集资金的行为。而证券发行制度则是对证券发行人的筹资过程的规范。

世界上现有的发行制度主要分为注册制、核准制和保荐制。其中注册制体现着"公开原则",核准制则体现着"实质管理原则"。

——注册制。注册制是指发行人在发行证券之前,必须按照法律向主管机关申请注册的制度。主管当局审查注册申请时,除了核实发行申请人是否具备法定的发行条件外,主要看其报送的资料文件等是否真实、全面。只要具备法定发行条件并提供了真实信息,则注册申请自送达后一定时期即自动生效。注册制体现着"公开原则",即注册申请书必须随附公开说明书、公司章程、经会计师审核的各项财务报表等与证券发行相关的一切有价值的文件资料并公之于众。目的在于使投资者在实际投资前有均等的机会来判断投资价值。在这一制度下,任何个体的行为都是自由的,发行者只要符合法律公开原则,即使无价值的证券也可以进入市场,盈利或损失由投资者自负。证券管理机关只对申请文件作形式审查,不涉及发行申请者及发行证券的实质条件,不对证券及其行为作价值判断。

注册制是世界上大多数发达国家采用的证券发行制度,这些国家所具有的共同特点在于:市场经济环境比较完善,证券市场比较成熟;有较为健全的法律法规,监管能力强;发行人、承销商和其他证券中介机构有较强的行业自律能力,依法规范运作;投资人具有比较成熟的投资理念等。

——核准制。核准制多为一些证券市场还不够成熟与完善的国家所采用,比如中国在1999年9月16日颁布《中国证券监督管理委员会股票发行审核委员会条例》,标志着从过去的审批制过渡到核准制。我国的核准制是指由国务院证券监督管理机构依法对有关发行申请进行审查,然后作出是否允许证券发行的制度。核准制强调政府的监管作用,所遵循的是"实质性管理原则"。所谓的实质性条件,是指证券发行公司的营业性质、资本结构、公司的产业发展前景、管理人员的经营管理能力等方面是否符合有关规定。这种资格的审查权力与赋予权力是属于国家管理部门的。因此作为这种制度的自然延伸,政府就可以对证券市场的发展施加更大程度的影响,以维护公共利益和社会安全为本位,不重视行为个体的自主性。

——保荐制。保荐制适用于一些成熟的资本市场创业板上,比如中国香港、加拿大,是介于这种由核准制向注册制过渡的中间型发行制度。中国证监会在2004年新年之前正式颁布《证券发行上市保荐制度暂行办法》,意味着我国在世界上首先将保荐制引入主板市场,目的在于通过实行保荐制提高上市公司信息披露质量,同时逐步减轻监管部门职责,随着证券市场声誉和诚信机制的建立,保荐机构执业水平和上市公司治理水平的提高,实现发行制度完全市场化即向注册制的转变。2014年,中共十八届三中全会定调注册制改革方向,注册制改革成为当前资本市场改革的重点任务之一。

由此可见,证券发行制度同质化的结果是注册制的普遍推行。随着金融全球化的推进,世界资本市场一体化程度越来越高,转轨国家的过渡时间将会越来越短。证券发行制度应遵循市场规律,坚持公平公正的原则,监管当局应退出审批环节,专注监管规范。

2.证券交易制度

证券交易制度是指在保证证券市场在公平、公正、公开原则下有效运作的办法、规则及其机制的总称。证券交易制度主要包括：交易委托方式、交易机制（即价格形成机制）、交易信息披露规则等方面。

——交易委托方式。交易委托方式是证券交易的第一环节，基本方式有三种：市价委托、限价委托和止损委托。

——交易信息披露规则。证券交易信息依其性质可分为交易前信息、连续交易信息和其他信息三类。不同的市场建设理念、不同的价格形成机制、不同的交易规模、不同的使用者，对交易信息披露内容和渠道不同，形成了各交易所的多种交易信息披露方式和规则。

——价格形成机制。证券交易制度的核心是价格形成机制，交易制度的关键功能在于将投资者潜在供求转换成现实的交易，转换的过程是一种价格发现过程。从价格决定的角度出发，证券交易制度可分为竞价制和做市商制。

竞价制，又称指令驱动制或订单驱动制，是指买卖双方直接进行交易，或将委托交给各自的代理经纪商，由经纪商将投资者的委托交到交易市场，在市场的交易中心以买卖双向价格为基准实行撮合，达成交易。竞价交易的基本特征是：证券成交价格的形成由买卖双方直接决定，投资者买卖证券的对象是其他投资者（通常是委托证券经纪商进行），客户订单之间在一定时间或时点按照一定的撮合原则进行交易，经纪商仅起中介作用。

做市商制，又称驱动报价制，是以做市商报价形成交易价格、驱动交易进行的证券交易制度。纯粹（因为有多元做市商和特许交易商之分）的做市商制的特点是：所有客户订单都必须由做市商用自己的账户买进卖出，客户订单之间不直接进行交易；做市商必须在看到订单前报出买卖价格，而投资人在看到报价后才下订单。做市商的产生最初是源于场外交易，在场外市场中做市商充当着提供市场流动性的重要角色。独特的做市商交易制度是美国 NASDAQ 成功的一大重要原因，随着各国二板或创业板市场的推出,做市商日益受到人们的重视。

市场上之所以产生对做市商服务的需求,主要是因为市场运行过程中对某一证券的卖方与买方并非都是均衡的原因,市场内在要求有一个中介组织通过自己的中介性买卖交易来调节这种暂时性失衡。

两种交易制度不是彼此替代的关系,而是相互补充的关系,从世界各国实践来看,竞价制和做市商制的选用是各有侧重。亚洲国家或地区的新兴证券市场普遍采取了竞价制,而以英国为首的西欧国家和其他发达国家的创业板市场普遍以做市商制为主。这是由特定的市场环境所决定的,包括:其一,社会的、文化的、心理的因素;其二,市场上上市公司的规模和标准,比如主板市场往往采用竞价制,而上市标准低、风险大的二板或创业板市场以做市商制为多,因为流动性差需要做市商来活跃市场;其三,市场监管水平的影响,做市商承担着一定风险,所以较一般投资者享有更多的信息优势,透明度较低,所以对市场监管提出的要求相应提高,监管制度更需完善;其四,市场上投资者的结构因素,如果市场上投资者结构中个人投资者居多,宜采用竞价制;如果存在大量的机构投资者,则更适于采用做市商制。所以,亚洲国家和地区散户投资比例明显高于欧美国家,是这些国家普遍采用竞价制度的原因之一。

交易制度是在既定的历史条件下制定的,同时要受政府政策的影响,因此交易制度从根本上说与证券市场要达到的目标及总体经济发展目标是一致的。国际证券交易所联合会(FBV)的有关报告指出,一个交易制度的优劣与否,主要看交易过程中处理有关作业(如价格形成、买卖程序、信息传播)的绩效(或质量)。绩效高的证券市场是以市场稳定为前提的,保持高流动性、有效性和透明性的市场。所以这正是金融制度同质化的表现,即建立旨在能保证证券市场流动性、有效性和透明性的交易制度。

3.证券投资基金制度

证券投资基金本质上是一种信托形式和行为,其产生的根本社会经济条件在于生产力的发展、私有财产的产生。其内在特性在于为他人管理财产,谋取受益人的利益。所以证券投资基金机构是将不特定的投资者的资金集中起来,形成"资金池"并建立专门进行投资管理的契约形式的机构。

美国拥有世界上品种最多、规模最大、功能最全的投资基金市场,其投资基金市场及其制度安排代表了世界投资基金发展和管理的最高水平。美国投资基金制度的主要特点如下:

——完善的治理结构。其一,投资基金公司由董事会代表投资者来管理,并通过法定程序对投资基金以及投资顾问等各相关方的行为进行有效监督。其二,投资顾问负责根据基金募集说明书中所述投资目标和投资策略来选择投资组合,发出投资指令并且负责指令的执行。投资顾问按协议规定根据基金年平均净资产的一定比例收取费用。其三,基金管理公司负责基金与其服务商之间的业务往来,确保基金依法运营。其四,投资基金董事会的大多数董事成员必须与该基金的投资顾问和主承销商相互独立,独立董事代表投资者的利益,监督基金相关各方的行为。

——健全的法律规范。美国投资基金是法规管理最严格的经济实体,投资基金不仅要对证券交易委员会、各级管理层、基金持有者公开披露所有信息,而且其运作过程也要受到严格的监督。健全的法律规范是美国投资基金稳健发展的重要制度保障。

——严格的信息披露制度。为确保投资者的利益,美国联邦政府通过证券交易委员会对所有投资基金实行严格的监督,要求所有投资基金必须免费向投资者披露两种信息:募股说明书和期间报告。

由于美国证券投资基金制度的良好绩效,使其引领着世界投资基金发展的方向。

(三)汇率制度同质化

将各国汇率制度纳入国际货币体系中是汇率制度同质化的基本体现。

国际货币体系稳定是全球宏观经济稳定的基础。国际货币体系作为各国国际收支平衡、汇率调整、国际借贷安排等对外货币政策和法规的集合,构筑了维持自由贸易运转所必需的法律框架和制度规范。国际货币体系主要包括可供选择的汇率机制、储备资产及其构成的国际清偿能力,以及一个调整和筹措资金的机制。

1.汇率制度的变迁

过去 200 年间,从本位货币和汇率制度的选择看,国际货币体系经历了金本位时期、以美元为本位的固定汇率和浮动汇率三个主要时期。

——金本位制。全球性金本位时期开始于 1879 年,其基本特征表现为:金币可以自由铸造和熔化,自发地调解流通中的货币;金币可自由兑换,以保证黄金及其他金属铸币与银行券之间比价的稳定;黄金自由输出入,以保证外汇市场的相对稳定与国际金融市场的统一。20 世纪后,金本位制的运行规则受到严重挑战,经济危机的不断发生使各国的商品输出减少,出于保值目的的资本外逃增加,各国纷纷限制黄金流动,黄金的自由输出入受到严重制约。第一次世界大战爆发后,各国实行黄金禁运和停止银行券的兑现,古典的国际金本位制走向终结。

——固定汇率制。经过两次世界大战前后漫长的国际货币混乱时期,1945 年建立了国际货币史上第一个带有正式约束性的国际货币制度——布雷顿森林体系,即以美元为核心的固定汇率制。在前 20 年间,布雷顿森林体系运转基本顺利,汇率的基本稳定在很大程度上促进了国际贸易的扩大,资本跨国流动控制约束政策的放松,使政策制定者可以在保持汇率稳定的前提下追求国内经济目标,从而促进了全球经济的发展。

——浮动汇率制。布雷顿森林体系的内在缺陷——"特里芬难题"始终困扰其运行,而战后国际经济的重建、新兴市场的发展以及交易技术的提高,不断侵蚀着各国控制资本流动政策的有效性。面对伴随着资本流动性提高的国际金融市场交易规模的快速膨胀,官方储备的相对规模持续下降,已不足以维持钉住汇率及钉住水平的有序调整。在外汇市场连续出现抛售美元、抢购黄金和其他硬通货的美元危机后,1971 年 8 月 15 日,美国宣布美元停止兑换黄金,标志着布雷顿森林体系的瓦解。

自 1976 年国际货币基金临时委员会达成"牙买加协议"起,国际货币体系进入"无体系"时代,其重要特点是汇率安排和储备货币的多样化。在汇率安排方面,协议规定,各国可以根据自身偏好独立选择汇率制度。实际运行结果从各国汇率制度名义安排上看,管理浮动及独立浮动国家增多,实行钉住制国家减少,尤其是钉住美元的国家数目更是下降了半数左右。但是,从各国实际执行情况看,实行管理浮动的国家接近半数在具体操作中,自觉或不自觉地转换成了变相地钉住美元的汇率制度,而针对单一货币有限度浮动的国家事实上也在根据美元汇率变动调整其汇率水平,加上名义及实际均钉住美元的国家,因此,事实上以浮动汇率制为特征的"牙买加体系",仅仅解决了部分发达国家对美元的过度依赖问题,对多数发展中国家而言,其经济政策的制定与执行效果很大程度上仍然受制于美元的汇率变动,汇率制度的不均衡程度日益严重。

2.金融全球化与汇率制度同质化

第一,金融全球化对汇率制度的影响。金融全球化即国际资本在全球范围内流动,全球范围内的资本流动会对汇率制度选择产生重大影响。

在金融全球化背景下,汇率制度的选择是十分重要的问题。20世纪90年代以来的国际金融危机表明,汇率制度与政策安排失当是危机爆发的关键因素。因此,正确选择汇率制度,对一国金融稳定和经济安全的作用不可低估。然而,各个国家并不是在任何情况下都有选择汇率制度的自由。汇率制度的选择受到诸多条件的制约。其中,最重要的是货币政策的自主性,它取决于一国资本账户的开放程度。如果一国已经实现资本账户自由化,那么要保持货币政策的自主性,就必须实行浮动汇率制;而要采用固定汇率制,则必须放弃自主的货币政策。

上述分析发现,不同时期的汇率制度安排不能摆脱"三元冲突"的约束。① 即在古典的金本位体制下,资本自由流动与固定汇率组合,各国没有自主的货币政策;在布雷顿森林体系下,自主的货币政策与固定汇率组

---

① "三元冲突"由克鲁格曼提出,又称"三元悖论",即在开放经济条件下,货币政策的独立性、汇率的稳定性和资本的自由流动三个目标不能同时实现,各国只能选择其中对自己有利的两个目标。

合,但是为了保持固定汇率,各国必须实行资本管制;在牙买加体系下,发达国家大多选择资本市场的对外开放,同时又不想失去货币政策的自主性,因此只能选择浮动汇率制度;阿根廷和爱尔兰等国的货币局制度以及欧洲的货币联盟,采取稳定汇率与资本自由流动组合,代价是牺牲货币政策的自主性。

既然在金融全球化背景下,资本自由流动成为必须,那么,一国或者放弃固定汇率制度,或者放弃独立的货币政策。否则,不是导致恶性通货膨胀,就是导致汇率制度崩溃,引发严重的金融危机。当然,我们不能认为同时实现部分的汇率稳定和部分的自主货币政策是不可能的:当一国发现对其货币的需求发生波动时,采取有管理的浮动汇率制,一方面通过货币政策进行干预,一方面通过汇率进行调节。

第二,金融全球化下的钉住汇率制度。一些发展中国家实行钉住汇率制度,可以有效稳定进出口商和投资者的预期,促进国际贸易和投资活动的开展,对于发展中国家吸引外资是有利的。钉住汇率制度操作相对简单,也有一些成功的案例,如新加坡和中国香港。然而,在金融全球化进程日益加快的今天,发展中国家的钉住汇率制度隐藏着巨大风险,是金融危机爆发的制度诱因。

布雷顿森林体系解体后,国际经济环境的一个重要变化就是国际资本流动的加速。许多国家放弃资本管制政策,实行贸易和投资的自由化。20世纪80年代中期以后,随着发展中国家的加入,资本流动的自由化具有了全球性质。在金融全球化的背景下,资本自由流动和固定汇率制度之间的"二元冲突"依然存在,如果一国追求货币政策自主性,"二元冲突"就升级为"三元冲突"。大量的国际投机资本随时可能冲击固定汇率制度,增大了固定汇率制度的不稳定性。

第三,金融全球化下的浮动汇率制度。所谓浮动汇率制度,是指汇率水平完全由市场供求决定,不会出现外汇的超额供给与需求,外汇资源的配置符合边际成本等于边际收益的原理,有利于实现社会资源的最优配置。浮动汇率制度能够自动平衡国际收支,有效隔离外部冲击,使该国经济政策保持自主性。然而,对于发展中国家来说,这种理论上的理想汇率制度,也存在一定风险。

其一,发展中国家多为小型经济体,进出口商品结构较为单一,出口商品主要是初级产品,进口商品主要是本国经济发展急需的高技术产品,进出口产品的供给和需求弹性低,即国际贸易缺乏弹性。因此,发展中国家通过汇率浮动来促进资源配置和改善国际收支的效果并不尽如人意。相反,汇率频繁浮动会导致国际商品和资本市场价格波动,对企业收益和投资计划造成不利影响,进而影响发展中国家的贸易投资活动。

其二,浮动汇率因缺乏固定汇率制度下的约束,货币政策具有独立性,因而可能使一国政府实行通货膨胀政策,而不用担心国际收支问题。尤其是发展中国家多采用扩张性宏观经济政策,而扩张性的财政金融政策有可能导致需求拉动型通货膨胀,陷入"通货膨胀—货币(汇率)贬值—通货膨胀……"的恶性循环。

其三,发展中国家金融市场欠发达成熟,金融体系尚不健全,在国际资本的冲击下,汇率的稳定均衡往往难以实现。

布雷顿森林体系解体后,尽管各国基本实现了储备货币多元化,但现实上看,美元主导国际储备货币的基本格局并未改变:国际贸易中,近半数的交易以美元计价结算;国际金融市场交易中,美元是最重要的交易货币。这使得各国尤其是大多数发展中国家经济政策的制定、实施与效果在很大程度上受制于美元汇率的变动,导致这些国家汇率制度安排不论名义上如何,事实上仍具有"以美元为中心"的现状与倾向。

三、金融制度同质化的效应

金融制度的同质化既有积极效应,也有消极效应。

(一)金融制度同质化的积极效应

1.有利于一国金融市场纳入全球金融体系,提高对外开放程度

在国际金融业务往来中,如果一个以组织身份出现的国家不能融入当前的国际金融制度,无疑是难以享受到制度所带来的利益。例如,在加

入 WTO 前,我国银行在国外开展业务会就市场准入、国民待遇等问题与东道国谈判,而在加入 WTO 后,成员国之间普遍地实行市场准入、国民待遇,从而为开拓海外业务带来极大的便利。这就打破了我国金融市场与世界金融市场之间的藩篱,在提高对外开放度的同时,使小市场融入大市场中,对我国融入全球金融体系,参与全球的金融资源配置具有积极的意义。

2.有利于资本流动

金融制度的同质化为资本的跨国流动扫清了障碍,在制度上开辟了统一通畅的渠道。尤其对于发展中国家,由于自身发展相对落后,普遍面临着资金短缺的问题。随着金融全球化的拓展,发展中国家资本管制的逐渐放开,比如资本项目下的可自由兑换、资本市场的开放、积极鼓励直接投资并给予各种优惠政策等,使相当规模的资本流向了发展中国家和地区,这在一定程度上弥补了其经济发展的资金缺口,并带动了技术的扩散和人力资源的交流(从广义上讲技术和人力资源均属于资本的范畴)。同时,为发达国家的剩余资本开拓了投资渠道,促进世界经济的发展。

3.有利于融入全球监管体系,提高监管水平及效果

金融监管是伴随着银行危机的局部和整体爆发而产生的一种以保证金融体系的稳定、安全及确保存款人利益的制度安排。它是在金融市场失灵(如脆弱性、外部性、信息不对称性及垄断等)的情况下由政府或社会提供的纠正市场失灵的金融管理制度。

在经济全球化的背景下,一国国内市场将成为整个国际市场的组成部分并与国际市场联成一体。金融政策和金融监管的实施将更多地通过国际协调、合作形式进行,对于日益增多的跨境金融活动和一体化市场,仅靠单个国家政策干预、调整和监管将很难奏效,国际性、行业性组织的规则将发挥主要的作用。各国通过步调一致地实行金融监管,以共同防范和化解金融风险,共同降低金融危机的破坏性。

转轨国家在转型过程中,尤其容易出现由于制度改革和变迁所引起的国内市场的波动和风险的上升,所以通过借鉴发达国家的监管体制和

采用世界通行的监管标准来提高本国的监管水平具有积极的作用和效果。

（二）金融制度同质化的消极效应

1.导致金融产品及服务同质化,降低服务效率

制度是提供产品和服务的基础与保证,在转轨国家中由于市场品种单一、开放程度不够、规模有限,制度同质化会造成金融产品及服务的同质化。进而造成这些国家金融工具种类不够丰富,品种体系不够完善,金融制度和组织创新动力不足,影响金融体系效率与活力的提升。

2.影响发展中国家金融市场的稳定性

与发达国家相比,发展中国家金融体系的差距是全方位的。发达国家的金融制度和金融体系是经过几百年的锤炼,一步步发展和成熟起来的,所以在制度同质化的过程中,其先进的制度和经验自然成为效仿的对象,而发展中国家则处于先天的劣势,短时期内如果不能适应,将会影响到国内金融市场的稳定性。

几乎所有的经济学家都承认,当前的国际货币体系是不对称的,是倾向于发达国家而不利于发展中国家的。或者说,迄今为止的国际金融体系是以发达国家的利益为基础形成的,本身既没有反映发展中国家的现实,又不利于发展中国家的发展和防范金融风险。体现这种不平衡的地方很多,如:主要的国际货币都是发达国家的货币,发达国家通过发行国际货币就可以获得大量的铸币税收入,而本来外汇资金短缺的发展中国家还需要用宝贵的资源来换取这些国际货币,并且将极低的回报以外汇储备的形式保存起来;在国际范围内发挥支配作用的都是发达国家的金融机构(如跨国银行、投资基金等)等。这种国际货币体系的不对称,会加剧全球化过程中的不平等现象,也会加剧全球化进程中的经济波动,进而影响到发展中国家金融市场的稳定性。

3.导致竞争加剧,金融风险上升

金融制度同质化导致发达国家与发展中国家的金融机构站在不同的起跑线上,却开始同场竞技,受相同的规则和制度的约束。更多的竞争者参与其中,于是老牌跨国公司新招频出,收复失地;新兴国家的金融机构则拓展业务、争占市场,导致世界金融市场的竞争骤然升温。

金融制度同质化在促使国内外自由竞争加剧的同时,也为国际游资制造风险提供了条件。各国金融制度的同质化与实际个体金融体系和金融机构的差异性之间的矛盾,导致金融风险上升,并成为影响经济稳定的重要原因之一。出于逐利的动机,国际游资会利用发展中国家利率、汇率管制放开后产生的金融产品价格波动,大量涌入发展中国家套利套汇。加之目前国际上尚缺乏对投机资本必要的约束机制,若有风吹草动,国际游资就会从投资国大量撤走,从而引发严重的金融动荡。①

第二节 金融制度同质化的动因分析

金融制度同质化是内因与外因共同作用的结果。

一、内在要求

金融制度同质化的内在要求是趋同的市场经济制度要求。

市场经济从本质上说,是一种制度规定,即经济社会人与人交往时所共同遵行的一套行为准则。"制度是一个社会的游戏规则,更规范的说,是为决定人们的相互关系而人为设定的一些制约。"②"整个市场是一个制度的混合物。"③

市场经济富有巨大魅力,是推动人类社会进步的火车头。马克思指出:生产力是社会发展的最终决定力量,在市场经济取代自然经济后,生产力得到了飞速的发展。纵观今日世界,发达国家无不实行市场经济,而不实行或缺乏完善的市场经济的国家社会发展则明显落后。市场经济无

---

① 杨励:《金融全球化与中国金融的应对策略》,《求是学刊》2001 年第 6 期,第 57—62 页。

② [美]诺斯:《制度、制度变迁与经济绩效》,上海三联书店 1994 年版,第 3 页。

③ [美]诺斯:《制度、制度变迁与经济绩效》,上海三联书店 1994 年版,第 3 页。

疑会增加一个国家的竞争实力,美国吸引人的地方之一是它极其丰富的物质财富,但背后隐藏的是市场制度。

市场制度是在高度复杂的现代经济中有条不紊的组织生产的基本前提。表面上看,市场生产似乎无序而混乱,但它确实解决了生产什么和如何生产等问题,以及至今最先进的计算机也无力涉及的成千上万未知变量和关系的问题。因此,萨缪尔森在其《经济学》一书中指出"市场体系有一定秩序,它行得通"。市场制度下的平等竞争形成的均衡价格,可以引导资源实现最佳配置。在价格反映供求的情况下,当某一部门生产不足时,高利润率将促使资源流入该部门;而某一部门生产过剩时,低利润率将促使资源流出该部门。当每个部门的利润率趋于一致时,即马克思所讲的社会平均利润率出现时,各部门之间的资源流动将静止,最终实现了部门结构合理化。

当代世界可以说是市场经济一统天下的世界。历来实行市场经济体制的国家在不断地调整自身的经济结构,以适应激烈的全球市场竞争的需要;原来实行计划经济的国家也在根据本国的具体情况,或快或慢地向市场经济转轨。现代化市场经济体制不是封闭式的国内市场经济体制,而是开放式的全球市场经济体制。正是这种经济体制使全球逐渐形成一个统一的大市场,并最终成为催生金融制度同质化的内在动因。

二、外在压力

(一)经济全球化和市场一体化

经济全球化的实质是全球所有国家融入世界经济大潮中的过程。当代世界经济中,国家之间的相互关系日益紧密,相互依赖日趋加强,以贸易、金融和国际化生产为主要表现形式的经济全球化已经发展到了牵一发而动全身的地步。

参与世界经济全球化与一体化越深入的国家,就越会按照全球经济增长趋势发展。对于转型国家来说,要想跟上世界的步伐,就必须对旧的制度进行改革,使其符合市场经济的一般要求。

当然,在世界经济走向一体化的进程中,区域经济的一体化是必经的一个阶段,比如现阶段的欧盟、北美自由贸易区等,这些区域组织以其显著的经济成效吸引着一体化组织外围的转型国家。因此,加入区域经济一体化组织不仅是转型国家融入世界经济的机遇,而且是一体化组织制度趋同的要求,也为各个转型国家的制度变迁提供了可选择的模式。

(二)金融霸权

霸权(Hegemony)是一种"霸主权"或"盟主地位",尤其是指特定联盟或邦联中的某个国家或民族的统治或领导地位,有时也作霸权国推行的支配性的政策或强权政治。

金融霸权(Financial hegemony)是霸权国凭借其压倒优势的军事、政治、经济和金融实力在国际货币体系中占据主导地位,并将自己的意志、原则或规则强制性地在整个体系推行,从而获得霸权利益。

市场机制在形成19世纪文明过程中起了基础性的作用,传统的金本位制则创造条件使各主要国家的市场得以统一,此时英国占据金融霸权地位,迫使世界各国经济遵守"货币体系规则",使得英国能够在很大程度上控制世界货币的供应。而当代美国称得上是"金融霸权"国,与以前的霸权国略有不同的是,美国通过与其他发达国家间的政策协调组成了一个"霸权集团",如七国集团等,但美国仍占据绝对的主导地位。[1]

美国著名经济学家P.金德尔伯格(P.Kindleberger)于20世纪70年代初提出"霸权稳定论",认为金融霸权维持了国际货币体系的相对稳定。他指出:"世界经济要想保持稳定,必须拥有一种'稳定器',即某个国家要能负责为亏本商品提供市场,让资本稳定地(不是逆循环地)流动,而且当货币制度呆滞不灵陷入困境时,它能为提供清偿能力建立某种再贴现的机制。"在汇率浮动和资本市场一体化的世界上,霸权国"还必须在某种程度上管理汇率结构,并对各国国内货币政策进行一定程度的

---

① 周力、马楠、时春梅:《人民币汇率之争与美国的金融霸权》,《社会科学论坛》2003年第10期,第27—31页。

协调"。该理论表明,如果没有霸权国建立并管理国际社会体系,当自由主义和自由贸易让位给经济民族主义势力时,国际经济就会动荡不稳。因此金融霸权有以下作用:制定国际经济竞争规则和政策协调,执行国际经济竞争规则,稳定世界经济,促进经济发展,控制危机。

金融霸权国通过其霸权地位强迫发展中国家开放其金融市场,同时,利用国际金融组织渗透和推行其金融制度。

(三)履行对国际性经济组织的承诺

为适应经济全球化的发展,国际性经济组织不断创立。这些组织在协调不断产生的国际经济关系中的新问题,制定国际经济活动规范中发挥了重要作用。同时,各个国际经济组织对转型国家经济转轨的支持与规范,以及申请加入的先决条件都对其制度选择与安排产生着潜移默化的作用。

1.世界贸易组织(WTO)

在经济全球化发展的各个方面,国际社会都不断寻求稳定的制度安排。世界贸易组织在国际经济制度上的作用集中反映了全球化中制度性一体化趋势。

从中国加入世贸组织的过程,我们可以清楚地看到:加入世贸组织之前必须进行制度体制改革;加入世贸组织之后,则必须兑现继续进行制度体制改革的承诺。所以,加入世贸组织对所有国家,尤其是转型国家来说,是进一步融入世界经济的良好契机,世贸组织的制度性安排会对相关国家制度变迁产生重要影响。

2.国际金融组织

世界上重要的国际金融组织有世界银行、国际货币基金组织、国际清算银行、国际开发协会等。20世纪90年代以来,国际金融组织越来越积极地参与转型国家的转轨进程,这对转型国家的制度变迁产生了深远的影响。国际性金融组织,尤其是国际货币基金组织和世界银行,在提供贷款等金融支持时总会同时提出一些限制性和目标性条件。比如有关宏观经济、制度和部门的经济政策,以及微观经济项目计划等。毋庸置疑,国际金融组织在转型国家确定其宏观经济制度政策方面产生了重要影响。

第三节 中国金融制度的改革

一、商业银行制度改革

回顾我国商业银行主要是国有商业银行的改革历程,经历了 1979 年至 1993 年的国家专业银行阶段,1994 年至 2002 年的国有独资商业银行阶段,以及 2003 年以来的国有控股商业银行阶段。第三次改革同以往最大的不同是,实施了产权制度改革,引进了外部战略投资者,建立了现代银行制度意义上的公司治理结构。我国银行制度的改革取得了一定的成效,银行业实现了政策性金融与商业性金融的基本分离,中国人民银行和银行业监督管理委员会居于宏观调控和银行监管的核心地位,四大国家控股商业银行成为银行体系的主体,城市商业银行和农村信用社根据自身的市场功能定位和比较优势快速发展。随着世界经济、金融一体化的深入发展,中国金融制度的改革需进一步深化。

(一)产权制度

国有商业银行改革的核心问题是产权制度问题。2005 年 10 月 27 日,中国建设银行正式在香港主板市场上市,成为我国四大国有银行中首家公开上市的银行。之后,中国银行、中国工商银行和中国农业银行分别于 2006 年 6 月、2006 年 10 月、2010 年 7 月上市,国有商业银行的股份制改革基本完成。国有商业银行通过引入其他投资主体,形成了多元化的股权结构,设立了股东大会、董事会、监事会,初步构建了现代公司治理结构的基本框架,打破了国有金融产权安排的单一化局面。

然而,目前国有商业银行健全的产权制度和法人治理结构尚未建立,国家继续保持着国有商业银行的控制权,国有金融产权仍然处于主导地位。首先,这种产权模式决定了它经营目标的两重性,既要以追求利润为目标,同时又必须承担一定的政策性业务,从而制约了自身竞争力的提升。其次，产权主体"虚置"，国有商业银行的权责利不清，难以形成有效的激励约束机制。再次，国有银行管理层对银行控制权和剩余索取权的不对称，导致经营者激励机制扭曲，不利于银行资源优化配置和经营效率的提高。最后，国有产权制度也导致了国有商业银行的人事制度长期以来沿用党政机关的管理制度，制约着效率的提高。

根据以上分析，我国应从以下方面完善国有商业银行产权制度和法人治理结构：

第一，合理设计改革运行机制，保障国有金融产权逐步退出和流转，为推动市场化条件下国有银行产权制度改革创造条件。构造有效的国有金融产权交易主体，搭建高效的金融产权交易平台，创造良好的金融市场环境。

第二，通过产权制度创新引进战略投资者，逐步完善国有商业银行股权结构，建立国有商业银行多元化和社会化的股权结构，使股东成为银行的真正意义上的所有者。

第三，建立一个完整、独立、明确的行为主体代表国家行使所有权和控制权，消除众多政府部门对出资者职责的分割，保证国有商业银行国有资产所有权行使的独立性、统一性和专业性。

第四，建立有效的激励约束机制，变银行官员的行政激励为经济激励，建立科学合理的经理层绩效评价体系。

（二）业务经营管理制度

市场经济、国际趋势以及我国商业银行自身发展都要求我国银行业务经营制度从分业经营走向混业经营。

首先，加快全能型金融控股集团的建设进程。金融控股集团是指拥有若干从事不同金融业务的独立金融子公司控股权的金融集团。优点在于：控股母公司能运用组合理论、协同理论对子公司进行战略协调和管理；子公司作为经营实体独立从事经营活动，从而金融控股集团在整体上可视为全能型银行。比如，中国光大集团就是此类金融控股公司，2007年8月中国光大金融控股集团成立，成为中国金融业混业经营改革的一个标志性事件。另外,平安集团、中信集团也已拥有银行、证券、保险、信托等机构。由此可见,金融控股集团模式已成为我国金融业全能经营的一个重要途径。

其次,运用电子网络技术,大力发展网络银行。通过网络银行进行混业经营,也是我国金融业混业经营的一条路径。

最后,完善相关法律法规,健全金融监管体系,为混业经营创造良好的外部环境。加快对金融控股公司的立法,完善混业经营方面的法律法规;健全金融监管体系,明确银监会、证监会和保监会三者之间的分工协作关系,推动我国金融业的健康发展。

(三)内部控制制度

2007年7月,中国银监会正式发布了《商业银行内部控制指引》(以下称《指引》),标志着我国商业银行内部控制体系建设的标准已经确立。我国商业银行内部控制体系的建设大致可分为四个阶段:1984—1997年的探索起步阶段,内部控制被提上管理日程;1998—2002年的初步构建阶段,国有商业银行启动股份制改革;2002—2007年的快速发展阶段,《商业银行内部控制指引》颁布,内部控制在商业银行经营管理中的地位加强,内控组织架构进一步完善,内部控制制度建设加强;2007年之后是我国商业银行内部控制制度的巩固完善阶段。

根据《指引》对内部控制的基本要求,内部控制应当包含以下要素:内部控制环境、风险识别与评估、内部控制措施、信息交流与反馈和监督评价与纠正。商业银行应当建立良好的公司治理以及分工合理、职责明确、相互制衡、报告关系清晰的组织结构,为内部控制的有效性提供必要的前提条件;建立科学、有效的激励约束机制,培育良好的企业精神和内部控制文化;设立履行风险管理职能的专门部门,负责具体制定并实施识别、计量、监测和控制风险的制度、程序和方法,以确保风险管理和经营目标的实现;建立涵盖各项业务、全行范围的风险管理系统,开发和运用风险量化评估的方法和模型,对信用风险、市场风险、流动性风险、操作风险等各类风险进行持续的监控;商业银行应当明确划分相关部门之间、岗位之间、上下级机构之间的职责，建立职责分离、横向与纵向相互监督制约的机制。①

（四）外部监管制度

应遵循国际惯例《巴塞尔核心监管原则》和银行监管准则来规范我国银行监管工作，突出风险性监管。遵循银行监管的内在规律，建立健全银行监管体系，量化监管内容，细化监管指标，规范监管操作。

我国银行外部监管制度改革，应明确保护存款人利益，防范控制金融风险，确保金融体系健康运行的监管目标；设计或协调好在混业经营趋势下的监管主体及其关系；在监管手段上，除规范和强化现场和非现场监管外，还需建立并完善社会监管、行业互律及自律监管等方面；在监管内容上，首先是应按照国际惯例制定包括安全性、流动性、效益性风险指标在内的科学指标体系，实行风险预防管理；其次是通过建立存款保险制度，进行风险转移管理；最后是建立健全科学的事后救助机制。

二、证券市场制度改革

从证券市场制度本身分析，不同的经济制度，其金融制度的安排是不同的。成熟市场经济国家，由于市场制度、法律制度等相对完善，金融业比较发达和成熟，政府对金融市场的管制主要体现在金融立法上，金融管制的立足点在于维持金融安全性，实现资本价格的稳定和均衡。资本市场在较为规范的法律和制度约束下，按照市场机制有效运行。在这类证券市场制度中，金融资本的定价和配置由市场决定，而非通过行政性合约来完成。

与发达国家证券市场制度形成条件和过程不同，我国证券市场制度属于政府主导型制度，通过政府的强制性制度变迁，在短时期内迅速地将证券市场制度的基本框架建立起来。但是，政府强制性制度安排与证券市场内在规律的差异，导致证券市场的种种问题，这就需要我们不断调

---

① 《商业银行内部控制指引》2007 年。

整、改革与完善证券市场制度。

(一)证券发行制度

1.保荐人制度

2004 年我国证券市场正式开始实行保荐制,这给证券市场带来了深远影响,为向注册制过渡打下基础。

第一,保荐制可以提高信息披露质量,增强我国股市的有效性。在股票市场中,信息的质量是影响市场效率的关键因素,由于信息处理方面的规模效应和信息生产技术上的专业特点,主要由承销商、审计师等市场中介承担信息生产和认证功能,声誉机制被认为是金融中介信息生产可靠性的保证。但统计表明,我国中介机构在保证信息生产可靠性和提高股票市场效率方面并没有发挥显著作用。保荐制将对承销商的责任细化分解到保荐机构和保荐代表人,他们的基本职责在于保证信息披露的真实性、准确性,督导和提醒公司董事、管理层履行其对上市公司的职责及遵守相应法规,尽量降低发行人和投资人之间的信息不对称,客观上有利于提高市场有效性。

第二,保荐制对券商来说,机遇与挑战并存。保荐制内容本身决定着券商承销业务将出现"强者恒强,弱者恒弱"的局面。因此,加强公司价值评估和保荐环节的内控风险管理将成为券商保荐业务的关键。

第三,保荐制为我国股票发行监管制度的重大变革准备了条件。因为虽然我国的股票发行制度一直在向市场化方向改革,但目前仍然没有走出重审批、轻监管的老路。而核准制遵循的是实质性管理原则,注册制的基础是信息公开披露原则。保荐制一方面将有效提高上市公司信息披露质量,另一方面将大幅度减轻监管部门的职责,因为保荐机构和保荐代表人已经履行了调查和核实信息的职责,并承担连带责任。随着证券市场声誉机制和诚信度的建立,现行的发行制度必然向注册制过渡,以降低监管成本,减少对社会资源的浪费。并且随着保荐制的实施,保荐机构执业水平逐步上升以及上市公司治理结构逐步改善,也为发行制度完全市场化打下基础。

2.我国证券市场保荐人制度存在的问题

目前,我国证券市场保荐人制度在实施过程中存在以下问题:

第一,保荐机构和保荐代表人的职责不清。我国保荐人制度实行"双保制",即保荐机构和保荐代表人均承担保荐职责。但现行制度中没有明确规定保荐机构和保荐代表人各自的权利及责任,造成现实中保荐代表人承担较大的责任和风险的局面。

第二,保荐机构与其他中介机构的职责不清。在公司上市过程中,除了保荐机构,还需要其他中介机构如会计师事务所、律师事务所等参与。要让保荐人对中介机构出具的专业意见进行实质性核查,就会使保荐人承担过高的责任,也不利于明晰保荐人与其他中介机构的职责界限。

第三,保荐人与发行人的职责不清。保荐人与发行人之间存在着信息不对称问题。保荐人一般不参加发行人的股东大会,没有表决权,不能对发行人有关具体事务作出决策。发行人如果信息披露不真实,则保荐人就要对其披露的不真实信息承担责任。

第四,保荐人是否尽职调查的标准难以确定。现行制度对如何判定保荐人和保荐代表人是否履行尽职调查的义务,没有一个明确客观的标准。

3.我国证券市场保荐人制度的改革思路

要解决我国证券市场保荐人制度存在的问题,可考虑采取以下措施:第一,保荐人制度从"双保制"回归到"单保制",强调保荐人(机构)的整体能力,强化保荐机构的法律责任,明确保荐人和保荐机构的职责;第二,明确保荐人和会计师事务所、律师事务所等中介机构的责任,并确保各司其职;第三,保荐人的权利和责任相匹配;第四,建立一套操作性强的保荐人尽职调查标准,完善对保荐人的处罚制度,同时,可考虑建立健全保荐人民事赔偿和强制责任保险制度等。

(二)证券交易制度

现阶段,我国主板市场交易制度采取"集合竞价和连续竞价相结合"的方式,创业板市场沿用了主板市场的交易制度。这种制度的优点是反映市场供求关系,形成公平价格和市场对上市公司的客观评价。但是,因为主板市场与创业板市场区别较大,二者使用同样的交易规则或许是不科学的。

完善我国证券市场的交易制度,需要结合我国国情和证券市场的现状,适时适度的引入做市商制度。首先,要选择信誉高、从业经验丰富、有资金保障、能够抵抗一定风险的证券公司充当做市商;其次,要加强对做市商的监督管理。

三、汇率制度改革

(一)改革开放以来人民币汇率制度发展历程

1.双重汇率制度(1981—1993 年)

党的十一届三中全会以后,我国确立了对内改革和对外开放的基本国策。为了发展对外贸易,奖出限入,促进企业经济核算,适应外贸体制改革的需要,1979 年 8 月国务院决定改革汇率制度,从 1981 年起试行双重汇率,即官方汇率与贸易外汇内部结算价汇率。

1980 年我国恢复了在 IMF 中的合法地位,同时建立了外汇调剂市场,形成此后一个时期官方牌价和调剂市场价格并存的新的双重汇率制度。

2.以市场供求为基础的、单一的、有管理的浮动汇率制度(1994—2004 年)

1993 年中国人民银行颁布的《关于进一步改革外汇管理体制的公告》,标志着我国外汇体制改革正式起步。人民银行宣布 1994 年 1 月 1 日起执行外汇调剂市场和人民币官方汇率并轨,放开人民币兑换,取消人民币额度管理制度,取消各类外汇留成,成立银行间外汇市场,境内不允许外币流通,不允许以任何非法的途径进行外汇买卖。

3.以市场供求为基础的、参考一篮子货币的、有管理的浮动汇率制度(2005 年至今)

2005 年 7 月中国人民银行推出了人民币汇率机制的改革方案,人民币不再单一盯住美元,而是有条件地选择若干主要币种,按照相应的权重决定人民币的浮动汇率。此次人民币汇率形成机制改革实施后,中国人民银行于每个工作日闭市后公布当日银行间外汇市场美元等交易货币对人民币汇率的收盘价,作为下一个工作日该货币对人民币交易的中间价格。人民银行通过公布每日中间价对市场价格进行指导,从而达到调节和管理的作用。

(二)现行人民币汇率制度的运行特征及缺陷

我国现行人民币汇率制度的运行特征主要表现在以下几个方面:适应对外贸易的本币和外币头寸转换是外汇市场的主要任务;人民币汇率是局部外汇交易汇率;人民币汇率变动的压力主要来自贸易项目状况;央行干预汇率成为经常行为。

现行人民币汇率制度的主要缺陷是:人民币汇率制度中非对称性依然存在;外汇市场的服务功能还不完善,"以市场供求为基础"缺乏一定的市场支撑;企业和银行的外汇供求受到结售汇和外汇指定银行的外汇上额管理的控制;汇率主要发挥结算功能,不能有效发挥经济杠杆的职能;市场交易工具少,交易类型单一,不能有效发挥缓冲风险的功能;央行货币政策的独立性被削弱等。

(三)人民币汇率制度改革的对策

人民币汇率制度的改革方向是实行真正的有管理浮动汇率制,增加弹性和灵活性,扩大汇率浮动区间,逐步实现人民币国际化。

1.进一步放宽外汇管制,提高汇率生成机制的市场化程度

逐步有序推动人民币资本项目自由兑换,实行意愿结汇制度。对于长期资本流动,可先放松直接投资的汇兑限制,后放松证券投资等间接投资的限制;对于短期资本流动,可以先放松对贸易融资的限制,后放松短期资本交易的限制。

2.短期内及时调整货币篮子的币种及权重

在人民币货币篮子的币种选择和权重方面,应综合考虑我国的贸易结构、外债结构和外商直接投资来源结构等因素,货币篮子的币种及权重不能一成不变,应随着国内外经济状况的发展变化而及时调整。

3.健全和完善外汇市场

完善市场组织体系,实现向现代市场形态的金融性外汇市场转变;增加市场交易主体,让更多的金融机构和企业直接参与外汇买卖;增加外汇市场交易品种,开展远期、期货期权等外汇交易方式,丰富交易内容;尽量避免央行对人民币汇率的直接行政控制。

4.实行汇率目标区制度,减少央行干预外汇市场的频率

实行汇率目标区制度的主要优势在于通过对外宣称一个汇率波动范围,让人民币围绕其中心汇率在一定范围内自由浮动,一旦波动幅度超过上下限,央行可进行对冲性干预。这样可以弱化央行的干预,减少汇率干预的行政性和随意性,更大程度地发挥市场在决定汇率上的基础作用。

第七章 金融危机全球化[①]

　　始于 20 世纪 80 年代的金融全球化浪潮使各种金融因素相互联系、相互影响,逐步趋向于全球化和一体化,在这一过程中金融风险和危机也相继全球化。20 世纪 90 年代以来,金融危机在全球范围内相继爆发,给世界经济的发展蒙上了一层阴影。纵观这几次金融危机,无论是 1992—1993 年英国英镑、意大利里拉贬值所导致的欧洲货币体系危机,或是 1994—1995 年墨西哥比索危机所引发的拉美危机,还是 1997—1998 年泰国货币危机所演变成的东南亚金融危机,以及 2007 年爆发的美国次贷危机和 2009 年以来的欧洲主权债务危机,它们的共同特征都带有明显的传染效应,一个国家的金融危机会迅速扩散到其他国家和地区,演变成为区域性甚至全球性的金融危机。

第一节　金融危机

一、金融危机的涵义

　　在约翰·伊特韦尔(John Eatwell)等编《新帕尔格雷夫经济大词典》中,金融危机(Financial Crisis)被定义为:"全部或大部分金融指标——短期利率、资产价格、商业破产数和金融机构倒闭数——的急剧、短暂和超

---

　　①　本章系王学伟硕士学位论文《全球性金融危机的成因及其对中国的启示》(河北大学 2005 年)修改、增删而成。

周期的恶化。"①这一定义通过金融指标描述了爆发金融危机所产生的普遍现象,它包含以下三个层次的涵义:(1)金融危机是金融状况的恶化;(2)金融危机产生的金融恶化是全部或者大部分金融领域的恶化;(3)金融危机产生的金融恶化具有突发性质,是急剧、短暂和超周期的恶化。

词典还对国际金融危机做了一个补充性的描述:"……外国资产持有者大量抛出资产——通常是货币和债券——以逃避用某种货币为记价单位的资产而出现的国际金融危机……由于没有国际上的最终贷款者出来,或者它的力量不够强大,结果债务紧缩越来越严重,终于导致长期的衰退。"②从这一定义可以看出,当前的金融危机,是指在金融市场上,由于金融秩序不完善、市场机制不健全、交易风险管理水平差以及国际游资的冲击等原因而引起各种不同程度的金融混乱现象。其表现是市场流动性骤紧、银行发生挤兑或停兑、金融机构倒闭、固定汇率制度崩溃、外汇储备耗尽等。同时,当今的金融危机还带有国际性甚至全球性的特点。概括为一句话,金融危机就是指金融风险(人们从事金融运作遭受损失的可能性或不确定性)负面效应的高强度、大范围的爆发。

二、金融危机的类型

国际货币基金组织在其 1998 年 5 月发表的《世界经济展望》中认为金融危机大概分为几种类型:货币危机(Currency Crisis)是指投机冲击导致一国货币大幅度贬值,亦或迫使该国金融当局为保卫本币而动用大量国际储备或急剧提高利率。银行业危机(Banking Crisis)是指真实的或潜在的银行破产致使银行纷纷终止国内债务的清偿,亦或迫使政府提供大

---

① 　[英]约翰・伊特韦尔(John Eatwell)、[英]默里・米尔盖特(Murray Milgate)、[英]彼得・纽曼(Peter Newman):《新帕尔格雷夫经济大辞典》,经济科学出版社 2001 年版,第 362—364 页。

② 　[英]约翰・伊特韦尔(John Eatwell)、[英]默里・米尔盖特(Murray Milgate)、[英]彼得・纽曼(Peter Newman):《新帕尔格雷夫经济大辞典》,经济科学出版社 2001 年版,第 362—364 页。

规模援助以阻止事态的发展,银行业危机极易扩散到整个金融体系。系统金融危机(Systemic Financial Crisis)是指金融市场出现严重的混乱局面,它削弱了市场的有效性原则,会对实体经济产生极大的负面效应,一次系统金融危机可能包括货币危机,但一次货币危机却不一定使国内支付体系陷入严重混乱,也就不一定导致系统金融危机的爆发。最后,外债危机(Foreign Debt Crisis)是指一国处于不能支付其外债利息的情形,无论这些债权是属于外国政府还是非居民个人。

借鉴国际货币基金组织的思路,根据金融危机在具体市场中的表现,我们可将金融危机划分为以下四种类型:

（一）货币危机

发生货币危机的国家通常都实行某种形式的固定汇率制度,货币危机首先就起源于固定汇率制度下的汇率扭曲。货币市场上引发投机性攻击、资本外逃和投资者信心崩溃的原因在于国内出现严重的货币汇率高估。货币汇率高估可能是由于国内经济中出现了严重的货币供求失衡、资金借贷失衡、资本市场失衡或者是国际收支失衡。投机性攻击造成的资本外逃和投资者信心崩溃,迅速加剧了国际收支的失衡和本国货币汇率的大跌,进而引发货币危机。

货币危机爆发和传递的途径如图 7-1 所示:

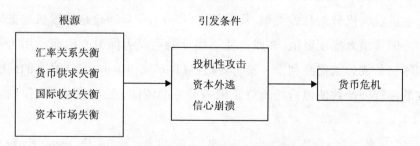

图 7-1　货币危机爆发和传递途径

（二）银行业危机

银行业危机又称信用危机或金融恐慌。银行业危机源于金融机构的内在脆弱性以及由此发生的各种风险——特别是由于过度信贷导致的大量的不良资产。当经济衰退或资金借贷严重失衡时,就出现了信心危机和挤兑存款,从而引发银行业危机和全面的金融恐慌。信用危机的严重后果是造成银行和整个金融体系的瘫痪,它对实体经济的打击具有致命性。

银行业危机爆发和传递的途径如图7-2所示:

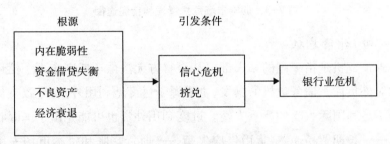

图7-2　银行业危机爆发和传递途径

(三)证券市场危机

证券市场危机主要是指资本二级市场上的金融资产价格的剧烈波动。如股票市场、债券市场、基金市场以及与之相关的衍生金融产品市场的金融资产价格发生急剧、短暂和超周期的暴跌。证券市场是十分敏感的市场,资本市场的失衡,除了市场的内部原因之外,还可能是因为实体经济和产业结构的失衡、经济增长速度的放慢、货币政策的调整、银行业危机、外汇市场危机和债务危机及它们所带来的信心危机而导致。货币供求均衡、资金借贷均衡、资本市场均衡和国际收支均衡关系被破坏,都会或多或少地反应在证券市场上,引起证券市场的失衡。当人们对于金融资产价格、整体经济的信心急剧丧失时,会在短时期内采取一致的行动,如抛售各种有价证券,进而导致证券市场危机的爆发。证券市场危机会对国民经济结构和金融市场造成严重破坏,并可能诱发全面性的金融危机。

证券市场危机爆发和传递的途径如图7-3所示:

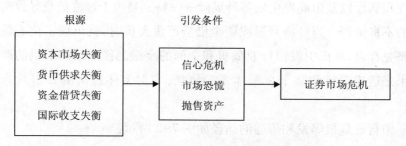

图 7-3　证券市场危机爆发和传递途径

（四）外债危机

外债危机是指一国的私人部门甚至官方无法偿还或宣布不予偿还到期的对外负债。债务危机的爆发，主要源于过度地利用外资，导致支付能力的不足和国际收支的严重失衡。过度利用外资也可能是由于国际收支失衡——长期贸易逆差、货币供应失衡——通货膨胀和资本市场失衡而造成。支付能力不足削弱了投资者的信心，造成资金外逃，从而引发了外债危机。

外债危机爆发和传递的途径如图 7-4 所示：

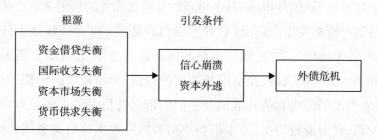

图 7-4　外债危机爆发和传递途径

按照金融危机是否具有周期性，金融危机还可以划分为周期性的和非周期性的金融危机。周期性的金融危机是由经济周期波动引发的金融危机，它是市场经济的内在规律促成的，伴随着整个经济循环酝酿和爆发，这种危机的预防非常困难。非周期性金融危机是由金融体系内在的脆弱性引发的金融危机。金融体系内在的脆弱性使金融体系中的稳定机制在运行中发生失衡倾向,当金融体系中的某种均衡被破坏到一定程度时,金融危机便爆发了。这种危机是由非系统性的风险造成的,它不受经济周期波动的制约,一般是可以通过有效的经济政策来避免的。这里研究的主要对象是非周期性的金融危机。

第二节 当代金融危机发展的新趋势
——金融危机全球化

一、金融危机全球化的涵义

伴随着金融全球化的发展,各国在经济与金融方面的联系越来越密切。金融全球化促进了资本流动的合理化,打破了国际金融市场的隔离局面,使其形成了一个有机整体。但随着金融全球化趋势的逐步加深,金融领域中利率、汇率、资产价格等的不稳定性也日益增强,国际金融资本流动的规模和速度不断增加,金融风险不断扩大并可能转化为货币危机和金融危机,而危机一旦爆发,将不仅限于危机国家内部,而且会迅速扩散到其他国家和地区,演变成区域性甚至全球性的金融危机。

20世纪70年代中期,西方主要工业国家几乎同时出现经济形势的重大变化。这是由于以下两个主要原因造成的:(1)20世纪70年代世界性经济危机之后的高通货膨胀率以及高名义利率;(2)"石油危机"带来的油价大幅度提高。较高的通货膨胀率是伴随着新的世界经济复苏而出现的,而"石油危机"以后油价的大幅度上涨则使世界性通货膨胀愈演愈烈。在高通货膨胀条件下,无论企业还是个人都要考虑对本身持有资产的名义收益进行保值,因此投资者对投资的要求更高了,金融资产的流动性骤然下降。在这种形势下,银行原有的存款利率上限等的限制条件以及无息支票存款不仅不能吸引更多的存款,反而出现了大量存款从银行流出的问题。相反,不受管制或者受管制较松的其他金融机构则可以利用自身的特点争取更多的存款。这种因金融管制造成的存款不正常的流动必然造成金融机构与非金融机构之间的职能性失衡。同时,高通货膨胀率带来的名义利率上升,也说明了只有市场利率才能对利率水平起到真正的主导作用,而金融机构严格的利率管理必然与此相悖,因此鼓励了大量资金从金融中介流出,流进货币市场进行投资,这也就形成了金融"脱媒"现象。上述两方面的原因迫使各国货币当局不得不考虑放松金融管制以及推行金融自由化的问题。

在金融全球化和自由化的进程中,最早受到金融危机袭击的是进行金融开放尝试的智利等拉美国家。20 世纪 80 年代初,智利由于实施了超高的利率政策而导致了银行系统监管的失败,银行坏账的剧增创造了"虚假的"贷款需求,最后迫使几乎所有的智利金融中介机构陷于倒闭。这一危机波及了南锥体的另外两个国家:阿根廷和乌拉圭。

1992 年 9 月在欧洲货币市场上发生了第二次世界大战后最严重的货币危机。德国为统一而承担了巨额财政赤字,但为了防止通货膨胀加速而提高利息率,立即在欧洲货币市场引发了一轮抢购马克而抛售英镑、意大利里拉的金融风潮。英镑和意大利里拉先后暴跌,并宣布退出欧洲货币体系,导致了欧洲货币体系危机。

墨西哥于 20 世纪 80 年代进行了较为全面的金融自由化改革。由于金融市场的开放,大量资本流向这一地区。但由于外贸赤字的恶化,外国投资者信心动摇,大量资本持续外流,1994 年 12 月 20 日,墨西哥政府不得不宣布新比索贬值 15.3%。然而这一措施在外国投资者中引起了恐慌,资本外流越来越剧烈,致使墨西哥政府在两天之内就损失了 40 亿—50 亿美元的外汇储备。到 12 月 22 日,外汇储备几近枯竭,降到了少于一个月进口额的水平,最后墨西哥政府被迫宣布让新比索自由浮动,政府退出对外汇市场的干预。几天之内新比索下跌了 40%,引发了比索危机。这一危机波及了几乎所有的拉美国家。

1997 年爆发于泰国的东南亚金融危机,国际游资不仅利用泰国、印尼、韩国等国自身财政金融制度的脆弱而兴风作浪,而且对金融制度比较健全的香港也狂肆地冲击。自 1997 年 7 月 2 日泰国放弃泰铢与美元挂钩以后,危机迅速扩散,愈演愈烈,亚洲一些国家和地区的外汇市场、资本市场相继出现大幅波动。7 月 11 日,菲律宾比索也自由浮动;14 日,马来西亚放弃捍卫其货币林吉特的努力;8 月 14 日,印度尼西亚盾开始自由浮动;10 月,中国台湾省新台币贬值,市场对香港联系汇率制的信心也开始动摇,短短几天之内,恒生指数暴跌 30%;11 月 7 日,韩元大幅波动,韩国股市急剧下泻;11 月 24 日,日本第四大证券公司——山一证券破产,随后东京股市大跌,许多企业、金融机构纷纷申请破产。受这次金融危机影响,国际金融市场动荡更加频繁,1998 年 5 月,俄罗斯金融危机爆发。1999 年元旦,新一轮的金融危机降临于拉丁美洲第一经济强国——巴西。①

　　体现金融危机全球化趋势的最典型案例是美国次贷危机。2007 年以来美国爆发的次贷危机导致全球金融市场动荡,美国资产价格泡沫依次破灭,许多持有次级房贷的银行和与房贷相关的金融机构纷纷破产,金融产品的风险及流动性短缺迅速扩散。最终美国的次贷危机演变为世界范围内的金融危机,并影响到世界各国的实体经济。

　　欧洲主权债务危机是美国次贷危机的延续和深化,是自 2009 年以来在欧洲部分国家爆发的主权债务危机,本质原因是政府的债务负担超过了自身的承受范围而引起的违约风险。欧债危机始于 2009 年希腊暴露的主权债务问题,此后危机持续发酵,2010 年葡萄牙、西班牙、爱尔兰、意大利等国接连爆出财政问题,德国与法国等欧元区主要国家也受到拖累,国际社会开始担心,债务危机可能蔓延全欧,由此侵蚀脆弱复苏中的世界经济。时至今日,欧元区仍未完全走出欧债危机的泥潭。

　　纵观这几次金融危机,从欧洲货币体系危机到拉美危机、东南亚金融危机再到美国次贷危机引发的全球金融危机,它们具有一个共同的特征:金融危机带有明显的传染效应,一个国家的金融危机会迅速扩散到其他

---

　　①　王德祥:《经济全球化条件下的世界金融危机研究》,武汉大学出版社 2002 年版,第 9 页。

国家和地区,演变成为区域性甚至全球性的金融危机,金融危机呈现出全球化的趋势。而且,随着危机传染现象的频频发生,传染后果的破坏性也越来越大,如货币恶性贬值、外汇储备耗尽;股市狂泻、金融机构纷纷倒闭;经济出现负增长,甚至影响政局的稳定等。

二、金融危机全球化的成因

20 世纪 80 年代以前,金融危机的爆发通常是个别国家的个别现象,危机一般不会在国际间传递,20 世纪 90 年代以来的金融危机则经常通过传染和蔓延传递到相关国家和地区,从而引发区域性的金融危机。进入 21 世纪以来,全球经济与金融的联系愈加紧密,使得任何一个国家或地区的风险因素都与更大范围的国家或地区相联系,从而存在着诱发全球性金融危机的可能性。

(一)经济金融化与金融全球化

现代世界经济发展的一个基本特征是,经济金融化、经济和金融全球化程度日益加深,金融已成为现代经济的神经中枢。所谓经济金融化是指经济与金融日益相互渗透融合及社会财富或资产日益金融资产化,并由此带来了经济关系日益金融关系化。经济金融化给人类经济发展带来的效应是双重的:一方面,货币以其自身的属性方便了交换和贸易,提供了财富积累的新形式,从而为扩大再生产创造了条件;信用使生产要素得到了及时而充分的利用,并且使生产者能够超过自己的资本积累从事扩大再生产,同时也促进了资本的积累与集中。从这个意义上说,经济金融化为社会经济发展提供了重要的前提基础,也是推动经济发展的特殊力量。另一方面,由于货币金融经济运行过程自身所具有的独特性,如金融市场上普遍存在着的信息不对称性、不确定性以及金融风险、金融泡沫、金融恐慌及其"羊群效应"(herding effect)等,使其具有内在的不稳定性;而且,货币金融经济相对独立而易于与作为现代经济基础的实物经济脱节,这些都会引发许多经济问题甚至爆发金融危机和经济危机。金融资源的流动具有高速和跨国界的特征,所以,一旦某一个经济体的经济金融出现异常波动或危机,那么就会通过金融资源流动状态、方式、方向、规模和速度的改变,产生各相关经济体、各民族国家间的联动、互动和国际传导,瞬息之间形成地区性乃至全球性危机。这一特征在金融全球化趋势下尤为明显。

金融全球化是产生金融危机全球化趋势的基本前提。20世纪90年代后期的亚洲金融危机和本世纪美国次贷危机引发的金融危机进一步显现金融全球化和市场一体化下金融危机在国际间传播的特点。在金融全球化趋势下,多元化和更有效率的资本流动,对于提高资源在全球配置的效率、促进国际贸易的增长和各国经济的发展,产生了积极的作用。然而,金融全球化也带来了金融"风险"或"危机"的全球化。一国的经济或金融出了问题,影响往往会超出国界,会通过价格、利率、汇率、股价等机制,把"风险"或"危机""传导"、"扩散"到本地区其他国家甚至更远,酿成区域性甚至是全球性的"风险"。

金融全球化最明显的特征是资本的自由流动,这一特征成为金融危机在国际间传递和扩散的主导机制。在金融全球化趋势下,资本的流动容易因为投资者的市场预期和信心的变化而出现急剧的逆转。当预期是在一种不完全信息及信息不对称的情况下形成时,金融市场的全球化会降低信息收集的动力而加剧从众效应,导致私人资本流动波动剧烈。大量资本随着投资者利益的驱动和心理预期变化在全球范围内迅速地、有序或无序地流入流出,特别是在小型开放型的国度里,资金的流入一般不会进入到直接投资领域,而是进入到最容易形成泡沫的股票市场和房地产市场。大量外汇资金的流入必然会造成本币匮乏,从而推高汇率,导致巨额的经常项目逆差和资本项目顺差相配合的脆弱的国际收支平衡。一旦这一平衡遭遇某种触发因素,便会导致外汇资金大量流出,进而导致泡沫经济破灭,伴随着外汇储备被掏空和本币过度贬值,从而使一国货币陷入危机。货币危机的出现,使得政府为维持汇率不得不提高利率,同样会导致股市大跌和本国企业与银行的大量破产、倒闭。在全球化的大趋势下,许多国家的汇率、利率和股市的变动紧密地联系在一起,一国的金融危机又会导致与其有贸易关联的国家汇率、利率水平和资产市场发生急剧变化,进而引发危机在国际范围内的传递和扩散。

金融市场的全球一体化和信息技术的进步使得国际资本市场的参与者能够以"即时"的速度,十分迅捷地在全球范围内进行大笔资金的跨国界流动,为国际投机资本的兴风作浪提供条件,进一步加剧了金融市场的不稳定性。而且,大的国际风险投资基金和投资银行以 20 倍、30 倍的高杠杆运作,其可动员的资金远大于中小金融市场可以承受的规模,使中小金融市场的些许缺陷,可能因少数几家国际风险投资基金或投资银行的狙击而酿成大祸。东亚各国就是在金融自由化的国际趋势下,对金融市场的不稳定性和国际投机资金操作的危险性既缺乏警惕也缺乏监管的经验,才导致金融危机在东南亚各国大范围地扩散和蔓延。

经济金融化与金融的全球化不仅具有促进全球经济增长的正效应,也有带来萧条、危机和危机联动、扩散的负效应。它们使各国经济、金融相互依赖、相互影响、相互促进并作为一个整体的依存性空前提高,也使金融波动和危机的传导性急剧增长,由此带来金融危机的全球化。

(二)国际货币金融制度自身的缺陷

现行国际金融体系是在 1944 年召开的布雷顿森林会议安排的基础上加以改进的。国际金融秩序由国际货币基金组织管理,国际间采用固定汇率制度,美元与黄金挂钩,实行以美元为主要储备货币的单极货币储备制度。但从 1971 年美国采用浮动汇率制,结束了以黄金为基础的国际货币体系以来,国际金融体系已经发生并正在发生许多重大而深刻的变化,从而导致原有的安排越来越与当代国际金融发展需求不相符,特别是无法应付日益高度全球化的资本市场。在金融全球化的大趋势下,资本的自由流动使一国政府为维持固定汇率承担了很大的压力,当一国国内经济状况恶化或金融体系欠稳定时,开放经济背景下必然会导致其经济实力、商品价格的变化甚至比较优势的逆转,最终都会影响国际储备的不利变化。如果一个经济体资本项目中外资流出额超过国际储备,加上来自投机力量的冲击,政府维持固定汇率制的努力便可能归于失败,从而引发货币危机。国际金融危机的主要表现形式就是货币危机。当金融危机在国际范围内传递时,最主要的传播机制就是由货币危机引起的汇率水平的急剧变化以及由此引发的一系列其他问题。

金融全球化与现行国际货币金融制度的矛盾使国际金融体系潜伏着巨大的金融风险,现行的国际货币金融制度对如何防范金融危机的爆发和扩散显得力不从心。

(三)金融霸权

20世纪70年代初,随着布雷顿森林体系的逐步崩溃,国际经济竞争特别是西方发达国家间的竞争重点逐渐转向金融领域。80年代中期以来,这种竞争日益加剧。西方发达国家依仗在资金、技术、人才、管理等各个方面的优势,成为国际金融"游戏规则"的制定者,国际金融组织也都控制在美国等西方发达国家手中。以美国为首的发达国家仰仗其强大的金融实力和在现行国际金融体系中所拥有的有利地位,积极鼓吹自由主义经济,竭力促使国际资本的自由流动,强迫和诱使广大发展中国家开放金融市场,快速实现金融自由化,借以肆意掠夺发展中国家的财富,削弱发展中国家的实力。发达国家之间为抢占未来国际金融格局的制高点,纷纷实行金融改革,放宽金融管制,推动金融自由化进程,展开了激烈的金融大战。实施迷惑性的金融诱导,开展攻击性的金融投机,发动掠夺性的金融战争,成为日趋激烈的国际金融斗争中使对手陷入严重金融危机和经济危机的最常见的方式。从某种意义上说,当代金融危机是西方发达国家进行金融竞争、争夺金融霸权的产物,而且,伴随着这种竞争的加剧,金融危机也在深度和广度上不断加剧和扩散。正像美国《世界日报》所说的,由西方发达国家倡导和推动的金融全球化给全球经济和金融带来了一系列不利影响,这些不利影响包括"为贫穷国家带来灾难""南北矛盾和贫富差距扩大""利用贷款和巨额债务进行不合理的国际分工""金融殖民""技术殖民""转嫁环境危机"等,都是金融霸权的体现。[1] 所

---

① 吴易风:《经济全球化的受益者是美国等发达国家》,http://www.edu.cn/ 20020109/3016853_1.shtml。

以,金融危机在一定意义上既是发达国家掠夺别国财富的一场货币战争,也是美欧日垄断资本、争夺国际金融权力的战争。金融霸权已经并将继续成为发达国家控制世界经济金融、剥削和掠夺其他国家的重要手段,也是其他国家特别是广大发展中国家金融安全面临的主要威胁。

(四)国际协调机制问题

为了应对20世纪30年代的大危机,西方主要发达国家大多采用凯恩斯主义政策,即应用"国家干预"方法,以财政政策和货币政策为主要手段进行宏观经济管理。实践证明,尽管经济周期性的运行无法消除,却成功地避免了30年代那样的灾难性危机再次降临。但随着全球化的推进,"风险"或"问题"也全球化了,一个国家单靠本国的宏观经济管理,已不足以维持本国经济的稳定,既无法防止"风险"、"问题"从境外"传导"过来,也无法制止本国出现的金融风险或问题会向其他国家或地区"传导"。各国经济,特别是金融决策的外部制约因素强化,各国经济金融发展与稳定的整体性和金融危机负效应的国际传导性空前增强,经济金融活动的全球化与金融监管国别化的矛盾加剧。在这种情况下,要防范金融危机的爆发和扩散,就要求加强各国之间财政、金融政策的配合、互援,建立有效的国际协调机制,如建立风险预警、风险监管、政策协调、货币互换等机制或机构。然而,由于各国大小不一,发展水平相差很大,经济利益不同,南北之间还存在利益冲突,使得目前国际上并没有形成有效的应对金融危机的国际协调机制,也就无法防范金融危机的爆发和扩散。

(五)发展中国家的金融自由化改革存在问题

面对金融全球化的冲击,一些国家的国内金融体制改革操之过急。为了适应金融全球化的需要,同时也受西方发达国家的诱导和施压,一些发展中国家往往置国内宏观政策和经济结构存在许多问题及相关配套措施并不健全的基本事实于不顾,贸然推行金融自由化,增加了整个金融系统的风险。在对金融市场监管不严、金融机构信息透明度不够的情况下,贸然推行金融自由化,既不利于投资者作出正确的投资选择,也不利于政府进行有效监督、防患于未然。面对呼啸而来的金融危机,其脆弱的处理金融危机机制又常常显得苍白无力,无法阻止危机的加剧和扩散。

1.放松甚至取消外汇管制

外汇管制的放松甚至取消,大大提高了资本的自由兑换程度。同时,一些国家采用的钉住美元的固定汇率制度助长了"外借内放"行为,使得国际资本尤其是国际短期资本大量流入房地产等一些高风险部门,加大了金融风险。实际上,发展中国家的出口部门受益不多,从而形成了经常项目赤字加剧、国际资本以更大的量流入的恶性循环。在不允许通过汇率变动来吸收资本流动变化的情况下,不断累积的国际收支失衡引起投资者对经济状况和汇率稳定的可持续性产生怀疑,投资者信心的下降或者市场情绪的逆转,促使资本大量流出,最终引发货币危机。

2.对利率管制的解除

首先,由于发展中国家的资本稀缺,资金供不应求是一种常态,因此利率自由化大都会引起利率的大幅度上升,利率上升在短期内引起企业流动资金成本的上升从而形成成本推进的通货膨胀压力。其次,由于高利率对于生产性投资项目是不利的,它在一定程度上刺激投机和高风险用途的资金运用,所以从长期来看,它反而会抑制生产性资本的形成。最后,利率自由化可以使金融机构通过高利率将风险转移给贷款用户,因此削弱了金融机构的谨慎动机和风险约束意愿。尤其是在国内利率高于国际市场利率、国内资产市场价格上升的情况下,国内金融机构借入大量国际市场资金并转贷给房地产开发商、股票交易者或者其他投机者,使得整个金融体系变得极为脆弱。一旦泡沫破灭,危机便会爆发。

3.金融监管不当

许多发展中国家在金融自由化过程中放松金融管制的同时,应有的监管却没有及时跟上。

首先,放松市场准入监管。在金融自由化的过程中,许多发展中国家都采用了对外资金融机构开放的政策。外国银行、保险、证券、信托、融资租赁等金融机构均可进入并设立分支机构,授予外资银行国民待遇,允许境外证券商和共同基金在本国开设分支机构等。这无疑都助长了短期投机资本的进入。由于这些分支机构都与母公司相联通,调用资金便捷,而且实力雄厚,极易造成外汇市场和证券市场的波动,放大金融风险。而大多数的国际投资机构都是按照地理区域进行分散投资的,一旦该地区某个国家出现异常状况,则很容易引起整个地区资金的超常规波动,对其他国家造成危害。如亚洲金融危机中,泰国出现危机后韩国、马来西亚等国也相继遭受冲击。

其次,政府对金融体系的保护导致金融机构道德风险问题出现。在发展中国家,保护银行体系的措施有很多,如政府的直接担保等。然而,金融自由化增加了银行的竞争程度,使单个银行可获得的利润大大下降。在竞争的压力下,政府担保和不健全的监管必然会刺激银行更多地发放高风险的贷款,以保证一定的利润水平,这便导致银行的道德风险行为的出现。银行的冒险行为使银行体系的脆弱性进一步增加,增大了爆发银行业危机的可能性。

三、金融危机全球化的传导机制

目前,理论界对金融危机的传导机制有两种不同的表述:一种观点是以"一国发生的危机是否恶化了另一国家宏观经济基础"来解释危机的传染性,进而将危机传导机制分为波及效应和净传染效应。前者是指一个国家发生的危机恶化了另一个国家的宏观经济基础,如贸易赤字增加,外汇储备下降等,从而导致另一个国家发生危机;后者是指一个国家的货币危机诱发了另一个国家的货币危机,但却无法从宏观经济基础变量来解释。另一种观点是从考察危机发生国与被传染国之间是否有着密切的经贸和金融联系,还是仅具有发展模式、经济结构或者社会文化传统上的相似性,将金融危机传导机制划分为接触传导机制和相似传导机制。前者指通过直接的经贸、金融联系实现的传导机制;后者是指一国发生金融危机导致投机者重新评价相似国家的经济基础及政府的政策,并对这些国家的货币进行冲击,最终形成金融危机的传染与扩散。

（一）贸易传导机制

贸易传导机制是指一个国家的货币危机恶化了另一个与其贸易关系密切的国家的国际收支以及经济运行状况。具体说来，贸易传染效应可分为"贸易伙伴型传染"与"竞争对手型传染"。

"贸易伙伴型传染"的途径是以跨国企业和跨国银行为传递媒介。它主要包括两种情况：一种是一国爆发金融危机往往表现为货币贬值、经济衰退，这导致在危机国家投资或者放款的外国企业或者银行严重亏损，从而导致贸易伙伴国的贸易赤字增加、外汇储备减少，成为投机者对货币冲击的对象，最终沦为危机传染的受害者。另一种表现为一个国家金融危机导致的货币贬值使其贸易伙伴国的价格水平下降，消费价格指数的下降减少了居民对本币的需求量，而要求兑换外币的数量增加，导致央行外汇储备减少，诱发货币危机。在亚洲金融危机中，日本受到危机严重影响是这种传导机制的体现。近年来，日本将大量电子产品的生产基地移往东南亚，银行也投入重金。日本企业和金融机构在危机中受到重大损失，并使银行体系陷入瘫痪境地，由于金融体系缺乏安全感而且政府以极低的利率支持金融机构，使资金从资本项目下大量流向国外市场，因此虽然贸易巨大顺差，日元仍不断贬值。美国次贷危机也通过这种途径对其他国家产生影响。次贷危机爆发后，美国经济下滑导致其进口需求下降，美联储为应对危机而采取的降息措施导致美元大幅贬值，从而对贸易伙伴国的出口构成冲击。对出口导向型国家而言，美国经济减速一方面将直接减少美国本国的进口，另一方面通过影响全球其他国家的宏观经济增长而影响到其他国家的进口，从而造成出口导向型国家的出口量大幅减少，显著影响其宏观经济增长。[①] 如在亚洲国家中，日本是受到次贷危机影响最为严重的国家。原因之一就是出口对日本经济增长的贡献率超过了六成，而美国是日本最大的出口市场。据日本财务省公布的数据显示，2008 年 10 月日本对美国和欧盟的出口分别减少了 19% 和 17.2%，对

---

① 康中才：《次贷危机的国际传导机制分析》，湘潭大学 2009 年，第 32 页。

亚洲其他国家和地区的出口下降了 4%。①

"竞争对手型传染"则是以汇率和出口企业为传递媒介的。假设 A 国和 B 国的出口竞争于同一个市场,即 A、B 互为竞争对手,A 国所遭受的货币危机使 A 国货币大幅贬值,从而降低了 B 国的出口竞争力,并导致其宏观基本面恶化;由于 B 国可能加入到竞争性贬值的行列,从而诱发投机者对 B 国货币发起冲击。比如,在东南亚金融危机中,货币遭受投机性攻击的一些国家,在国际出口产品市场上大多销售类似的商品。因此,泰铢的贬值倾向于抑制马来西亚的出口,并使马来西亚的宏观基本面恶化,加上竞争性货币贬值,从而导致危机的爆发。实证表明,贸易传染效应的理论是成立的。克里克(Click)和罗斯(Rose)(1999)的模型将贸易联系作为危机传染的一个解释变量,回归结果表明,一国与危机发生国的贸易联系越紧密,危机传染的概率就越大。由于发展中国家大多生产、销售类似的商品,它们之间的贸易往来并不是很多,因而"贸易伙伴型传染"的传播力度有限。而发展中国家与发达国家存在互补性的贸易结构,众多发展中国家往往出口竞争于同一发达国家的市场,故"竞争对手型传染"成为危机传染的主要渠道之一。

(二)金融传导机制

金融传导机制是指一国因宏观经济波动导致金融市场缺乏流动性,进而导致另一国与其有着密切的金融联系的市场缺乏流动性,从而导致该国爆发危机。金融联系的具体传染渠道如下:

1.直接投资渠道

在经济全球化的今天,当某国发生金融危机时,由于国际投资者无法获得其他国家的充分信息,且各个国家只是其投资份额中的一部分,因此,投资者往往会从这一国家以及其他类似经济结构的国家撤资,从而引发其他国家的危机。

---

① 张锐:《次贷危机背景下日本经济的严峻挑战与政策应对》,《现代日本经济》2009年第 1 期,第 7—11 页。

2.银行贷款渠道

跨国银行和其他国际金融机构在危机国利益受损后,为了达到资本充足率和保证金要求,或出于调整资产负债的需要,往往大幅收缩对另一国的贷款。如果该国缺乏足够的国际储备,金融管理水平不高,就很难应付国际资本大规模流动造成的冲击。

3.资本市场渠道

金融危机的传染可通过资本市场渠道使得许多经济基本面良好的国家发生金融危机。尤其是在金融市场全球化和投资机构化的情况下,机构投资者都是全球证券组合投资者,一国市场股价的大幅度震荡或下跌会迅速引起它们在其他市场作出反应。金融危机通过资本市场的三个渠道进行传导:一是证券组合的相互依赖。一些市场出现暴跌对国际投资者形成巨大心理压力,当机构投资者在一个市场上出现大量的资本损失时,往往会在其他相关市场上出售证券变现,从而形成全球性股灾。二是证券组合的重新分配。在一些投机者的冲击下,一个新兴市场的资产收益发生变化,往往会导致其他所有新兴市场证券组合的改变,尤其在"程式交易"的情况下。三是极具感染特性的"羊群效应"。由于"羊群效应"是通过影响投机者的预期来发挥作用的,所以在预期传导机制中给予重点阐述。美国次贷危机就是主要通过资本市场渠道波及全球金融市场的。2008年上半年,由于跨国金融机构在全球范围内降低风险资产的投资比例,导致新兴市场国家股市与美国股市同步下跌。美联储应对危机的宽松货币政策造成了全球流动性过剩的局面,导致大量热钱涌入新兴市场国家,吹大了这些国家的资产价格泡沫。一旦热钱撤出,泡沫破灭,便会引发全球金融体系的系统性危机。①

(三)国际负债传导机制

一个国家的对外负债额如果过高,将会带来偿债困难。但有些国家由于国内储蓄不足,其投资便过多地依赖外债。如果对外债的使用和管

---

① 康中才:《次贷危机的国际传导机制分析》,湘潭大学 2009 年,第 32 页。

理不合理,比如负债太多,偿债率(当年的偿债额与当年出口收汇额的比率)太高等,就会使负债国陷入债务危机难以自拔,并会通过国际负债的传导机制把危机传入向外贷款的债权国。如 1994 年墨西哥的外债额相当于当年 GDP 的 43.5%。1997 年亚洲金融危机爆发前,泰国的外债额为当年 GDP 的 55%,马来西亚也高达 50%。当债务国陷入危机难以按期偿还外债时,债权国银行便会出现坏账而导致资金周转困难,这会使债权国出现信贷紧缩和支付危机,进而引发国内的金融危机和经济衰退。国际负债传导机制的作用在 20 世纪 80 年代的世界性债务危机中表现得最为突出。当时的拉美国家为加快经济发展,大量从发达国家借入资金,其借入量远远超过了实际偿还能力。世界通行的偿债率(当年的偿债额与当年出口创汇额的比率)安全线为 20%,而当时拉美各国的偿债率多数都超过了安全线,有的国家偿债率甚至高达 40% 以上,结果导致了一场大范围的债务危机。这些国家的各项经济指标严重恶化,比如 1988 年的通货膨胀率,巴西达到 934%,墨西哥为 160%,秘鲁竟高达 1700%。世界银行 1988 年公布的 17 个债务大国中,拉美国家就占了 12 席[1],而且拉美国家由于陷入债务危机使得所欠大量外债难以按时偿还,这就又把很多向外贷款的发达国家拉入了危机。当时美国、日本、欧洲的众多金融机构因不能按时收回贷款而处于风雨飘摇之中,接二连三地出现了金融机构破产事件。当危机循着传导机制由债务国传向债权国后,受危机波及的范围并未就此止住,而是继续向其他国家蔓延。债权国在受到债务危机的强烈冲击后,开始调整金融、贷款政策,纷纷从那些与债务国经济发展相似的国家中抽逃资金,规避风险。发达国家金融机构的这种撤资和减少贷款的行为,对资金紧张的债务国的经济来说无疑是雪上加霜,很多发展中国家的经济发展本来是平衡和稳定的,却在国际负债传导机制的作用下最终被卷进破坏力巨大的金融危机的旋涡之中。

---

[1] 范爱军:《金融危机的国际传导机制探析》,《世界经济》2001 年第 6 期,第 31—36 页。

（四）预期传导机制

预期传导机制是指即使国家之间不存在直接的贸易、金融或者债务债权联系，金融危机也可能会传染——这是由于一个国家发生危机，另一些类似国家的市场预期也会发生变化，从而影响到投机者的信心与预期，进而导致投机者对这些国家的货币冲击。

"羊群效应"是预期传导机制发挥作用的主要原因。"羊群效应"意味着不论危机发生的原因如何，抛售浪潮将通过人们纯粹的模仿行为而逐渐放大，在预期的作用下摧毁该国的货币机制。发生"羊群效应"的原因有以下两点：

第一，领头羊效应。假设一国房地产市场上有 A、B、C 三个投资者，他们清楚彼此取得信息的渠道，假设投机者 A 拥有有关房地产市场的信息：利空消息。投机者 B 掌握了有关银行财务状况的资料，投机者 C 则获得了有关政府高层内部讲话的情报。投机者 A 根据自己的信息选择抛空手头持有的金融资产（货币或股票）。如果投机者 B 得知 A 已抛售了金融资产，他也将抛空手中的资产，尽管 B 获得的消息是中性的甚至是轻微利好，此时，投机者 C 也将跟随 A、B 将手中的金融资产抛空。尽管他获取的消息是有利好因素的，但 A、B 抛售资产的事实却让 C 推断出这样的结论：A 和 B 从其各自的渠道已获得了不利消息。在现实中，机构投资的管理人往往会跟从市场上其他主要机构投资者的投资行为，尤其是像索罗斯及其量子基金在金融市场上极具基金投资号召力。因此，由这种信息不充分、不对称而引发的"领头羊效应"，在一定程度上助长了投资者对各种有关国家经济前景预期的过度反应。

第二，代理人——委托人冲突。在金融市场投资的资金是由投资者委托代理人进行操作的。假设某养老基金专门从事新兴市场的投资，在人们普遍看淡的市场中，当基金经理人发现，坚持到底并获得成功远远小于失败的可能性时，尽管他们有足够的证据表明市场预期是错误的，但求稳心理导致基金经理人更愿意从众行动，在普遍看空的情况下撤离资金。因为基金经理人获得津贴的依据在于本基金与同类基金的业绩相比较的结果,从而使得市场预期更加悲观,导致危机的爆发。

信息披露对预期传导机制的作用也不可小觑。"信息披露效应"也可叫做"货币投机示范效应",即某一国家发生了金融危机,并最终放弃了固定汇率制度,这是向投机者"披露"了重要信息:与危机国类似的国家在受到冲击时也可能放弃固定汇率制度。因此,随着投机者对此类国家预期的改变,会增大其对其他类似国家发动冲击的可能性,从而形成危机的传染。

此外,外部中介组织对危机的评级也起到了推波助澜的作用。实际上,外部中介组织对危机发生国评定级别的大幅下降,影响了投资者对类似国家的经济预期,易引起市场出现信心危机和恐慌,进一步加剧危机的蔓延。在美国次贷危机爆发前,由于美联储持续加息,使借款者的还款压力增加,而房地产价格开始下降,最终导致次级抵押贷款的违约率大幅上升。随后,独立评级机构显著调低了次级抵押贷款支持证券的信用等级,这些证券的市场价格大幅缩水,投资者出现了严重的账面损失,不得不大量抛售证券,引起金融市场的剧烈动荡。可以说,评级机构在此次危机中起到了一定的推动作用。

第三节　典型案例一:东南亚金融危机

一、东南亚金融危机的爆发和扩散

东南亚各国的经济基础在 20 世纪 90 年代中期正由表面的繁荣转变为内外交困的局面。从 1997 年年初开始,韩国经济持续低迷,日本经济复苏乏力,而泰国、马来西亚等东盟国家的经济增长则大幅减慢,经常项目赤字快速增长。1997 年 7 月,一场突如其来的货币危机降临泰国,并发展成一场金融和经济危机,而且,这场危机很快波及东南亚的其他国家和地区,连一向被称为是发展奇迹的亚洲四小龙也难逃厄运。危机中,大多数东南亚经济体的货币和资产价值跌落了 30%—40%,遭受打击最为严重的几个经济体下跌得更为厉害。东南亚地区的银行和企业陷入空前的财务困境。泰国、印尼和韩国不得不请求国际货币基金组织(IMF)援助。到1998年，所有受到影响的经济体，包括金融和企业素质相对良好的新加坡和中国香港，都陷入了严重的经济衰退。

(一)国际游资

《新帕尔格雷夫经济学辞典》对游资的定义为："在固定汇率制度下，资金持有者或者出于对货币预期贬值(或升值)的投机心理，或者受国际利率差收益明显高于外汇风险的刺激，在国际间掀起大规模的短期资本流动，这类移动的短期资本通常被称为游资。"①由此可见，不能把游资与短期资本相等同，后者至少包括流动资金。不过，若将国际游资界定为国际短期投机资本还是可以接受的，说得更明白一点，国际游资就是为追求高额投机利润而在全球金融市场中频繁流动、积聚和炒作的短期资金。在金融全球化和金融市场一体化趋势下，随着金融工具日新月异、金融资产迅速膨胀、国际资本私人化以及大量的资金在境外流通，国际资本日益显示出"游资"特征。

20世纪90年代以来，由于金融全球化飞速发展，游资也有了一些新的特征。首先是高速流动。在现代通讯和电子技术条件下，调动巨额资金只需敲一下键盘或按一下电钮，资金即以每秒钟30万公里的光速转移，天文数字的交易瞬间就可完成。游资的特性使它能够随时对任何瞬间出现的暴利空间或机会发动闪电式袭击，当管理当局发现时，它们早已留下一堆烂摊子而逃之夭夭了。其次，国际游资日益显示出"集体化"倾向。由于机构投资迅速发展，今日的"游资"已不再是"散兵游勇"，而是名副其实的"强力集团"。再次是交易的杠杆化。运用"杠杆原理"，以较少的"按金"(指在进行远期外汇交易时，只需缴纳1%—10%的保证金即按金，就可进行100%额度的交易)买卖几十倍乃至上百倍于其按金合约金额的金融商品，是游资的惯常投机做法。正是金融交易的杠杆化，使得

---

① [英]约翰·伊特韦尔(John Eatwell)、[英]默里·米尔盖特(Murry Milgate)、[英]彼得·纽曼(Peter Newman):《新帕尔格雷夫经济学大辞典》,经济科学出版社1996年版,第724页。

一家金融机构的少量交易就可牵动整个国际金融市场。

在东南亚金融危机发生以前,游资除了可以解决短时间的资金短缺外,还被认定为具有不可替代的市场功能。以证券市场为例,游资的出入,显然增强了市场的流动性,使市场更加有效。投机者为了谋取价差利益而不停地买进卖出,使投资者可以随时买到证券,也可以使投资者在他们认为必要时随时卖出。这样,在投资和投机的不停转化中,证券市场的供求关系得到调节。

但是,现在对游资的危害性已达成共识。经济泡沫化、汇率无规则波动、货币政策失灵以及传播扩散效应,是游资引发的主要后果。在股票、期货、房地产等极富投机性的市场上,数额巨大的游资可以轻易地在较短时间内吹起经济泡沫,进而引发市场的暴涨暴跌。而且这种狂热的投机活动还会很快由一个地区波及其他地区,或由一种投机对象(如股票)波及多种投机对象(债券、期货、房地产等),引起市场连锁反应。国际游资的"金钱游戏"和转移速度,将东道国的经济和金融形势的不稳定迅速传递给所有关联国家。

国际游资还会妨碍东道国执行独立的货币政策,增加其宏观调控的难度。短期资本的流入国通过增加它在国外的短期净资产或减少它在国外的短期净负债,经济将膨胀;反之,短期资本的流出国通过增加它在国外的短期净负债或减少它在国外的短期净资产,经济将收缩。在开放经济条件下,如果一国为了抑制通货膨胀,提高利率,固然可以减少货币供应量,从而减缓通货膨胀压力。但是,利率提高又会招致游资流入,从而压迫国内货币供应量大量增加。从1990年到1994年,发展中国家资本流入导致了各国外汇储备的大幅度增加。转化为外汇储备的资本占总的资本流入总量的比例,亚洲为59%,拉丁美洲为35%,两者合计使得发展中国家或地区的外汇储备增加了2090亿美元。外汇储备的被动增加,引起基础货币供应非正常增加,带来通货膨胀压力。反之,一国在经济衰退时,通常需要降低利率,以期刺激投资。但是,游资会因利率下跌而纷纷抽逃,从而导致投资资金短缺,使得货币供应量缩减。同时,还会引起东道国货币急剧贬值,诱发货币危机和债务危机。可以说,游资的移动是造成 1992 年英镑汇率、1995 年美元汇率及东南亚金融危机中各国汇率暴跌的重要原因。

(二)危机

1997 年 2 月,国际游资掀起第一轮抛售泰铢的风潮,泰国国内银行出现挤兑,股指大幅回落。5 月,投机资金卷土重来,泰铢对美元汇率跌至 10 年以来的最低点 26.7 铢/美元。随后,泰国财政部长在 6 月下旬宣布辞职,这又引发了新一轮更为猛烈的投机狂潮。这次,在巨大的市场压力下,泰国中央银行终于无力回天,1997 年 7 月 2 日,泰国政府宣布放弃实行 14 年之久的与美元挂钩的固定汇率制度,实行浮动汇率制度,泰铢当日跌至 29.5 铢/美元,跌幅近 20%。由于东盟各国经济存在很大的相似性和相关性,这严重打击了投资者对其他东盟国家货币的信心,投机者据此将投机范围扩大到了这些货币上。经济状况不佳的菲律宾和马来西亚首当其冲,经济状况良好的印尼和新加坡也受到波及。在空前的投机狂潮冲击下,菲律宾比索、印尼盾和马来西亚林吉特等国货币分别于 7 月 11 日、7 月 14 日宣布了各自的贬值幅度:菲律宾比索 11.9%,印尼盾 8.3%,马来西亚林吉特 6.4%,新加坡元 3.3%。泰国的 GDP 损失了 15%,稍低于 1995 年墨西哥 20% 的损失;马来西亚消耗了 12.5% 的外汇储备;其他国家也各有损失。

为防止货币危机的蔓延和扩大,7 月 25 日,在东亚中央银行行长会议出台实质措施的情况下,东盟各国中央银行达成协议,将 8 月初到期的《货币互换条约》延长一年,联合打击货币投机活动。8 月 5 日,泰国政府终于接受了国际货币基金组织的条件,决定进行财政与金融改革以换得国际援助,其第一步措施就是关闭 42 家有问题的金融机构并建立银行准备金项目。作为回应,8 月 11 日,国际货币基金组织和亚太一些国家在东京承诺向泰国中央银行提供 160 亿美元的经济援助。8 月 13 日,中国人民银行也承诺向泰国中央银行提供 10 亿美元的贷款。此外,东盟各国中央银行在国内也纷纷实行入市干预及金融管制措施以打击金融投机者。泰国中央银行将贴现率由 10.5% 提高至 12.5%；菲律宾中央银行向市场紧急抛售 20 亿美元，同时三次提高利率，将隔夜拆借利率从 15% 提高至 32%，并宣布停止美元期货交易 3 个月；马来西亚中央银行在一夜之间将利率从 9% 提高至 50%，同时规定本国银行和外国客户进行的林吉特限期交易最高额为 200 万美元；印尼中央银行也制定了本国银行从事外汇交易的限制措施。

但是，市场的惯性力量是巨大的，上述种种措施并未能阻止东南亚汇市的跌势。8 月 18、19 日，东南亚多种货币跌至近年来最低点。其中，印尼盾 18 日跌破 3000 盾/美元的关口后，19 日又跌至 3035 盾/美元的历史最低点。菲律宾比索跌破 30 比索/美元的关口；新加坡元下降到 2 年来的新低 1.517 新元/美元；马来西亚林吉特也跌至 3 年来的最低点 2.7935 林吉特/美元；泰铢则达到了自由浮动以来的最低点。当然，物极必反，8 月 20 日东南亚汇市就出现了反弹，此后一段时期又持续走强，似乎复苏有望。然而，9 月初东南亚汇市再起波澜。9 月 4 日，泰铢一度跌至 39.9 铢/美元；菲律宾比索再创 32.43 比索/美元的新低；马来西亚林吉特跌破 3.0 林吉特/美元的新低；印尼盾也创下了 3.60 盾/美元的新低。此后，东南亚各国出现了股市、汇市的持续反弹。9 月 8 日，吉隆坡股市上涨 7%，林吉特涨至 2.88 林吉特/美元；泰国股市上扬 6%，泰国铢升至 34.25 铢/美元；印尼和新加坡的股市、汇市也有不同幅度的上扬。总之，在各国政府的整顿、干预措施作用下，东南亚汇市开始进入一个十分艰巨的调整时期。

二、东南亚金融危机的原因分析

东南亚金融危机不仅仅是国际游资投机冲击的结果，它的发生是具有深刻的历史背景的。20 世纪 80 年代中期泰国出现高通货膨胀以及出口滑坡引起经济衰退，这些不利因素引起泰铢贬值，并重新启用钉住美元的固定汇率制度。菲律宾、马来西亚的汇率政策也是如此。美元汇率走势长期较弱的情况使这些国家形成了巨大的出口竞争优势，尤其是广场协议后，美元对日元持续贬值，使东南亚国家的货币对日元处于弱势，从而吸引了日本资金和技术的大量投入。大量外资的流入给东南亚国家提供了充裕的外汇储备,这些国家因此纷纷开始金融自由化的进程,但同时却在一定程度上忽视了建立有效的监控体系。90 年代初,泰国、菲律宾等国相继放宽对商业银行的限制,放松了对利率的控制,这使得外资进一步流入,金融业急剧膨胀,货币与信贷供给大幅度增加。证券市场也迅速扩张,获得交易许可是很容易的事情,随着收入的增加,将钱投入股票市场也成为一种社会时尚。与此同时,储蓄和货币供给的增加推动固定资产价格上涨,房地产市场迅速升温,大量房地产开发项目投入实施。大量引进外资导致东南亚各国严重对外依赖性的同时,资金或投资的错误配置也种下了泡沫经济的隐患。

1995 年以来,美国经济全面复苏,美元对日元持续升值,升幅达30%。虽然这时东南亚各国经济增长已明显放慢,但是在挂钩汇率制的作用下它们的货币却被迫升值。与中国、越南等国家相比,东南亚各国在出口产品价格、国内投资费用等方面劣势扩大,这对它们的出口与吸引外国投资都非常不利。同时,近年来东南亚各国的主要出口产品——电子产品市场疲软,对各国经济无疑是雪上加霜。泰国 1996 年出口增长为零;马来西亚经常项目赤字占 GDP 比率达到 6%,印尼达到 4%。各国的外债也达到了危险水平。1995 年年底,东南亚各国负债总额占本国国内生产总值的比例分别为:泰国 40%,菲律宾 54%,印尼 47%,马来西亚39%。在这种情况下,东南亚各国泡沫经济的隐患开始暴露出来,其中以泰国的问题尤为严重。到 1997 年上半年,泰国全国积压的房屋数量已达85 万套之多,房地产行业连续四年低迷。泰国银行业的房地产放款达260 亿美元,其中 40%已成坏账。一些小规模的挤兑风潮已使多家金融机构倒闭。同时,泰国的外债却增加到 900 亿美元,经常项目赤字剧增到国内生产总值的 8%,大大高于一般公认的 5%的安全水平。[①]

---

① 李恒阳、吴海涛、匡一先、蔡英武:《全球金融危机经典案例》,中南工业大学出版社 1999 年版,第 89 页。

这些都使投资者对泰国的金融前景缺乏信心,泰铢的地位自然就开始动摇。索罗斯的量子基金正是发现了这一机会,从 1997 年 4、5 月开始在市场上卖空泰铢,引起了许多跟随者。泰国中央银行觉察后立即宣布不惜一切代价捍卫挂钩汇率制,采取了提高利率、限制外资进出等激进措施,致使曼谷银行同业隔夜拆借利率由 10 厘突升至 1000—1500 厘。在这种形势下,索罗斯深感力不从心,于 6 月底平仓退出泰国汇市。但面对如此经济困境,泰国政府已拿不出有力措施,随着全力拯救经济的财政部长和商业部长先后辞职,泰铢一蹶不振。7 月 2 日泰国政府放弃固定汇率制度,任由泰铢贬值,金融危机一发不可收拾。泰国金融危机引起投资者对东南亚新兴市场金融稳定性的怀疑,国际投机资本趁机兴风作浪,使危机很快扩散到东南亚各国,马来西亚、菲律宾、印尼等国汇市、股市急剧下跌,金融秩序大乱。此后,东南亚金融危机继续蔓延,波及整个世界。

综上所述,如果说国际游资的投机攻击是东南亚金融危机爆发的外部原因或者导火索,那么,导致危机爆发的内部原因可以归纳为以下几点:

第一,僵化的固定汇率制度。东南亚一些国家长期将稳定汇率作为宏观经济政策的重要目标,其汇率制度因缺少弹性而变得僵化,并且为了稳定名义汇率而牺牲了汇率的调节作用。名义汇率的相对固定固然有助于减少投资和贸易中的汇率风险,却难以阻止贸易状况的恶化。同时这种相对固定的汇率制度在很大程度上受到宏观经济状况、国际收支状况和货币当局对汇率的干预能力等因素的影响。一旦上述因素发生变化,往往会引来国际游资的投机性冲击。

第二,金融自由化进程过快,没有可靠的金融市场作保证。在新兴金融市场中,通常有三个因素造成市场的可靠性很低。一是市场基础薄弱,包括交易成本高,清算系统落后,清算效率低下,市场主要成员在资本、资信等方面缺少可靠性;二是监管不力,对投资者利益保护不够,造成市场违法违规行为盛行,市场运作极不规范;三是信息披露制度不够健全,市场缺少真实可靠和及时的信息而为传言所左右。一个可靠性不高又因开放而迅速扩大规模的市场显然是经不起风吹雨打的。

第三,银行体系形成巨额不良资产。相对于开放初期阶段的资金大量流入,东南亚各国的银行体系显得极不适应。与管制时期相比,银行面临更多的风险和更为复杂的管理问题,但在发生危机的国家,几乎所有银行的经营基础都十分脆弱,决策能力、风险评价和控制能力严重不足。而且在自由化过程中,政府在放松管制的同时未能强化反而弱化了监管。如允许大量缺乏足够资本实力和管理能力的中小银行进入市场,对银行违规和高风险操作缺少约束,对银行的信用和财务状况缺少严格审查监督,对经营恶化的银行不能及时采取有效措施等。这些问题是产生经济泡沫并造成银行不良资产激增、金融体系失稳的根本原因。

第四,经济结构失衡导致泡沫经济。20 世纪 90 年代初,东南亚国家传统的出口导向战略开始陷入困境,出口增长遇到来自其他国家的强力挑战。就在这一时期,知识经济在美国等发达国家开始兴起。但是,包括日本在内的大部分亚洲国家和地区对此反应迟钝,缺乏依靠自身力量进行结构调整和产业升级的机制。在经常项目出现逆差时,泰国等东南亚国家选择的解决方式是加快引进外资,试图以资本项目的盈余缓解经常项目的赤字压力。自此便开始导致外债(尤其是短期外债)大量流入并投向股票市场、房地产市场等高风险市场,从而使国民经济对外资依存度过大并形成泡沫经济。

三、东南亚金融危机的启示

从东南亚金融危机的教训可以看出,在金融危机全球化趋势下,危机从发源地迅速向周边国家扩散、传导,给周边国家的经济发展带来了极其严重的负面影响。金融危机之所以能循着传导机制从发源国传向另外一些国家,是由于后者的体制、政策、制度等方面存在着若干缺陷和漏洞,以及国际金融体系的不健全等原因。如果能有针对性地加以弥补和完善这些缺陷和漏洞,金融危机被传导的可能性将会小得多,其破坏作用也会在很大程度上被抑制。避免金融危机的爆发和扩散,必须从国家、区域和全球层面进行改革。

从国家层面来看,新兴市场的政府应该谨慎对待资本开放,加速国内金融体系改革,促进国内金融体系均衡发展,建立国际金融危机预警机制防范金融危机的发生。危机一旦爆发,应当对其起因进行具体分析,对症下药,避免危机对经济造成更大震动、阻止危机进一步扩散。

(一)循序渐进放开资本项目

在东南亚金融危机中,尚未开放资本账户的国家如中国和南亚诸国没有直接受到国际投机资本的冲击,但是,随着国际资本市场日益一体化,这些国家迟早要面临放松资本管制、开放资本账户的压力。放开资本项目,将使一国完全与国际资本市场联为一体。由于单个国家的国际储备与巨额国际游资相比无异于杯水车薪,因此在金融机构内控机制不健全、外部监管较薄弱的情况下放开资本项目,国内经济很容易受资本大量流动和掠夺性投机的影响,要么丧失货币政策的独立性,要么听任汇率大幅波动。一旦一国爆发金融危机,危机扩散难以避免。因此,资本项目的开放应与该国的整体经济实力和金融调控水平相适应,采取渐进方式。此外,若经济出现扭曲,或遭到掠夺性投机的攻击,也可以考虑暂时实行资本控制。对大规模的资本,尤其是短期资本流动,既可以施以数量控制,也可以征收托宾税(即对外汇交易或短期的跨境资本交易征税),或要求金融机构在借用国外资金时缴纳准备金,以增加资本流动的交易成本。实施资本控制在智利、捷克和马来西亚抑制金融危机的过程中起到了重要的作用,实施资本控制使资本流入减少,流入资本的期限也显著延长。在资本市场趋于稳定、投资者的信心恢复之后,资本控制可逐渐放松直至最终取消。

(二)建立金融危机预警系统

国际性的金融危机在大规模爆发之前往往有一个酝酿的过程,在这个过程中经济运行会显露出各种不正常的迹象。如果人们能对这些不正常的迹象进行总结和归纳,建立起某种模型或指标体系,对酝酿中的金融危机(包括原发型和传导型)进行预警,便可及时采取各种防御性措施。

利用金融危机预警系统进行金融危机的诊断,就是建立一个参照指标体系,通过实际经济运行数据与参照指标体系之间的比较,以及这种比较结果的变化趋势,能够发现可能引发金融危机的问题严重程度、问题变化趋势,并且通过一般金融危机爆发机理和各项指标与金融危机相关性来预测金融危机爆发的可能性。

以东南亚金融危机中最严重的泰国为例,把与危机相关的几个国家在危机爆发之前的一些经济、金融指标数据,以及这些指标的参照体系列示(见表7-1)如下:

表7-1 东南亚部分国家的经济、金融指标数据

	墨西哥	泰国	印度尼西亚	韩国	菲律宾	中国	国际警戒线
经常项目差额/GDP	-7.0	-8.2	-4.0	-4.8	-4.3	0.9	3—3.5
外债总额/GDP	43.5	60.7	53.0	21.0	84.3	14.3	10—50
短期外债/外债总额	28.1	41.1	25.0	50	19.3	12.1	25
外汇储备可供进口月数	0.7	4.7	5.1	1.7	3.5	9.1	2—3
银行不良资产占总资产比重	—	>25	>40	>25	10—15	>25	<10
资本充足率	—	<8	<8	<8	>8	<8	>8
财政赤字/GDP	-4.0	0.2	0.1	-3.4	-0.3	0.8	>-3
股指变动		55	37	42	41	4	
货币供应量(M_2)增长率	3.5	12.6	21.2	15.8	23.2	17.3	—

资料来源:石俊志:《金融危机生成机理与防范》,中国金融出版社2001年版,第163—188页。

从表7-1可以看出:1997年亚洲金融危机起始爆发地——泰国的实际经济、金融运行指标,在危机爆发前的1996年,全面处于参考指标体系的安全区以外,尤其是经常项目差额/GDP、外债总额/GDP、短期外债/外债总额、银行不良资产/总资产等这几项指标不仅远远高出国际警戒线,并且在整个东南亚国家中也是属于最差的。金融危机预警系统在金融危

机的分析和预报中扮演着重要角色,构建金融危机预警系统不仅可以充分地解释金融危机发生的动因,而且可以根据预警指标数据变化情况,及其是否接近或超过临界值,及时发出危机可能发生的预警信号。这对于防止金融危机的发生,避免金融危机爆发对国民经济造成不利影响,促进经济健康发展都是非常有益的。

(三)构建市场化的金融体系

一国只有建立起充分市场化的、高效率的、稳健运行的金融体系,才能真正确保本国经济运行不受或少受国际性金融危机的干扰。这就需要做好以下几方面的工作:首先,强化金融机构尤其是银行的市场化经营机制。需要明晰产权关系,调整政府与金融机构的关系,减少行政干预,维护金融机构的经营自主权,使其能独立地严格审查各类贷款项目。其次,健全和完善金融监管体系和中央银行的调控体系。根据国际上有关银行业监管的规定,应特别注意对银行资本充足率、资产流动性、风险管理与控制能力方面的监管,努力完善和健全银行的内部自律制度。最后,完善金融市场制度。这其中包括:强化信息披露制度,增强市场的透明度;完善入市制度和"游戏规则",提高主要市场成员的标准并加强对其经营活动和财务状况的监管,以保证市场的安全性和增强投资者信心;建立健全市场退出制度,避免因某一市场成员的退出而引起市场震动。

(四)调整出口市场结构,实施有重点的市场多元化战略

如果一个国家国民经济的出口依存度比较大,并且其出口又过分集中于几个国家,实际上就是把本国经济发展的稳定性与这几个国家经济发展的稳定性紧紧捆绑在一起。一旦后者在经济发展过程中发生大的危机,就会把前者牵连进去。为消除因对某些出口市场的过分依赖而潜伏下的危机,一国政府就应适时调整出口市场结构,实施有重点的市场多元化战略。

(五)应对金融危机要对症下药

一个国家爆发金融危机,可能是因为本国出现了重大的政治、经济和社会问题,但也不能排除是受其他国家和地区危机的影响。因此,在处理

危机时应作具体分析,对症下药。东南亚金融危机以后,IMF 提出的紧缩财政和货币以稳定汇率和经济的危机处理措施曾引起很大的争议。从某种程度来说,这些措施主要是针对经济状况严重恶化的经济体,而基本面相对健康、但容易受"传染"的经济体则不一定要求照搬这些措施。这些经济体应重点分析危机扩散的途径,并采取各种措施来稳定居民和外国投资者的信心。如果完全按 IMF 的指令行事,可能对经济造成巨大震动,损害长期发展的基础。

(六)加强国际合作,完善国际协调机制

从区域层面来看,各国应该加强区域货币合作。区域货币合作至少应该包括三个方面:第一,宏观经济政策协调。通过建立区域性的监管体系,共同开发早期预警体系,加强区域间的信息共享和联合监督,以便在较早阶段发现危机的迹象,降低危机的危害程度。第二,区域最终贷款人。区域性的最终贷款人应该是对全球最终贷款人的补充。区域内的各国更熟悉彼此的情况,更容易给出符合各国国情的改革建议,所以能够更有效地防范流动性危机。第三,区域汇率联动机制。从东南亚金融危机的教训来看,僵化的固定汇率制度可能是导致货币危机的原因之一。但是,由于东南亚各经济体多为开放程度较高的发展中国家,汇率的过度波动对其出口和吸引外资都十分不利。这些经济体可能面临着固定汇率制度和浮动汇率制度之间的两难选择。有经济学家主张实行非常"硬"的固定汇率制度,如阿根廷曾经实行的货币局制度。但是阿根廷金融危机告诉我们,货币局制度的最大缺陷在于无法依赖于所钉住货币的发行国作为最终贷款人。阿根廷的货币局制度钉住的是美元,一旦金融危机爆发,美国只是袖手旁观。欧洲货币联盟的经验似乎能够提供一种可行的选择,即通过建立一种区域汇率联动机制,既消除了区域内部的汇率波动,又能够保持区域货币与区域外货币的自由调节,兼得固定汇率制度和浮动汇率制度之利。

从全球层面上看,应该推进对 IMF 的改革,建立更合理的国际金融体系。金融危机爆发后,需要有适当的国际组织担当最终贷款人的角色。

最终贷款人需要在整个金融体系发生流动性危机的时候充当"消防队"的角色,通过提供流动性克服投资者的恐慌情绪。成功的最终贷款人需要满足三个条件:行动速度要快、提供流动性应该是不限量的、得到流动性贷款应该有相应的条件(比如要进行一系列的改革)。IMF 本来是应该充当最终贷款人角色的,但是从其在东亚金融危机和阿根廷金融危机的表现来看,IMF 不仅反应迟缓,而且给出了许多错误的药方,不仅没有使得危机减缓,反而激化了危机。所以,应推进对 IMF 的改革:首先,应该改变 IMF 教条式的对资本账户自由化的推销,允许各国政府有更多的自主权,允许各国政府根据本国国情选择资本开放的最佳时机和最佳次序。其次,应该改革 IMF 的议事程序,增加 IMF 程序的民主性,消除非经济因素对 IMF 决策的干扰。再次,通过国际清算银行(BIS)等国际组织和各国政府的共同努力,监督对冲基金和跨国银行的交易,减少国际资本流动中的投机因素。

第四节 典型案例二:美国次贷危机引发的全球金融危机

一、美国次贷危机的爆发与扩散

2001 年美国国内的股票市场大跌,IT 泡沫破灭以及受到"9.11"恐怖袭击的影响,美国经济出现了较大程度的滑坡。美国政府为了扭转经济的不景气,刺激经济发展,采取了低利率的货币政策。从 2001 年年初至 2003 年 6 月,美联储曾经先后 13 次降低利率,联邦基金利率从 6% 下降到 1%。宽松的货币政策环境使得住房贷款利率持续下降,导致住房抵押贷款(简称"房贷")市场的繁荣,同时房贷市场产生了大量以次级住房抵押贷款(简称"次贷")为基础的蕴涵高风险的金融衍生品。然而从 2004 年 6 月起,为了抑制通胀,美联储开始了一个连续 17 次的加息周期,从 2003 年 6 月到 2006 年 8 月,联邦基金利率从 1% 提高到了 5.25%。而美国次贷危机从 2006 年春季开始逐步显现。由于美国次级抵押贷款借款人违约增加,进而影响与次贷有关的金融资产价格大幅下跌,发行和投资房贷证券类产品的金融机构纷纷出现流动性短缺,面临破产风险,加之监管部门对房贷证券类衍生品监管不力,导致全球金融市场的动荡和流动性危机。2007 年 4 月,美国新世纪金融公司申请破产,标志着次贷危机正式爆发。7、8 月间危机开始集中显现,美国国内大批与次贷有关的金融机构纷纷破产倒闭,联邦储备委员会被迫进入降息周期。2008 年 3 月美国第五大投资银行贝尔斯登资产管理公司破产,美联储为 JP 摩根大通银行接管提供融资;9 月房地美和房利美两大房贷公司因严重亏损陷入困境,迫使美联储和财政部再次救市;9 月 14 日美国投资银行美林证券被迫出售;9 月 15 日有 158 年历史的全球第四大投资银行雷曼兄弟宣布申请破产,同一天,美国最大的保险公司美国国际集团(AIG)也宣布它面临巨大的债务压力;9 月 16 日美联储宣布为 AIG 提供 850 亿美元的贷款,美联储批准高盛和摩根士丹利转型为传统的银行控股公司。与此同时,股市、楼市、金市等价格也持续暴跌。

从 2008 年第 3 季度开始,美国次贷危机逐渐演变为全球范围内的金融危机,影响到世界各国的实体经济,金融资产价格也大幅下降。如,欧洲商业银行大量投资于美国次贷金融产品,与雷曼兄弟之间进行了大量的衍生产品交易,购买美国保险公司出售的信用违约保险(CDS),而随着美国次贷危机的爆发,雷曼兄弟和美国保险公司相继倒闭,使得欧洲商业银行面临巨大的交易对手风险,面临资本金不足的困境。欧元区与日本经济纷纷陷入负增长,2008 年欧元区 GDP 增长率为 0.9%,2009 年欧元区实际 GDP 呈负增长,较上年下降 1.9%;2008 年日本 GDP 增长率为-0.6%,2009 年为-5.6%。① 据 2008 年 12 月 26 日《中国经济时报》报道,受危机影响,全球股价平均下跌 50%,2008 年 7 月 11 日,世界石油价格到达最高水平——每桶 147.27 美元,2008 年 12 月则滑落到每桶 40 美

---

① 由世界银行网站数据整理得来。

元附近,降幅达 73%。由于欧美发达国家主要金融机构均遭受大额亏损,国际机构投资者不得不将在新兴市场国家的风险投资调回本国金融市场,大量的短期国际资本外流导致新兴市场国家股票下跌,货币大幅贬值,韩国、冰岛、乌克兰、匈牙利、白俄罗斯、阿根廷和巴西均出现资本外逃,股市大幅下跌,本币贬值。由于这些国家依靠大量举借外债来发展本国经济,大量外资撤出,使这些国家面临资金断流,进而诱发金融危机。2008 年全球新兴市场与发展中经济体的 GDP 增长率为 6.1%,2009 年下降为-0.9%。①

二、次贷危机——金融危机的原因分析

正确分析这场影响深远的金融危机的原因,是总结经验教训、采取合理有效对策的关键。危机发生以来,国内外学者对该问题的讨论很多,有学者认为这场危机是新自由主义的产物,宣告美国式的自由市场经济模式的失败,不得不再次实行国家干预经济的政策;有学者认为,这场危机是美国政府提供担保、支持房贷、鼓励住房消费、刺激房地产业发展、实行错误的国家干预造成的恶果,是凯恩斯主义的产物②;有学者认为,经济危机的实质是生产相对过剩引起的危机,根源在于资本主义的基本矛盾③;还有学者认为,这场危机主要原因在于美国"寅吃卯粮"的过度消费模式、财政和贸易的"双赤字"、金融创新的过度、金融衍生品的泛滥、虚拟经济的膨胀、政府和社会监管的缺失、以美元为储备和结算货币的国际金融体系的缺陷④。

以上观点各有千秋。我们认为,引起这场危机的原因是多方面的。

---

① 国际货币基金组织:《世界经济展望最新预测》,2009 年 1 月 28 日。

② [英]欧鲁克:《亚当·斯密笑到最后》,《证券时报》2009 年 2 月 21 日,A15 版。

③ 吴宣恭:《美国次贷危机引发的经济危机的根本原因》,《经济学动态》2009 年第 1 期,第 51—52 页。

④ [美]沈钧:《美国资本主义会不会寿终正寝》,华盛顿观察专稿,《经济学家消息报》2009 年 3 月 13 日。

(一)过度超前的消费模式

美国主要是依靠消费来拉动经济增长的。近年来美国政府大幅减税,劳动生产率大幅度提高,个人收入以及资产价值快速增长,尤其是消费信贷机制作用的发挥,都刺激了美国超前的个人消费。过度消费需要大量的实物和货币,银行贷款无疑是最简单的方式,因而信贷市场快速发展,次级抵押贷款等金融创新工具也应运而生。然而当基准利率提高、借款者无力还款时,便引发了此次次贷危机。

(二)金融机构的过度金融创新

在金融市场低利率的背景下,美国房价快速大幅上升。随着美国房贷机构推出次级贷款业务这种新的住房贷款市场模式,资产证券化和其他次级贷款衍生品也快速发展起来。在美国住房贷款市场上出现了抵押贷款担保证券(MBS)、债务担保凭证(CDO)、信用违约互换(CDS)等一系列金融衍生品。然而这些金融衍生品创新的基础——次级贷款本身却存在严重的缺陷。次级贷款的贷款对象是信用记录较差和无法出具收入证明的借款人,在贷款的担保设定上,不重视借款人的信用而只考虑将其所购房屋作为抵押,仅仅将贷款收益建立在房价继续上涨的基础上,忽视了市场波动性,最终导致次级住房抵押贷款的泛滥,房地产资产价格出现大量泡沫。可以说,美国金融市场自由化的发展模式,金融机构的过度金融创新,衍生产品过度泛滥,金融杠杆非理性扩大,为金融市场带来巨大风险,是导致这场危机的关键性因素。

(三)过度宽松的货币政策

如前文所说,2001年美国经济出现了较大程度的滑坡,美联储采取了迅速扩张的货币政策。从2001年年初至2003年6月,美联储曾经先后13次降低利率,联邦基金利率从6%下降到1%。美联储的低利率政策,导致美国住房价格快速上升,同时银行发放了大量各种形式的住房抵押贷款,并竞相炒作房地产贷款的证券,最终导致了美国货币供应量的异常增长,市场的流动性剧增。而随着之后的利率上升,次级抵押贷款借款人违约增加,与次贷有关的金融资产价格大幅下跌,导致次贷危机的发生。同样，由于美国实行扩张货币政策，通过发行美元和创造各种衍生工具向世界各国扩散，渗透到世界各国经济中，使得全球出现长时间的流动性过剩状况，加之金融创新的膨胀，全球的金融体系中充满了巨大的泡沫，一旦受到局部危机的触发，便会引起世界金融体系的系统性危机。

（四）金融监管的缺失

近年来由于金融市场的运行相对平稳，各国对市场的监管力度有所下降，美国亦是如此。美国的金融监管体系跟不上金融创新的步伐，没有一个机构能对金融市场的整体风险状况进行有效监控和预警，忽视了对追求"高风险、高回报"的金融衍生品和对冲基金等机构的监管，使得金融市场的整体约束力下降。

1999年美国颁布实施《金融服务现代化法》，标志着金融业从分业经营走向全面混业经营阶段。对金融控股公司实施"伞形"监管体制，美联储被赋予伞式监管职能，成为金融控股公司的基本监管者，而金融控股公司中的子公司则仍保持原有的分业监管模式。金融监管严重重叠和缺位，对银行发放次级房贷缺乏有效监管，对信用评级机构基本没有监管，将次级房贷证券化的投资银行、对冲基金游离于监管之外，实践中仍保持了由各监管机构对期货、证券、保险和银行业分别监管的格局，与其混业经营方式不匹配，成为导致本次危机的重要原因。

（五）世界经济金融体系的矛盾与缺陷

这场波及全球的金融经济危机，虚拟经济过度脱离实体经济发展，突出表现为发达国家金融产品和虚拟经济的供给过剩。在当今经济全球化条件下，这一矛盾扩展到全世界。另一方面，以美元为核心的世界货币体系存在重大缺陷，美国具有绝对的霸权地位，国际金融容易受到少数几个国家、尤其是美国的控制和影响，缺乏组织协调全球经济运行发展的世界性机构，这些都是引起这次全球性金融危机的重要因素。

三、次贷危机——全球金融危机的启示

从全球范围看，此次次贷危机引发的全球金融危机对世界许多国家

和地区的金融和经济造成巨大影响。世界各国都应从危机发生、发展成因的深刻分析中吸取教训、得到启示。

第一，在金融自由化背景下，政府在金融市场中不仅不能缺位，而且必须加强对金融体系的监管。从这次金融危机看，各金融机构在利益的驱使下过度金融创新，无视高风险、高杠杆的金融衍生产品给金融市场带来的不确定性，最后使整个金融市场陷入动荡。教训告诉我们，政府有必要发挥其宏观调控职能，制定相关法律，加强对金融体系的监管，实施有效的货币政策，保证经济健康发展。

第二，国际货币体系存在问题，美元霸权是世界经济失衡的根源。1944 年 7 月，布雷顿森林协议确立了美元与黄金挂钩、各国货币与美元挂钩的"双挂钩"国际货币体系，并因此确立了美元的国际地位。之后随着布雷顿森林体系的解体、牙买加体系形成，在无体系但依然有序的国际货币金融市场上，美元绝对的国际货币地位被打破，但美元依然维持其国际货币地位。美元霸权从国际贸易和国际金融两个方面影响全球经济：美国贸易逆差严重，经常账户赤字，其他国家尤其是发展中国家则贸易大量顺差，外汇储备不断增加，由此造成全球贸易失衡；由于美国经常过多发行美元来刺激国内经济，导致国内利率下降，促使美国民众高消费、低储蓄，资本积累严重不足，而美国货币金融市场比较成熟，为美国之外的美元资产提供了安全性和流动性，外部美元大量流回美国，由此造成全球金融失衡。全球贸易和金融失衡共同形成全球经济失衡，而全球经济失衡是引起此次金融危机的原因之一。世界各国应重新思考美国在国际金融体系中的作用，推进国际货币体系的改革，以开放、稳定和有序为特征，改变以美国利益为中心的不平等国际交往状态，维护每一个国家的经济利益与安全，促进全球经济的稳定和发展。

第三，慎重对待金融衍生产品的创新，加强监管。次贷危机是信用扩张不当和扩张过度所引发的危机，利率下降使很多蕴含高风险的金融创新产品有了产生和扩张的机会，比如房地产信贷资产证券化。资产证券化使得金融衍生品和基础资产的信用状况相分离，可能产生信息不对称或违约风险。因此,各国都应加强对金融衍生品的风险信息披露,追溯基础资产信息,客观披露信用增级,比如披露基础资产债务人的信用状况,当杠杆系数达到一定程度时,披露该衍生产品的杠杆系数,披露内部和外部信用增级措施等。

第四,各国应加强经济政策之间的协调,避免经济决策的重大失误。美国货币政策短期内的剧烈变化正是次贷危机的原因之一,美国决策部门无论是之前的降息还是之后的加息,都是只把刺激经济增长以及抑制通货膨胀作为最主要目标,而忽视了可能对房地产业的影响。

第五,亚洲国家应尝试形成一个亚洲金融系统的联盟,相互支持,增加整体抗风险的能力。区域一体化对亚洲经济发展至关重要,是保持亚洲经济高速增长的关键。金融危机之后,包括北美和欧洲在内的发达经济体的消费水平并不会迅速回升到从前的水平,亚洲国家必需重新平衡经济增长来源,从过去的依赖外需为主逐渐转变为依靠国内需求和区域内需求。

第六,加强金融监管的国际合作,防止或减缓金融风险传播。国际金融市场日趋一体化,金融风险在全球市场的传播更为迅速、更为广泛。加强全球金融合作,建立一个全球性的金融监管机构,对大规模的系统性金融风险实施有效的预警措施,有效阻断金融风险的传递,显得十分必要。

第五节　典型案例三:欧洲主权债务危机

一、欧洲主权债务危机的爆发与扩散

欧洲主权债务危机是指 2009 年以来在欧洲部分国家爆发的主权债务危机,欧债危机是美国次贷危机的延续和深化,其本质原因是政府的债务负担超过了自身的承受范围而引起的违约风险。

欧债危机的爆发起点是希腊,2009 年 10 月 20 日,希腊政府宣布当年财政赤字占国内生产总值的比例将超过 12%,远高于欧盟设定的 3%

上限。随后,全球三大评级公司相继下调希腊主权信用评级,欧洲主权债务危机率先在希腊爆发。2010 年上半年,欧洲央行、国际货币基金组织(IMF)等一直致力于为希腊债务危机寻求解决办法,但分歧不断。欧元区成员国担心,无条件救助希腊可能助长欧元区内部"挥霍无度"并引发本国纳税人不满。同时,欧元区内部协调机制运作不畅,致使救助希腊的计划迟迟不能出台,导致危机持续恶化。葡萄牙、西班牙、爱尔兰、意大利等国接连曝出财政问题,德国与法国等欧元区主要国家也受拖累。

为应对危机蔓延,欧盟采取了一系列措施,包括将欧洲金融稳定基金(EFSF)杠杆化,从 4400 亿欧元扩大至 1 万亿欧元。EFSF 扩容能避免债务危机进一步扩大到其他欧洲国家,但评级机构标普发出警告,认为 EFSF 的扩容可能影响到欧洲的信用评级。同时,欧洲银行业认可为希腊债务减记 50%,希腊债务减记 50% 将可少负担 1000 亿欧元的债务,但是欧洲银行业持有大量希腊债券,减记意味着银行业失血加剧,或导致大批小银行倒闭。另外,欧盟相关国家政府决定在 2014 年 6 月前向欧洲银行业注入近 1000 亿欧元,将核心资本充足率提高到 9%,政府通过注入资本金帮助银行度过危机,以避免美国雷曼兄弟倒闭的情景再现。然而,欧洲的危机与 2008 年时的美国不同,政府花掉大量财政收入救助银行,反会增加这些国家的债务负担。此外,欧盟内部对欧债危机方案一直存在分歧,这也导致欧元区至今仍未走出危机的泥潭。

二、欧洲主权债务危机的原因分析

(一)财政收支失衡,债务负担沉重

遭受危机的国家经济实力薄弱,大多财政状况欠佳,政府收支不平衡。多数国家无法达到《马斯特里赫特条约》所规定的标准,即预算赤字占 GDP 的 3%、政府负债占 GDP 的 60% 以内的标准(见图 7-5),其中希腊更是聘请高盛集团进行财务造假,以实现进入欧元区的目的。

(二)欧元区制度缺陷导致无法有效弥补赤字

首先,货币制度与财政制度不能统一,协调成本过高。根据有效市场

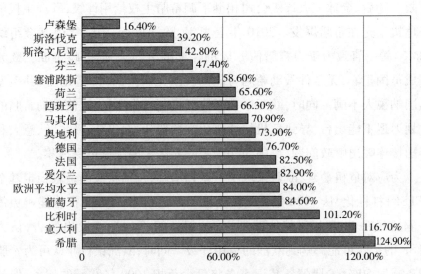

图7-5　2010年欧洲各国政府债务占GDP的比重

分配原则,货币政策服务于外部目标,主要维持低通胀,保持对内币值稳定;财政政策服务于内部目标,主要着力于促进经济增长,解决失业问题,从而实现内外均衡。欧元区是世界上区域货币合作最成功的案例,然而2008年美国次贷危机的爆发使欧元区长期被隐藏的问题凸现出来。欧洲中央银行在制定和实施货币政策时,需要平衡各成员国的利益,导致利率政策调整总是比其他国家慢半拍,调整也不够到位,在统一的货币政策应对危机滞后的情况下,各国政府为了尽早走出危机,只能通过扩张性的财政政策来调节经济,通过举债和扩大赤字来刺激经济。许多欧元区成员国违反了《稳定与增长公约》中公共债务占GDP比重上限60%的标准,但是并没有真正意义上的惩罚措施,由此形成了负向激励机制,加强了成员国的预算赤字冲动,道德风险不断加剧。

具体传导路径为:突发美国金融危机——货币财政制度的不统一造成货币政策行动滞后——各国通过扩展性财政政策刺激经济——主权债务激增——财政收入无法覆盖财政支出——危机爆发。

其次,欧盟各国劳动力无法自由流动,各国不同的公司税税率导致资本的流入,从而造成经济的泡沫化。最初蒙代尔的最优货币区理论是以生产要素完全自由流动为前提,并以要素的自由流动来代替汇率的浮动。欧元体系只是在制度上放松了人员流动的管制,而由于语言、文化、生活习惯、社会保障等因素的存在,欧盟内部劳动力并不能完全自由流动。从各国的失业率水平来看,德国的失业率已经下降到 7%以下,低于危机前水平,但是西班牙的失业率高达 21.2%。另一方面,欧盟国家只统一了对外关税税率,并没有让渡公司税税率,危机时期,法国的公司税率最高为 34.4%,比利时为 34%,意大利为 31%,德国为 29.8%,英国为 28%,其他边缘国家及东欧国家的公司税率普遍低于 20%,这些税率较低的国家也正是劳动力比较充足的国家,资金和劳动的结合使得这些国家的经济不断膨胀,资金主要投资在支柱性的产业,比如加工制造业,房地产业和旅游业,从而导致了国内经济的泡沫化。从欧元兑美元走势可以看出,次贷危机前的很长一段时间欧元一直是处于一个上升通道,这令出口受到一定程度的打击。南欧国家本来就不发达的工业和制造业更少受到资金青睐,造成这些国家贸易赤字连年增加,各国通过发债弥补,同样是因为欧元的升值,欧债受到投资人的欢迎,举债成本低廉,从而形成一个恶性循环。

再次,欧元区设计上没有退出机制,出现问题后协商成本很高。由于在欧元区建立的时候没有充分考虑退出机制,这给之后欧元区危机处理提出了难题。个别成员国在遇到问题后,就只能通过欧盟内部开会讨论,来解决成员国出现的问题,市场也随着一次次的讨论而起伏不定,使得危机不能得到及时解决。欧元区银行体系互相持有债务令危机牵一发而动全身,而欧洲银行业信贷扩张非常疯狂,致使其经营风险不断加大,其总资产与核心资本的比例甚至超过受次贷冲击的美国同行。

(三)欧式刚性社会福利制度的拖累

对于欧盟内部来讲,既有神圣日耳曼罗马帝国(西欧地区)与拜占庭帝国(东欧地区)之间的问题(同属希腊罗马基督教文化,但政治制度不同导致经济发展道路不同),也存在南欧和北欧之间的问题。对于欧元区来讲,主要的矛盾体现在南北欧问题上。天主教在与百姓共同生活的一千年来,变得稍具灵活性,而新教是一个忠于圣经的严格的教派,所以信新教的北欧人比南欧人更严谨有序,再加上地理和气候因素,把这两种文化的人群捆绑在同一个货币体系下,必然会带来以下南北欧格局:北欧制造,南欧消费;北欧储蓄,南欧借贷;北欧出口,南欧进口;北欧经常账户盈余,南欧赤字;北欧人追求财富,南欧人追求享受(见表7-2)。

表7-2　2010年部分欧元区国家储蓄消费的差异

	人均储蓄（欧元）	进口（百万欧元）	人均消费（欧元）	出口（百万欧元）	经常账户盈余（百万欧元）
丹麦	2400	20300	118540	106158.9	12381.1
芬兰	1800	17500	72643	70298	2345
瑞典	4200	17500	173287.3	152336.8	20950.5
冰岛	-4400	14600	5320.1	4267.3	952.8
挪威	12100	26300	130787.6	8927	952.8
爱尔兰	400	16100	17673	127900.9	29772.1
希腊	-2400	15300	48879.9	69057.1	-22994
西班牙	300	13900	279001	301995	-22994
意大利	-300	15600	414728.4	442162.8	-27434.4
葡萄牙	-1400	10900	53462.3	65828	-12365.7
法国	1000	16700	9153	537498	-45345
德国	2400	16500	1159800	102450	135450

资料来源:欧盟统计局(http://ec.europa.eu/eurostat)。

南欧消费格局得以维持必须有较高保障和福利为支撑。在欧盟各国的社会福利占GDP的比重趋同的过程中,许多南欧国家由占比小于20%逐渐上升到20%以上,其中希腊和爱尔兰较为突出。2010年希腊社会福利支出占GDP的比重为20.6%,而社会福利在政府总支出中的占比更是高达41.6%。在经济发展良好的时候并不会出现问题,但在外在冲击下,本国经济增长停滞时,就出现了问题。从2008年到2010年,爱尔兰和希腊的 GDP 都出现了负增长,之后是西班牙,然而,这些国家的社会福利支出并没有因此减少,这导致其财政赤字猛增,2010 年希腊财政赤字占GDP 比重达到了 10.4%,而爱尔兰这一比重更是高达 32.4%。这些国家高福利政策没有建立在可持续的财政政策之上,盲目扩大赤字造成公共债务激增,却缺乏匹配的偿债能力。

三、欧洲债务危机的启示

(一)对政府债务和宏观经济的启示

首先,应高度重视政府债务问题,必须未雨绸缪,将风险遏止在萌芽状态;其次,应平衡经济增长方式,降低对外贸易依存度,拉动国内消费,不断提高自主创新能力,发掘推动经济发展的新的增长点;再次,国家经济的发展不能过度依赖房地产和金融等具有泡沫性质的产业,应走实体化的道路。

(二)社会保障制度应避免走福利国家的道路

长期的高福利政策是欧元区诸国财政负担沉重的重要原因,这些国家一直奉行高福利的社会经济政策,执政者出于选举的需要,不敢对经济和社会体制进行大刀阔斧的改革,长期维持高福利社会保障体系,造成了财政入不敷出,不得不依靠举债度日。因此,完善的社会保障体制应避免政府和私人部门长期过度负债,并保持相对充足的国内储蓄。

第六节 中国在金融危机全球化环境下的对策

一、中国面临的金融风险

金融全球化的加速发展和国际金融危机的频繁发生,给我国金融业的发展带来了深刻影响,也给我国金融安全的维护带来了严峻的挑战。随着我国综合国力的不断增强,在深化和扩大金融领域的对外开放过程中,我国会加大外资金融机构进入金融市场的力度,放宽对内资和外资金融机构的管制,加快实施利率市场化改革的进程,并逐步实现人民币完全可自由兑换。但是开放的过程中也必然伴随着越来越多的金融风险。

(一)从国际层面看中国的金融风险

金融全球化使国际金融市场的风险因素明显增多,金融危机的频繁爆发和强烈冲击更使国际金融市场险象环生。投机资本非法流动、对冲基金肆意干扰、虚拟经济无限膨胀等诸多问题虽然充分暴露,但没有一个完全解决,有的反而更加严重。金融危机使国际金融格局失衡局面不断加剧,势必引起国际金融市场的进一步动荡。现有国际金融体系必须加以改革虽已成共识,但新的国际金融体系如何构建,不仅发达国家与发展中国家意见相左,就连美欧日之间也因各自的金融利益和国家战略利益不一致而各执一词。发展中国家金融体制改革严重滞后,金融机构脆弱,防范和消除金融风险的能力有限,正在步入金融危机的"高发期"。为在未来国际金融格局中占据有利地位,各国均加速金融战略调整,努力增强自身金融体质,提高国际金融竞争力,相互间的竞争相当激烈,金融已成为大国较量的重要战场。总之,国际金融市场正处在历史少见的动荡、调整、改革之中,这必然对我国金融安全维护提出新的要求。

近年来国际金融发展的新进程深刻表明,少数西方国家特别是美国正在通过推行金融殖民主义,加紧谋取与其军事霸权、政治霸权、经济霸权、科技霸权、信息霸权相称的金融霸权,掠夺和剥削世界各国人民的财富,谋求"美国统治下的繁荣"。在国际货币基金组织资金构成中,美国与西方七国占有巨大份额,因此,涉及关键的经济金融决策权完全掌握在西方国家特别是美国手里。美国等西方国家不仅是当今国际金融市场游戏规则的制定者,而且也是司法者。在金融全球化进程中,美国等通过选择议题、拟定议程、制定规则来限制广大发展中国家的选择和需要,使别国服从和服务于自己。美国所谋求的金融霸权较之传统的军事霸权、政治霸权,对维护其超级大国地位和利益更有效,对其他国家来说则更不容易察觉,更具迷惑性。美国等西方发达国家的金融霸权是其控制世界经济金融、剥削和掠夺其他国家的重要手段,也成为其他国家特别是广大发展中国家金融安全的主要威胁。

金融全球化为资本在全球范围内流动创造了良好环境,但又无法避免资本的非正常流动。随着我国对外开放步伐的加快,金融全球化带来的资本非正常流动的影响正日益显露。1990—1996 年 7 年中,我国有 6 年总储蓄率为负数,出现了国内资本大量外流和国外吸收国内储蓄的情况,这其中有相当一部分属于违反我国货币管理规定的资本非法流动。据估计,我国非法存在境外的外汇达 200 亿美元,利用在我国开展业务的西方银行提供的银行远期信用证而从事的外汇黑市交易达 70 亿美元。①随着金融全球化的加速发展,国际资本非正常流动将会对我国金融安全产生更大的不利影响,而且更难觉察、更难监管,资本的非正常流动将会对我国金融安全产生严重危害。

(二)从国内层面看中国的金融风险

目前,我国金融领域的总体形势是健康的,但同时也潜伏着较大的风险。

第一,融资渠道单一,风险高度集中于银行。我国对银行一直实行管制,常常实行负利率,导致事实上存在两个市场、两个利率。而我国银行贷款的 70% 是贷给国有企业(含国家控股企业,下同),高负债、低效率、利率扭曲的国有企业是一个资金黑洞。现在,国有企业几乎是投资靠银行,流动资金靠银行,生产、经营靠贷款,还债靠举债。而国有企业的增长只占整个经济增长的 20%。国有企业负债越高,越不考虑还债,银行越怕它破产,就不得不再向它注入资金,再让它继续生存。国有企业可以对银行赖账,银行不能对客户赖账。由于我国大部分贷款是贷给困难的国有企业,这就把国有企业的全部风险都转嫁给银行。目前之所以未发生挤兑风险是因为我国的银行是国家所有(国家控股)银行,由整个国力担保。但随着对外开放和金融自由化进程的发展,这种高度集中的风险就

---

① 张振岩、张燕萍、胡仕春:《金融全球化:金融危机与中国金融安全维护》,《世界经济与政治论坛》2000 年第 1 期,第 46—49 页。

有可能释放出来。

第二,利率市场化程度不高。由于利率市场化程度低,我国的利率政策不能发挥类似发达市场经济国家的作用:调整一项利率或基准利率就能够使整个利率体系都跟着变化。我国的利率政策,一方面就利率管制而言,必须逐一确定它们的调整幅度并相应调整其相互关系;另一方面对基本上取决于资金供求关系的利率,尚缺少有效的手段来影响它们。也因为如此,一项利率政策调整,势将改变过去的均衡状态,产生新的套利机会,从而使利率政策效果大打折扣。所以,我国的利率并不能发挥有效配置资金的作用,利率政策调整也难以产生预期的效果。

在利率管制的条件下,国内商业银行既没有自主风险定价的能力,也没有这方面的经验积累与系统性数据。而银行业累积的风险一旦爆发,就有可能诱发金融危机。

第三,汇率弹性尚显不足。1994年外汇体制改革后,人民币经常项目可自由兑换,为国际短期资本渗透中国打开了方便之门。由于人民币汇率变动尚缺乏弹性,国内外利差较大,对国际短期资金吸引力较大,一些国际热钱开始采取非常的手段结汇,套取利差汇差。各种境外资金通过各种政策"灰色"地带或黑市渠道将资本汇入大陆,以合法的贸易结汇方式套息,热钱套利扰乱了我国的经济金融秩序。近年来,我国的假出口、骗退税,三资企业中的虚假投资和价格转移,房地产中的炒地皮、外销房,以及期货、股票市场的狂澜都有这些国际游资的踪迹。

外汇体制改革后我国出现了国际收支的经常项目和资本项目的双顺差,使外汇储备不断增加。在这种情况下,中央银行致力于收购外汇稳定汇率水平。为抵消外汇占款对货币供应量扩张的压力,央行采取国债公开市场操作等措施,控制住了通货膨胀的水平,实现了经济的"软着陆"。然而,为稳定汇率水平,央行不得不在外汇市场上投放基础货币,这就削弱了货币政策的独立性。而且,稳定的汇率也吸引了外资的流入。在人民币汇率升值的压力下,企业利用外资既可利用利差又可以赚取汇差。近年来我国外汇储备双顺差中有相当大部分的外资可能是以套利套汇为目的的短期"游资",这对我国的经济稳定有较大的破坏性。

第四,房地产金融存在风险。当前我国房地产金融体系初步建立,因其过于依赖银行信贷资金使得信贷风险扩大。各家银行在房地产行业也都有较大规模的贷款投放,2010 年,在所有银行中,三家国有大型银行(工行、建行和中行)的涉房贷款数量占据七成以上的份额,且贷款金额均超过万亿元。① 一旦房价下跌,将造成房地产公司大量亏损和资金运转困难,银行将承受贷款无法收回的巨大压力,信贷风险会导致银行的资产质量下降,威胁银行经营的安全性。美国次贷危机的发生应该让我们提高警惕,防患于未然。

我国主权债务规模相对较小,但是地方债务问题却严重得多,2013 年 12 月 31 日,中国国家审计署公布了最近一次的全国政府性债务审计结果,结果显示,与上一次(2010 年)审计结果相比,地方政府债务呈现以下几个特点:一是债务增长快,政府直接债务、负有担保责任债务和可能承担一定救助责任的债务合计比 2010 年增长了 67.3%,年均增长 19.7%,远高于经济和财政收入增速;二是期限错配问题严重,2013 年 7 月到 2016 年到期的债务占 73.4%,而资金主要投向基础设施和公益性等长期项目;三是越到基层政府债务增长越快,2010 年以来省级、市级、县级债务年均分别增长 14.4%、17.4%和 26.6%;四是负有担保责任和一定救助责任债务增长较快。2010 年年末这两项债务为 4 万亿元,而 2013 年 6 月末就达到了 6.95 万亿元,两年半期间累计增长了 73.8%,高出政府负有偿还责任的债务 6.5 个百分点;五是债务来源中银行贷款占比下降而信托类等其他来源快速上升。地方政府性债务中银行贷款占 56.5%,比 2010 年年末下降 22.5 个百分点,而债券发行和信托等其他融资方式占比分别为 10.3%和 33.2%,分别比 2010 年年末提高 3.2 个百分点和 19.3 个百分点,这表明在 2010 年央行收紧银行对地方政府信贷后,银信、银保、银证合作等逃避政策监管的方式以更高成本、更隐性的形式

---

① 张忠安:《12 家上市银行去年涉房贷款超 5 万亿》,《广州日报》2010 年 4 月 21 日。

为政府融资。

此外,从微观主体看,我国金融领域也存在一些风险因素。如,少数金融机构资产质量不高,抵御金融风险能力不强;部分上市公司质量不高,证券市场、期货市场还存在不少违法乱纪的行为;一些金融机构和内部从业人员素质较差,金融犯罪活动呈上升趋势;社会各方面信用观念淡薄,缺乏金融风险意识等等。而且,我国现行金融法制尚不健全,金融监管还较薄弱。

综上所述,我国金融领域的众多问题导致我国的金融秩序比较混乱,金融风险因素加大,很可能被国际投机资本所利用,务必引起我们的高度警惕。

二、中国的政策选择

在金融全球化大趋势下,我国的金融改革将沿着不可逆转的方向前进,然而,金融市场的开放在我国向着市场经济制度转轨的背景下有着相当大的不确定性。利率、汇率的市场化改革以及金融市场的扩大开放,一方面有助于推动我国金融市场的完善与统一,另一方面也有着不可轻视的风险。所以,在加快改革开放的同时,必须针对金融风险的种种成因,有针对性地采取有效防范措施,在积极加大、加快金融开放的同时,必须适当控制金融改革的节奏,完善现行金融监管体制,为经济改革与发展创造良好的金融环境和条件。

(一)深化金融体制改革

要从根本上消除金融危机的各种隐患,必须深化金融体制改革,加大金融体制创新力度,逐步建立起与市场经济体制相适应的现代金融市场体系、金融组织机构体系、金融调控体系和金融监管体系。

首先,建立一个金融工具多样化、依法管理、有序竞争的现代化金融市场体系,实现市场经济条件下资源的有效配置,促进我国金融安全、高效、稳健运行,保障我国经济稳健发展。其次,建立和健全具有自我发展和自我约束机制的各类金融机构,构建一个充分竞争、充满活力的金融组织机构体系。再次,建立完善的金融调控体系,即以间接调控和市场手段为主的金融调控体系。最后,加强金融监管。一方面是加强金融立法,使金融监管法制化,从法律制度上防范和控制金融风险;另一方面是要加大中央银行、中国银监会、证监会、保监会对金融机构的监管力度,加强金融业同业公会或协会自律性组织建设,规范金融机构行为,形成有效的风险防范和化解机制,也为金融机构的发展创造一个公平竞争的环境。

(二)控制金融改革和开放的顺序与节奏

20 世纪 90 年代以来,一些国家和地区爆发金融危机的一个重要原因是,国内金融体制改革的力度和节奏把握不准,处置不当。根据其他国家实行金融开放的经验和教训,我国在推进金融开放与自由化改革进程中,一定要充分考虑到国家的宏观控制能力、经济运行机制的适应能力、对外贸易开放的程度以及国际金融市场的基本状况。目前重要的是在国际协调中把握好开放的力度和节奏,同时加快推进国内市场的自由竞争进程。相关内容参见"金融自由化"一章。

(三)积极参与国际金融体系改革

目前的国际金融体系主要是为了解决各国的经常项目问题而创设的,对处理巨额私人资本流动导致的资本项目问题乃至金融危机的能力不足。近年来,尤其是美国次贷危机引发的全球金融危机以来,国际社会要求改革现行国际货币和金融体系的呼声日益高涨。虽然美国等西方国家金融实力强大,在现行国际金融体系中占据有利地位,妄图操纵国际金融体制的改革进程和方向。但我国是当今世界最大的发展中国家,经济连续多年保持高速增长,正逐步融入世界经济金融市场,国际金融地位有明显提高。而当前国际社会有关国际金融体制改革的热点、焦点问题,如国际货币基金组织的作用、限制国际投机资本流动、改革汇率制度等,均与我国利益密切相关。因此,在国际金融新秩序的建立过程中,我们必须联合发展中国家,积极参与国际金融体系改革,在国际金融体系中争得发言权,使国际金融新秩序逐渐有利于发展中国家,进一步提升我国在国际金融决策中的影响力。

　　我国要在 21 世纪成为世界强国,不仅要在建立国际政治、经济新秩序上"有所作为",而且要在建立国际金融新秩序上"有所作为"。在金融全球化加速发展,金融危机频繁发生的新形势下,我们必须加快有中国特色社会主义金融事业的建设步伐,必须根据自己的时间表实行渐进的金融开放,必须加强同广大发展中国家的协调合作,一道为建立能体现发展中国家利益的国际金融新秩序而努力,进而更积极有效地维护我国的金融安全。

参 考 文 献

中文部分

1.安颖:《WTO 下金融服务贸易自由化与法律监管的关系》,大连海事大学 2008 年。

2.巴曙松、曾智、朱元倩:《资产证券化与银行风险控制——巴塞尔协议 Ⅲ 下资产证券化的度量框架及其对我国的启示》,《价格理论与实践》2013 年第 11 期。

3.白罡:《从控制权市场看我国上市公司治理结构》,清华大学 2004 年。

4.白宏宇、张荔:《百年来的金融监管:理论演化、实践变迁及前景展望》,《国际金融研究》2000 年第 1 期。

5.白钦先:《百年金融的历史性变迁》,《国际金融研究》2003 年第 2 期。

6.白钦先:《发达国家金融监管比较研究》,中国金融出版社 2003 年版。

7.白钦先:《世纪金融监管理论与实践的回顾和展望》,《城市金融论坛》2000 年第 5 期。

8.白志中:《顺应金融电子化潮流　创建卓越银行客户体验》,《国际金融》2013 年第 9 期。

9.蔡东:《商业银行电子化发展战略探析》,《金融电子化》1999 年第 10 期。

10.曹冬:《中国创业板市场发展的思考》,《理论前沿》2008 年第 1 期。

11.曹冬燕:《资本市场一体化:我们能做什么》,中国宏观经济信息网 2001—04—25。

12.曹凤岐:《中国金融改革、发展与国际化》,经济科学出版社 1999 年版。

13.曹海军、朱连明:《再论人民币汇率形成机制改革及其若干问题》,《当代经济科学》2012 年第 5 期。

14.曹维:《不同时段的中国汇率制度问题研究》,复旦大学 2006 年。

15.曹勇:《做市商制度、人民币汇率形成机制与中国外汇市场的发展》,《国际金融研究》2006 年第 4 期。

16.曹远征、甄峰:《人民币国际化的特殊路径及意义》,《国际金融》2012 年第

11 期。

17.曹远征:《高度警惕亚洲金融危机的重演》,《国际金融》2013 年第 11 期。

18.陈彪如:《国际金融概论》,华东师范大学出版社 1997 年版。

19.陈代娣、陶丽博:《美国信用评级机构监管法律制度介绍及启示》,《债券》2012 年第 10 期。

20.陈岱孙、厉以宁:《国际金融学史》,中国金融出版社 1991 年版。

21.陈东成:《我国证券市场一体化问题探索》,《财金贸易》2000 年第 10 期。

22.陈高翔:《论对冲基金投机冲击对国际经济关系的影响》,暨南大学 2004 年。

23.陈浩伟、于晓光:《"三元悖论"与中国汇率制度选择》,《黑龙江对外经贸》2010 年第 5 期。

24.陈华龙:《新巴塞尔协议与我国商业银行资本管理研究》,湖南大学 2003 年。

25.陈建华、程杞国:《金融危机与有效的金融监管》,《中国企业报》2002 年 3 月 29 日。

26.陈剑:《浅析我国信贷资产证券化》,《中国商界》2010 年第 8 期。

27.陈俊:《巴塞尔协议Ⅲ下金融资产业务盈利模式新探》,《国际金融》2013 年第 11 期。

28.陈珂:《中国经济福利的动态及社会福利的可持续改善研究》,武汉理工大学 2004 年。

29.陈来:《国际金融一体化发展的影响与对策》,《经济研究参考》2003 年第 41 期。

30.陈日清:《论国际金融市场一体化与发展中国家金融风险防范》,《黑龙江对外经贸》2003 年第 12 期。

31.陈姝:《金融自由化与我国金融体制改革对策》,《科技成果纵横》2007 年第 11 期。

32.陈向荣:《全球金融一体化对我国金融安全的挑战》,《国际关系学院学报》2002 年第 3 期。

33.陈宜飚:《金融全球化与中国对策》,对外经济贸易大学 2002 年。

34.陈义:《网上银行的银行与客户关系的研究》,对外经济贸易大学 2001 年。

35.陈奕群:《我国银行经营制度的选择研究》,湖南大学 2002 年。

36.陈永生:《论证券发行的注册制和核准制》,《天府新论》2001 年第 1 期。

37.陈永生:《证券发行制度的比较分析》,《财经科学》2000 年 S2 期。

38.陈峥嵘:《完善创业板退市制度的政策建议和配套措施》,《资本市场》2010 年第 7 期。

39.陈支农:《美国的资产证券化》,《现代商业银行》2000 年第 5 期。

40.成善栋、史惟、郑敏、许少敏、徐斌:《国有商业银行应用信息技术的总体目标和实施步骤》,《金融论坛》2003 年第 1 期。

41.成善栋、徐红:《金融全球化形势下国有商业银行的风险管理研究》,《金融论坛》2002 年第 10 期。

42.程定华:《双刃剑:金融国际化的利益与风险》,上海社会科学院出版社 1999 年版。

43.程峰:《证券投资基金对中国股市稳定性影响的实证研究》,暨南大学 2004 年。

44.程玉峰:《证券交易制度比较研究》,浙江大学 2001 年。

45.丛素音:《关于美国次级债危机对我国房地产金融的教训初探》,《求实》2008 年 S1 期。

46.单怀光:《夯实全行电子化基础 迎接金融全球化挑战——为实现工商银行电子化建设的第二次飞跃而奋斗》,《中国金融电脑》2000 年第 1 期。

47.邓超:《金融全球化与我国的金融风险防范》,《武汉金融》2000 年第 9 期。

48.邓海清、胡玉峰、蒋钰炜:《资产证券化——变革中国金融模式》,社会科学文献出版社 2013 年版。

49.邓勇:《跨国银行监管法律问题研究》,西南财经大学 2003 年。

50.丁纯、李君扬:《欧债危机的表现、影响、治理与展望》,《同济大学学报(社会科学版)》2013 年第 6 期。

51.丁一兵:《经济发展中的汇率制度选择》,吉林大学 2004 年。

52.丁志杰:《发展中国家金融开放:效应与政策研究》,中国发展出版社 2002 年版。

53.东北证券公司金融与产业研究所课题组:《证券市场低效率的根源:制度缺陷》,《经济研究参考》2002 年第 1 期。

54.董爱民:《试析商业银行网上业务的拓展》,《环渤海经济瞭望》2006 年第 6 期。

55.董波:《我国金融电子化发展方略初探》,《网络世界》2001 年 3 月 5 日。

56.董晋强:《电子支付发展对我国金融电子化的影响》,《经济师》2013 年第 8 期。

57.董彦岭、陈琳:《金融危机下美英金融监管改革的比较与借鉴》(下),《海南金融》2010 年第 1 期。

58.段秉华:《关注全球资本市场一体化趋势》,《证券时报》2000 年 6 月 22 日。

59.樊忠、丁彩虹:《美国金融电子化的发展及其启示》,《金融电子化》1999 年第 11 期。

60.范爱军:《金融危机的国际传导机制探析》,《世界经济》2001 年第 6 期。

61.范爱军:《经济全球化利益风险论》,山东大学 2004 年。

62.范秋生:《浅谈我国的金融电子化问题》,《金融与经济》2008 年第 7 期。

63.封文丽:《中国金融业在经济全球化过程中的对策》,东北农业大学 2000 年。

64.冯晓明:《全球金融一体化带给中国的机遇和挑战——访中国人民银行货币政策委员会副秘书长易纲博士》,《国际经济评论》2000 年第 10 期。

65.甫玉龙、吴昊:《我国创业板市场做市商交易制度构建》,《海南大学学报》(人文社会科学版)2010 年第 2 期。

66.傅均文:《风雨洗礼:开放冲击下的金融深化》,上海社会科学院出版社 2001 年版。

67.高柏:《全球化的未来与中国的命运——人民币汇率的国际政治经济学》,《战略与管理》2004 年第 1 期。

68.高保中:《中国资产证券化的制度分析》,社会科学文献出版社 2005 年版。

69.高飞:《美国次贷危机引发的思考》,《科技信息》2008 年第 35 期。

70.高歌:《企业资产证券化的会计探讨》,《财会纵横》2010 年第 5 期。

71.高建良、王旭红、鲁丽梅:《金融全球化与中国金融开放稳步推进战略选择》,《湖南财经高等专科学校学报》2002 年第 8 期。

72.高乐咏:《集体行动的逻辑与全球化的制度环境——论霸权主导向多极均衡的转变》,《南开学报》2000 年第 5 期。

73.高峦、刘宗燕:《资产证券化研究》,天津大学出版社 2009 年版。

74.高晓琴:《西方商业银行经营制度的变革与启示》,西南财经大学 2001 年。

75.龚澄:《中国利率—汇率传导机制及利率和汇率政策协调研究》,安徽大学 2002 年。

76.龚坚:《论中国现阶段外汇管理的金融管制》,复旦大学 2009 年。

77.龚明华:《金融信息化、电子支付及网络银行》,《社会科学辑刊》2005 年第 4 期。

78.郭东霞:《金融市场的风险传递渠道及其屏蔽研究》,《经营管理者》2009 年第 3 期。

79.郭彦卿:《国际混业经营浪潮下我国金融业经营模式的思考》,对外经济贸易大学 2003 年。

80.国务院发展研究中心金融危机跟踪研究小组:《世纪末的冲击·深层思考:经济全球化进程中金融危机的防范》,中国发展出版社 1999 年版。

81.韩继云:《金融自由化与中国金融改革的深化》,《青海社会科学》2003 年第 3 期。

82.韩婧妍:《浅析"金融自由化"下的中国金融改革》,《大众商务》2010 年第 1 期。

83.韩薇薇:《论金融危机的生成与防范》,对外经济贸易大学 2003 年。

84.郝智伟:《金融电子化与我国金融监管》,《合作经济与科技》2006 年第 19 期。

85.何德旭、王轶强:《美国投资基金制度的最新发展及启示》,《财贸经济》2002 年第 1 期。

86.何帆:《为什么新兴市场易于爆发金融危机?》,《求是》2002 年第 8 期。

87.何慧刚、卢圣泉:《论东亚汇率稳定协调机制的两难选择和重要性》,《河南金融管理干部学院学报》2005 年第 9 期。

88.何慧刚:《建立东亚固定汇率区:构想、困境与现实选择》,《当代亚太》2005 年第 7 期。

89.何慧刚:《论东亚最优汇率制度选择》,《云南社会科学》2005 年第 11 期。

90.何淑兰:《发展中国家汇率制度选择与金融危机》,江西财经大学 2003 年。

91.何小峰、黄嵩:《资产证券化:中国的模式》,北京大学出版社 2002 年版。

92.何泽荣:《论经济、金融全球化》,《经济学家》2000 年第 5 期。

93.贺朝晖:《金融电子化风险及其监管问题研究》,湖南大学 2002 年。

94.洪宁:《发展中国家金融自由化评析》,《经济科学》2002 年第 12 期。

95.洪崎:《金融深化理论与实证分析》,中国金融出版社 2000 年版。

96.洪艳蓉:《重启资产证券化与我的发展路径》,《证券市场导报》2011 年第 9 期。

97.洪艳蓉:《资产证券化法律问题研究》,北京大学出版社 2004 年版。

98.侯旭鲲:《银行业进入"量子跃迁"时代》,《科技日报》2000 年 5 月 14 日。

99.侯园园:《次贷危机视角下我国资产证券化的法律风险》,《郑州航空工业管理学院学报》2010 年第 3 期。

100.胡辉:《我国金融风险预警机制研究》,江苏大学 2008 年。

101.胡宝燕:《互联网上的支付系统》,对外经济贸易大学 2003 年。

102.胡鹏翔:《资产证券化的信用基础之检讨与反思——以美国次贷危机为鉴》,《中国商法年刊》2008 年。

103.胡威:《资产证券化的运行机理及其经济效应》,《浙江金融》2012 年第 1 期。

104.胡晓敏:《我国低利率政策对新疆经济的影响研究》,新疆财经大学 2010 年。

105.胡援成:《中国资本账户开放研究》,厦门大学 2001 年。

106.胡志成:《资产转移确认的风险与报酬分析法同金融合成分析法之间的比较研究》,《中国总会计师》2010 年第 5 期。

107.黄金老:《国际游资之乱》,《世界知识》2003 年第 10 期。

108.黄金老:《金钱游戏——国际游资评说》,《国际贸易》1999 年第 8 期。

109.黄金老:《金融全球化与中国的战略对策》,《国际金融研究》2000 年第 7 期。

110.黄金老:《金融自由化与金融脆弱性》,中国城市出版社 2001 年版。

111.黄金老:《经济金融全球化压力下的自由化》,《经济社会体制比较》2000 年第 9 期。

112.黄明:《论货币市场与资本市场的协调发展》,《教学与研究》2003 年第 12 期。

113.黄薇:《论金融危机传染机制及其在东南亚金融危机中的作用》,《外国经济与管理》2001 年第 5 期。

114.黄薇:《人民币汇率制度:现状、近期选择与改革操作》,《当代经济科学》2005 年第 5 期。

115.黄新华:《中国经济体制改革时期制度变迁的特征分析》,《财经问题研究》2002 年第 1 期。

116.黄勇超:《入世与中国银行业改革探析》,厦门大学 2001 年。

117.记者:《持续创新 迈向辉煌——记中小企业板成立六周年》,《深交所》2010 年第 5 期。

118.记者:《中小企业板——中小企业隐形冠军的"摇篮"》,《深交所》2010 年第 5 期。

119.贾俐贞:《金融自由化与中国金融开放》,中共中央党校 2005 年。

120.简新华、于海森:《世界金融和经济危机的根源、新特征、影响与应对》,《中国工业经济》2009 年第 6 期。

121.江时学:《比较拉美和东亚的金融自由化》,《世界经济》2001 年第 10 期。

122.江时学:《论拉美国家的金融自由化》,《拉丁美洲研究》2003 年第 2 期。

123.姜波:《金融自由化的国际实践比较及中国风险防范》,东北财经大学 2007 年。

124.姜波克:《国际金融学》,高等教育出版社 1999 年版。

125.姜磊、马卫锋、杨娟:《金融全球化的正负效应分析与我国金融业的政策选择》,《东北财经大学学报》2002 年第 1 期。

126.姜瑶英:《美国银行业 IT 技术运用的新潮流》,《金融电子化》2000 年第 8 期。

127.姜瑶英:《美国银行业的信息技术运用战略——美国商业银行的业务改革与调整战略(六)》,《城市金融论坛》2000 年第 10 期。

128.蒋志芬、赵月珍、王丽琳、钮恬:《金融自由化对国际金融业的冲击及我国的对策》,《云南财贸学院学报》1997 年第 12 期。

129.金俐:《货币主义的影响:经济理论与政策实践》,《理论与改革》2003 年第 6 期。

130.康书生、董铁峰:《中国影子银行发展及监管问题研究》,《河北大学学报》(哲学社会科学版)2012 年第 5 期。

131.康书生:《银行制度比较与趋势研究》,中国金融出版社 2005 年版。

132.康中才:《次贷危机的国际传导机制、影响及对我国的启示》,湘潭大学2009年。

134.孔丽频:《网络银行——现代银行的战略选择》,《经济工作导刊》2000年第18期。

135.孔明杰:《浅谈我国资本市场建设之交易制度的选择》,《经营管理者》2010年第3期。

136.蓝鸟:《美国金融电子化的发展及其启示》,《广东金融电脑》1999年第10期。

137.雷军:《网络银行发展策略与风险防范》,对外经济贸易大学2002年。

138.雷岩:《中国网络银行发展问题研究》,江西财经大学2001年。

139.李彬:《美国资产证券化发展历程及对我国的启示》,《财政监督》2009年第8期。

140.李彬:《试论次贷危机后资产证券化动因的转变趋势》,《特区经济》2010年第7期。

141.李成、刘社芳:《电子货币发展带来的制度挑战与思考》,《上海金融》2004年第6期。

142.李奉军:《我国资产证券化的现实思考与路径选择》,《财经研究》2001年第9期。

143.李海涛、孙祁祥、张楠楠:《论金融一体化对金融监管提出的挑战》,《保险研究》2003年第8期。

144.李恒阳、吴海涛、匡一先、蔡英武:《全球金融危机经典案例》,中南工业大学出版社1999年版。

145.李佳、王晓:《资产证券化对金融稳定影响的研究评述》,《河南师范大学学报》(哲学社会科学版)2010年第1期。

146.李建军、甄峰、崔西强:《人民币国际化发展现状、程度测度及展望评估》,《国际金融研究》2013年第10期。

147.李建民:《独联体经济一体化十年评析》,《东欧中亚研究》2001年第10期。

148.李俊峰:《开放经济中的金融自由化及其发展研究》,天津财经学院2000年。

149.李利明、曾人雄:《中国金融大变革》,上海人民出版社2007年版。

150.李亮:《欧债危机中欧央行货币政策应对和实施效果》,《国际金融研究》2013年第3期。

151.李敏:《浅论中国银行业金融电子化发展问题》,《经营管理者》2011年第15期。

152.李明:《金融危机的传导机制及对我国的启示》,《现代金融》2009年第10期。

153.李锐：《我国商业银行面临的挑战及竞争对策研究》，武汉理工大学 2003 年。

154.李杉：《证券市场对外开放法律监管研究》，对外经济贸易大学 2004 年。

155.李文青：《我国网络银行研究》，浙江大学 2001 年。

156.李小牧、李春锦、傅卓斌：《金融危机的国际传导：90 年代的理论与实践》，中国金融出版社 2001 年版。

157.李晓娟：《中国创业板市场发展及其影响分析》，《中国商界》2010 年第 1 期。

158.李学峰、文茜：《资本市场对外开放提升了市场有效性吗？——一项国际比较研究》，《国际金融研究》2012 年第 8 期。

159.李学武：《论金融安全网在维护我国金融体系安全稳健中的作用》，《西安金融》2001 年第 4 期。

160.李扬：《面对金融全球化》，《中国外汇管理》1999 年第 1 期。

161.李扬、黄金老：《金融全球化漫谈（一）金融全球化概说》，《中国城市金融》2000 年第 1 期。

162.李扬：《不再"隔岸观火"——谈经济全球化》，《经济管理》2000 年第 3 期。

163.李扬：《经济全球化与金融全球化》，《宏观经济研究》2000 年第 3 期。

164.李扬、黄金老：《金融全球化漫谈（四）资本流动全球化：90 年代以来的新发展》，《中国城市金融》2000 年第 4 期。

165.李扬：《金融全球化问题研究》，《国际金融研究》2002 年第 7 期。

166.李扬、王国刚、何德旭：《中国金融理论前沿Ⅲ》，社会科学文献出版社 2003 年版。

167.李扬、余维彬：《人民币汇率制度改革：回归有管理的浮动》，《经济研究》2005 年第 8 期。

168.李扬：《中国金融发展报告：2008—2009》，社会科学文献出版社 2009 年版。

169.李毅：《中国金融业如何面对全球金融一体化浪潮》，《宁夏大学学报》（人文社会科学版）2003 年第 3 期。

170.李永胜、秦汝刚：《美国金融霸权与发展中国家金融危机》，《开放导报》1999 年 5 月 10 日。

171.李永胜：《论金融霸权及其防范——陈观烈教授呼吁警惕世界金融霸权的启示》，《世界经济文汇》1999 年第 4 期。

172.梁柯：《金融全球化进程中我国金融风险防范》，河南大学 2007 年。

173.梁会丽：《金融自由化与中国金融体制改革》，《经济师》2003 年第 4 期。

174.梁琳琳：《全球金融危机下的陕煤化工集团财务运行安全研究》，西北大学 2009 年。

175.林东海：《论汇率制度：历史发展、理论分析与实证研究》，厦门大学 2002 年。

176.林枫：《金融渐进开放下我国汇率制度的选择分析》，昆明理工大学 2004 年。

177.林霞、白澎:《金融自由化的负效应与出路——当代国际金融市场无序化的成因分析及对策建议》,《金融科学》2000 年第 12 期。

178.刘道远:《多层次资本市场改革语境下证券交易制度研究》,《北京工商大学法学论坛》2010 年第 1 期。

179.刘东超:《世界历史、全球化和儒学运动》,http://www.confuchina.com。

180.刘晶:《论入世后我国商业银行金融电子信息化的发展趋势》,对外经济贸易大学 2002 年。

181.刘景茂:《试论世界经济发展与国际货币制度演变》,《绥化师专学报》2002 年第 2 期。

182.刘军梅:《经济全球化与转型国家的制度变迁》,《世界经济研究》2002 年第 5 期。

183.刘澜飚、沈鑫、郭步超:《互联网金融发展及其对传统金融模式的影响探讨》,《经济学动态》2013 年第 8 期。

184.刘玲:《中国金融衍生品市场制度及其效率分析》,天津财经学院 2003 年。

185.刘曼:《网络银行风险监管问题及对策研究》,西南大学 2006 年。

186.刘敏、李颖:《"三元悖论"与人民币汇率制度改革浅析》,《国际金融研究》2008 年第 6 期。

187.刘明志:《金融国际化:理论、经验和政策》,中国金融出版社 2008 年版。

188.刘沛:《开放经济下金融稳定的理论与实践》,暨南大学 2002 年。

189.刘强:《商业银行资产负债管理与不良资产考核评估处置全书》,中国科学技术出版社 2007 年版。

190.刘夏:《美国次贷危机对我国金融监管的几点启示》,《网络财富》2008 年第 9 期。

191.刘新伟:《浅谈金融自由化的利弊》,《成人高教学刊》2002 年第 12 期。

192.刘学工:《我国金融电子化发展路径探析》,《今日湖北》(理论版)2007 年第 4 期。

193.刘燕霄:《发展中国家金融自由化改革实践及对中国之启示》,《金融经济》2009 年第 1 期。

194.刘阳:《由浅入深学外汇——基础篇(二)》,《财富智慧》2007 年第 12 期。

195.刘瑶:《从变迁历史看人民币汇率制度改革新思路》,《特区经济》2010 年第 5 期。

196.刘夷:《浅析中国的金融安全》,《黑龙江社会科学》2002 年第 10 期。

197.隆武华、陈炜、吴林样:《海外做市商双向报价规则及其借鉴》,《证券市场导报》2005 年第 7 期。

198.娄巧萍:《东亚五国金融深化的比较研究及对我国的启示》,东北师范大学

2002 年。

199.卢盛荣:《国际金融危机对中国经济的影响及其传导机制》,《东南学术》2009 年第 1 期。

200.卢文刚、刘沛:《中国金融安全战略思路探析》,《经济前沿》2001 年第 6 期。

201.陆岷峰、马艳:《金融危机的传递渠道分析与隔离策略研究》,《求实》2009 年第 2 期。

202.陆生全:《建立和发展我国创业板市场需注意的几个问题》,《甘肃金融》2001 年第 2 期。

203.吕祥勃:《中国银行业竞争力国际比较研究》,《统计与决策》2009 年第 23 期。

204.罗娟:《资本账户开放与金融危机》,湖南大学 2008 年。

205.罗宣政:《关于发达国家与发展中国家金融自由化之研究》,中共中央党校 2003 年。

206.马君潞:《21 世纪金融大趋势:金融自由化》,中国金融出版社 1999 年版。

207.马胜杰:《中国国有商业银行组织制度模式选择》,《扬州大学税务学院学报》2001 年第 1 期。

208.马蔚华:《网络银行——现代银行的战略选择》,《全国信息导报》2000 年 4 月 25 日。

209.马雯:《国际资本流动背景下的人民币汇率制度研究》,中国海洋大学 2006 年。

210.梅波:《试析发展中国家汇率制度的选择》,《甘肃行政学院学报》2004 年第 9 期。

211.梅光仪:《金融管制与金融自由化——银行体系自由化的国际经验及其启示》,暨南大学 2001 年。

212.孟辉、伍旭川:《美国次贷危机与金融稳定》,《中国金融》2007 年第 18 期。

213.倪冰:《中国银行业金融电子化的发展策略》,电子科技大学 2001 年。

214.倪志凌:《动机扭曲和资产证券化的微观审慎监管——基于美国数据的实证研究》,《国际金融研究》2011 年第 8 期。

215.逄馥源:《金融国际化的双重效应及中国的战略选择》,东北师范大学 2006 年。

216.裴长洪、郑文:《中国视角:人民币汇率与贸易顺差关系分析》,《金融评论》2010 年第 1 期。

217.裴立公:《我国金融电子化发展现状和展望》,《华南金融电脑》2009 年第 1 期。

218.裴子英:《论次贷危机产生的原因》,《吉林化工学院学报》2008 年第 6 期。

219.彭兴韵:《金融发展的路径依赖于金融自由化》,三联书店上海分店、上海人民出版社 2002 年版。

220.彭韵程:《我国资产证券化存在的主要问题与对策探讨》,《中国证券期货》2010 年第 6 期。

221.祁飞:《我国证券市场效率问题研究》,湘潭大学 2005 年。

222.秦凤鸣:《风险投资与现代金融体系的融资机制》,《山东经济》2001 年第 11 期。

223.荣艺华:《国际金融危机链式反应传导机制与我国金融改革》,《金融参考》2001 年第 5 期。

224.阮秀琴:《关于商业银行拓展"外汇宝"业务的思考》,《海峡科学》2010 年第 9 期。

225.萨奇:《全球性金融自由化利弊分析》,《国际金融研究》1996 年第 10 期。

226.商务部:《中国对外贸易形势报告》(2013 秋季)。

227.尚旭:《试述转轨经济时期我国金融体系的构建》,《科技创业月刊》2005 年第 4 期。

228.邵靖、韩继云:《金融自由化与中国金融改革》,《金融理论与实践》2003 年第 4 期。

229.申卫平:《金融全球化背景下浮动汇率制度在发展中国家的不适用性》,《经济研究参考》2002 年第 3 期。

230.申卫平:《国际货币制度演进对金融全球化进程的影响》,《宏观经济研究》2002 年第 6 期。

231.申卫平:《金融全球化与汇率制度选择》,《人民日报》2002 年 7 月 13 日。

232.申卫平:《发展中国家汇率制度选择的两难与解决方案——金融全球化的视角》,《世界经济与政治》2002 年第 9 期。

233.石国臣:《美国金融监管制度改革及其借鉴》,吉林大学 2004 年。

234.石俊志:《金融危机生成机理与防范》,中国金融出版社 2001 年版。

235.时军:《促进中小企业创业板融资对策分析》,《中国管理信息化》2010 年第 8 期。

236.史蒂芬·英格维斯:《防范危机:中国应借鉴什么》,《现代商业银行》2002 年第 7 期。

237.史玉伟:《中国上市公司控制权转移机制研究》,浙江大学 2003 年。

238.宋安平:《商业银行核心竞争力研究》,厦门大学 2003 年。

239.宋海燕、王政:《金融深化与金融危机——兼论我国资本的有效管理》,《国际金融研究》2003 年第 8 期。

240.宋敏:《金融机构全能化研究》,河海大学 2001 年。

241.隋丽杰:《我国融入金融全球化进程中的对策探析》,《江西行政学院学报》2006 年第 12 期。

242.隋平、陈平凡:《论影子银行的风险与监管制度构建》,《亚太经济》2013 年第 4 期。

243.孙浩、柴跃廷、刘义:《电子货币运营模式的影响及监管指标分析》,《国际金融研究》2010 年第 3 期。

244.孙浩:《美国电子货币发展的实践与启示》,《金融电子化》2012 年第 5 期。

245.孙洁:《亚洲金融危机后东亚地区金融改革及启示》,武汉理工大学 2002 年。

246.孙晶晶:《金融危机的国际传染性研究》,青岛大学 2007 年。

247.孙立:《论资本市场全球一体化趋势》,《东北师大学报》(哲学社会科学版)2002 年第 3 期。

248.孙立坚:《开放经济中的外部冲击效应和汇率安排》,上海人民出版社 2005 年版。

249.孙琦:《高新技术企业成长与资本市场战略选择的研究》,东北大学 2005 年。

250.孙晓芳:《2009 年中小板公司年报业绩分析》,《证券市场导报》2010 年第 7 期。

251.孙英利:《论我国存款保险制度的模式设计》,厦门大学 2002 年。

252.孙云峰:《国际金融体系变革与我国金融安全的思考》,《河南金融管理干部学院学报》2003 年第 9 期。

253.唐艳芳:《国外银行监管制度比较及其对我国的启示》,厦门大学 2001 年。

254.陶强、张文民:《我国汇率制度的选择》,《辽宁经济》2006 年第 6 期。

255.陶艳艳:《金融电子化下的银行创新与风险防范——访交通银行董事长牛锡明》,《银行家》2013 年第 7 期。

256.田桂林:《我国央行金融监管与国际惯例接轨的构想》,《武汉金融》2002 年第 5 期。

257.田青:《"次贷"危机背景下对中国金融自由化的思考》,《科技信息》2009 年第 6 期。

258.田玉海:《多层次资本市场之比较研究》,《证券市场》2008 年第 7 期。

259.仝冰:《论中国金融开放进程中的汇率战略》,中央民族大学 2004 年。

260.佟景洋:《世界金融危机的生成及中国应对》,内蒙古大学 2010 年。

261.涂洪船、钟辉明:《全球金融市场一体化及我国银行业的变革》,《福建农业大学学报》1999 年第 2 期。

262.汪云:《商业银行业务电子化风险的法律控制》,西南政法大学 2008 年。

263.汪自立:《中国金融市场化与国际化论纲》,中国金融出版社 1997 年版。

264.汪宗俊:《对我国发展证券信用交易制度的思考》,《市场周刊》2009 年第

12 期。

265.王强:《开放条件下我国系统性金融风险与防范》,四川大学 2006 年。

266.王彬:《股权分置改革的制度分析》,对外经济贸易大学 2007 年。

267.王春雷:《经济全球化下的中国宏观金融风险因素研究》,河海大学 2002 年。

268.王丹枫:《全球化背景下离岸金融中心的演变趋势》,华东师范大学 2004 年。

269.王德祥:《经济全球化条件下的世界金融危机研究》,武汉大学出版社 2002 年版。

270.王东:《对美国次贷危机的思考》,《中国证券期货》2008 年第 8 期。

271.王光华:《我国金融电子化发展的现状与未来》,《时代金融》2007 年第 5 期。

272.王光辉、柳卫宾、崔杰:《资产证券化的风险管理及美国次级债风波的启示》,《商业时代》2010 年第 3 期。

273.王国刚:《全球金融发展趋势》,社会科学文献出版社 2003 年版。

274.王洪涛:《金融风险与防范》,《经济参考报》2001 年 8 月 1 日。

275.王金龙:《金融国际化效应研究》,中共中央党校出版社 2003 年版。

276.王婧:《次贷危机成因及对全球经济影响》,《科技资讯》2010 年第 20 期。

277.王静:《论无纸化证券市场对"证券"的挑战》,《中共中央党校学报》2009 年第 6 期。

278.王娟、张杰等:《我国银行业电子化趋势及应对措施》,《河北金融》2003 年第 2 期。

279.王岚:《股权分置改革时期证券市场困境与对策研究》,暨南大学 2005 年。

280.王林:《资产证券化融资的必要性及操作思路》,《现代金融》2001 年第 5 期。

281.王洛林:《全球化与中国金融》,经济管理出版社 2010 年版。

282.王淑敏、申瑞涛、杨小勇:《金融深化创新论》,中国金融出版社 2003 年版。

283.王曙光:《金融自由化与经济发展》,北京大学出版社 2003 年版。

284.王松奇:《熊市快速扩容思路亟待矫正》,《中国证券报》2003 年 10 月 21 日。

285.王廷惠:《金融危机:原因、演化与国际传递》,《贵州财经学院学报》2002 年第 7 期。

286.王廷惠:《金融危机成因研究———一般理论及对中国加入 WTO 之后的现实解释》,《财经研究》2002 年第 8 期。

287.王小锋:《对西部贫困地区金融电子化到金融信息化发展的思考》,《科技信息》2007 年第 30 期。

288.王新亮:《我国证券市场保荐人制度改革思路》,《经济师》2010 年第 1 期。

289.王信:《金融危机扩散:现象、理论及政策启示》,《国际经济评论》2000 年第 6 期。

290.王毅、陈阳:《中资银行业国际化:机遇、挑战与选择》,《银行家》2013 年第

7 期。

291. 王玉、李伟:《中美金融资产证券化监管制度的比较与分析》,《产业与科技论坛》2009 年第 8 期。

292. 王元龙:《金融全球化有关问题的探讨》,《经济研究参考》2003 年第 3 期。

293. 王元龙:《人民币国际化的顶层设计与推进策略》,《金融与经济》2013 年第 4 期。

294. 王元璋、涂晓兵:《试析我国资产证券化的发展及建议》,《当代财经》2011 年第 3 期。

295. 王原声:《金融发展与经济可持续发展的关系研究》,中国海洋大学 2004 年。

296. 王运成:《中国渐进式金融自由化与国有银行风险关系研究》,西北大学 2005 年。

297. 王中平:《科技立行 备战入世——对工行电子化发展战略的几点探讨》,《金融电子化》2000 年第 12 期。

298. 王子先:《论金融全球化》,中国社会科学院 2000 年。

299. 王自力:《道德风险与监管缺失:美国金融危机的深层原因》,《中国金融》2008 年第 20 期。

300. 卫娴、刘延京:《金融全球一体化过程中我国商业银行的再造》,《技术经济与管理研究》2003 年第 10 期。

301. 卫娴:《银行可持续发展研究》,复旦大学 2008 年。

302. 魏修华:《基于路径考察的人民币国际化探析》,中国海洋大学 2006 年。

303. 温树英:《论金融监管国际化》,《山西财经大学学报》2001 年第 10 期。

304. 巫文勇:《美国次贷危机的成因与教训》,《中国证券期货》2008 年第 11 期。

305. 吴传俯:《中国金融危机问题的争论与思考》,《经济要参》2003 年第 17 期。

306. 吴广君:《金融服务贸易自由化与发展中国家的金融安全研究》,湖南大学 2002 年。

307. 吴海涛:《90 年代全球三大金融危机及启示》,《成都大学学报》(自然科学版)2000 年第 3 期。

308. 吴仅:《美国次贷危机的成因及对中国的启示:抵押贷款证券化视角》,西南财经大学 2008 年。

309. 吴俊宏:《上世纪末两次金融危机的比较分析及给予我国的启示》,西南财经大学 2004 年。

310. 吴念鲁、陈全庚:《人民币汇率研究》,中国金融出版社 2002 年版。

311. 吴秋实、朱雪莲:《电子货币时代货币发行权的分散化趋势研究》,《北方经贸》2003 年第 6 期。

312. 吴婷婷:《金融国际化与金融安全:理论与实证》,西南财经大学 2011 年。

313.吴晓灵:《中国金融体制改革 30 年回顾与展望》,人民出版社 2008 年版。

314.吴许均:《资产证券化动因分析》,《经济与管理研究》2002 年第 5 期。

315.吴艳芳:《我国商业银行目前面临的困境及竞争对策研究》,郑州大学 2001 年。

316.吴永钢、李政:《论金融自由化与宏观金融风险的相关性》,《河北学刊》2013 年第 3 期。

317.伍戈、杨凝:《离岸市场发展对本国货币政策的影响——一个综述》,《金融研究》2013 年第 10 期。

318.夏小伟、曾繁荣:《我国信贷资产证券化的现状、问题及建议》,《特区经济》2010 年第 8 期。

319.向松祚:《中国金融业国际化的机遇与挑战》,《21 世纪经济报道》2012 年 6 月 15 日。

320.向玉丽:《中国金融自由化改革及政策选择》,四川大学 2006 年。

321.向重伦:《计算机在金融业中的应用》,中国金融出版社 1996 年版。

322.小川英治、姚枝仲:《论钉住一篮子货币的汇率制度》,《世界经济》2004 年第 6 期。

323.肖刚:《"入世"后中国银行业监管问题研究》,浙江大学 2001 年。

324.肖联民、奚振斐、佟平:《银行计算机网络及其应用》,西安交通大学出版社 1996 年版。

325.谢惠英:《关于金融危机对航空制造业影响的探讨》,西南财经大学 2009 年。

326.谢康、肖静华:《网络银行》,长春出版社 2000 年版。

327.谢平、易纲等:《纵论金融改革大趋势》,《经济论坛》2001 年第 3 期。

328.谢平、尹龙等:《网上银行业务使用手册》(上、下),清华大学出版社 2001 年版。

329.谢平、邹传伟:《互联网金融模式研究》,《金融研究》2012 年第 11 期。

330.谢秀维:《浅析金融业电子化管理的优势和风险》,《时代金融》2012 年第 12 期。

331.辛柳:《金融抑制、金融自由化和我国金融体制改革的对策》,《财经问题研究》2000 年第 3 期。

332.辛侨利:《次贷危机》,中国经济出版社 2008 年版。

333.熊剑、王贵美、曾根:《基于"三元悖论"的我国汇率制度改革思考》,《时代金融》2009 年第 5 期。

334.熊毅诚:《金融危机的国际传染及其对我国的警示》,苏州大学 2010 年。

335.修晶、周颖:《人民币离岸市场与在岸市场汇率的动态相关性研究》,《世界经济研究》2013 年第 3 期。

336.徐国才:《ATM 服务存在的主要问题及政策建议》,《黑龙江金融》2009 年第2 期。

337.徐洪:《国有商业银行产权制度分析及股份制改造》,西南财经大学 2003 年。

338.徐慧贤:《论发展中国家的汇率制度选择》,《内蒙古财经学院学报》2005 年第 4 期。

339.徐静:《强化我国金融电子化监管迫在眉睫》,《华北金融》2003 年第 11 期。

340.徐军:《试论加入 WTO 后我国商业银行的现状和发展》,对外经济贸易大学2003 年。

341.徐玉霞:《金融市场一体化背景下如何保证国际金融的稳定和全球安全》,《哈尔滨金融学院学报》2013 年第 1 期。

342.徐钟:《金融全球化与金融风险》,云南人民出版社 1999 年版。

343.许崇正:《中国金融大趋势》,中国经济出版社 2011 年版。

344.许健:《金融深化论》,中国金融出版社 1995 年版。

345.许少强、朱真丽:《1949 年—2000 年的人民币汇率史》,上海财经大学出版社2003 年版。

346.薛敬孝:《金融全球化与国际金融危机》,天津人民出版社 2001 年版。

347.薛永明、李彬、刘剑章等:《我国商业银行表外业务的风险管理现状及措施》,《国际金融》2013 年第 9 期。

348.严丹屏、徐长生:《金融危机传染渠道研究》,《武汉金融》2003 年第 6 期。

349.阎煌:《美国次贷危机与我国金融风险防范》,《湖南社会科学》2008 年第4 期。

350.阎坤:《日本金融自由化与金融大改革》,《日本学刊》1998 年第 7 期。

351.杨波:《金融电子化风险及其监管问题研究》,《商场现代化》2004 年第 5 期。

352.杨大鹏:《金融自由化进程与金融监管》,《中国对外贸易》2003 年第 3 期。

353.杨冬梅:《国际金融危机后对通胀目标制的反思》,《河北金融》2013 年第12 期。

354.杨晶、彭敏:《影响我国金融开放的因素研究》,《企业家天地》(下半月刊)(理论版)2007 年第 5 期。

355.杨晶:《我国金融开放影响因素的实证研究》,湖南大学 2007 年。

356.杨培雷:《论国际金融市场一体化的涵义、原因及影响》,《经济评论》1999 年第 4 期。

357.杨劬:《金融全球化背景下我国的金融安全研究》,四川大学 2003 年。

358.杨咸月:《金融深化理论发展及其微观基础研究》,中国金融出版社 2002年版。

359.叶红枫、周跃东、李为真:《金融电算化教程》,中国人民大学出版社 1994

年版。

360.叶莉:《金融全球化条件下的我国金融安全问题研究》,河北工业大学2008年。

361.易纲:《汇率制度的选择》,《金融研究》2000年第9期。

362.易纲:《全球金融一体化对我国的影响及对策》,《发展论坛》2000年第11期。

363.易新福、李海峰:《对金融全球化和金融危机的几点思考》,《经济研究导刊》2013年第6期。

364.尹龙:《资产证券化:动力、约束与制度安排》,《金融研究》1999年第2期。

365.尹瑜:《农村金融抑制及其解决思路》,西南财经大学2009年。

366.于凤坤:《资产证券化:理论与实务》,北京大学出版社2002年版。

367.于红鑫:《股票市场财富效应研究》,天津财经学院2002年。

368.余为丽:《金融自由化与中国金融业的竞争策略研究》,武汉理工大学2003年。

369.俞科:《中国金融国际化问题研究》,长春理工大学2001年。

370.袁天昂:《金融自由化:不得不玩的"游戏"》,《时代金融》2006年第2期。

371.袁天昂:《金融自由化的进程选择》,《西南金融》2006年第1期。

372.岳毅:《国际金融业的电子化与我国商业银行的发展》,《国际金融研究》1999年第1期。

373.曾剑秋:《金融危机与中国》,新世界出版社1998年版。

374.曾康霖:《金融危机理论及其研究方法》,《财经科学》2000年第7期。

375.曾诗鸿:《论西方金融体系脆弱性理论的逻辑联系》,《西南民族学院学报》(哲学社会科学版)2003年第2期。

376.张敏:《基于客户特征向量的资金流动异常行为监测方法研究》,上海交通大学2007年。

377.张北锋:《货币危机预警模型的选择及在我国的应用》,厦门大学2008年。

378.张兵:《中国股票市场有效性分析与实证研究》,南京农业大学2002年。

379.张超英:《资产证券化的本质和效应》,复旦大学2004年。

380.张承惠:《建立有效的"减震"系统——经济全球化进程中金融危机的防范机制》,《国际贸易》1999年第1期。

381.张承惠:《经济全球化进程中金融危机的防范机制研究》,《经济研究参考》1999年第1期。

382.张春胜:《中国证券市场的风险特征及现阶段风险防范措施研究》,内蒙古大学2007年。

383.张春英:《论金融服务的现代化》,《沈阳工业大学学报》(社会科学版)2009

年第 2 期。

384.张德斌、关敏:《网络金融与风险投资》,中国国际广播出版社 2001 年版。

385.张帆:《网络银行的发展及湖南省网络银行业的战略》,中南大学 2002 年。

386.张华:《我国创业板市场风险及其防范研究》,《宏观经济观察》2010 年第 6 期。

387.张乐、权永辉:《金融危机背景下完善我国金融监管体制的若干对策建议》,《海南金融》2010 年第 9 期。

388.张理平:《资产证券化的融资特点与效率》,《中国国情国力》2009 年第 2 期。

389.张民:《网上银行》,民族出版社 2001 年版。

390.张培丽、姜伟:《国外关于金融自由化对经济增长影响研究的新进展》,《经济研究参考》2013 年第 59 期。

391.张佩:《汇率制度选择比较研究》,对外经济贸易大学 2007 年。

392.张鹏、李松梁:《重启资产证券化:国际经验与我国实践》,《金融理论与实践》2013 年第 4 期。

393.张铁强:《金融霸权及其对国际关系的影响》,暨南大学 2004 年。

394.张希君:《西方国家的金融深化理论及其启示》,《开发研究》1998 年第 12 期。

395.张希君:《金融全球化与我国金融业的安全维护》,《甘肃经济日报》2000 年 12 月 13 日。

396.张晓铃:《基于因子分析法的中小板上市公司经营绩效评价及其影响因素分析》,《柳州师专学报》2010 年第 3 期。

397.张晓宁、霍丽:《全球化视野的经济发展及其联动效应"美国次贷危机与中国经济走势"高层论坛综述》,《重庆社会科学》2008 年第 11 期。

398.张修志、温景丽:《我国商业银行电子化发展对策探讨》,《科技情报开发与经济》2004 年第 6 期。

399.张艳国:《金融自由化与中国商业银行的改革》,中共中央党校 2003 年。

400.张燕洁:《金融资产证券化中的真实销售法律问题研究》,《时代金融》2009 年第 10 期。

401.张垚:《我国金融体制现存问题与改革对策》,《科技信息》(学术研究)2006 年第 7 期。

402.张一中:《Shibor 与中国的利率市场化》,厦门大学 2008 年。

403.张亦春、许文彬:《金融全球化、金融安全与金融演进》,《管理世界》2002 年第 8 期。

404.张友祥:《中国资本项目开放的理论思考与实践建议》,东北师范大学 2002 年。

405.张幼文：《全球金融协调与中国金融的发展》，《学习与探索》1996年第2期。

406.张幼文、干杏娣：《金融深化的国际进程》，远东出版社1998年版。

407.张玉喜：《资产证券化的发展：主要类型、趋势及启示》，《浙江学刊》2009年第6期。

408.张兆义：《经济全球化背景下的转轨国家政府职能及其转换》，吉林大学2005年。

409.张振岩、张燕萍、胡仕春：《金融全球化：金融危机与中国金融安全维护》，《世界经济与政治论坛》2000年第1期。

410.张竹海：《金融脆弱性研究及其在次贷危机中的表现》，西南财经大学2009年。

411.张宗新：《中国证券市场低效率的制度分析》，《经济管理》2001年第10期。

412.张宗新：《证券市场低效率：基于制度变迁的一种解析》，《经济科学》2002年第4期。

413.赵蓓文：《金融国际化的发展及其动因》，《上海师范大学学报》（哲学社会科学版）1998年第1期。

414.赵国坚：《网上银行之路》，对外经济贸易大学2002年。

415.赵静：《浅谈资产证券化中风险隔离机制的完善》，《现代商业》2006年第6期。

416.赵秀丽、邵俊敏：《2007年以来国内外金融危机研究的文献综述——基于马克思主义研究的视角》，《内蒙古财经学院学报》2009年第8期。

417.郑蔚：《战后日本实现金融深化的路径分析》，《现代日本经济》2011年第4期。

418.中国证券监督管理委员会：《中国资本市场发展报告》，中国金融出版社2008年版。

419.钟伟：《21世纪初期金融全球化及中国的政策选择》，《世界经济与政治》2001年第4期。

420.周华：《互联网金融对传统金融业的影响》，《南方金融》2013年第11期。

421.周乐伟：《资产证券化的经济学分析》，厦门大学2007年。

422.周林、温小郑：《货币国际化》，上海财经大学出版社2001年版。

423.周尚文：《创业板做市商制度的国际实践及启示》，《金融与经济》2010年第6期。

424.周伟：《国际金融风险传递机制研究》，《中南林业科技大学学报》（社会科学版）2008年第11期。

425.周小川：《坚定不移地推进金融改革开放发展》，《人民论坛》2012年第12期（上）。

426.周宇:《互联网金融:一场划时代的金融变革》,《探索与争鸣》2013 年第 9 期。

427.朱柏蓉、付卓:《创业板市场对我国资本市场影响的利弊分析》,《中国商界》2010 年第 5 期。

428.朱恩涛:《金融危机的国际传染机制研究》,南京师范大学 2004 年。

429.朱飞华:《略论我国金融自由化的策略》,《绿色中国》2004 年第 8 期。

430.朱莉:《金融全球化与我国金融风险的防范研究》,哈尔滨工程大学 2004 年。

431.朱水芳:《我国国有商业银行与西方商业银行产权制度比较》,《金融经济》2007 年第 8 期。

432.朱向华:《亚洲资产证券化的动因分析及思考》,《商业研究》2005 年第 13 期。

433.朱跃:《证券监管亟需全球执法》,《科技智囊》2002 年第 11 期。

434.朱志刚:《浅析资产证券化中 SPV 相关法律问题》,《法制与社会》2010 年第 19 期。

435.庄晓玖:《金融自由化实践的国际比较》,《金融论坛》2007 年第 9 期。

436.邹海涛:《后危机时代我国发展资产证券化之思考》,《财会月刊》2010 年第 5 期。

437.邹亚明:《企业权威和集权与分权的经济学分析》,复旦大学 2004 年。

中译文参考文献

1.[美]爱德华·肖:《经济发展中的金融深化》,邵伏军等译,三联书店上海分店 1988 年版。

2.[美]艾伦·加特:《管制、放松与重新管制:银行业、证券业与保险业的未来》,陈雨露等译,经济科学出版社 1999 年版。

3.[美]博迪、莫顿:《金融学》,伊志宏等译,中国人民大学出版社 2000 年版。

4.[美]鲁迪格·多恩布什、斯坦利·费希尔、理查德·斯塔兹:《宏观经济学》,王志译,东北财经大学出版社 2011 年版。

5.[美]戈登史密斯:《金融结构与金融发展》,浦寿海等译,三联书店上海分店 1994 年版。

6.[美]金德尔伯格:《经济过热、经济恐慌及经济崩溃:金融危机史》(第三版),朱携、叶翔译,北京大学出版社 2000 年版。

7.[美]克鲁格曼:《国际经济学》(第 5 版),海闻等译,中国人民大学出版社 2002 年版。

8.[印]坎哈亚·L.古普塔、[荷]罗伯特·伦辛克:《金融自由化与投资》,沈志华译,经济科学出版社 2000 年版。

9.[美]罗纳德·I.麦金农:《经济发展中的货币与资本》,卢骢译,三联书店上海分店 1997 年版。

10.[美]罗纳德·I.麦金农:《经济市场化的次序——向市场经济过渡时期的金融控制》,周庭煜等译,三联书店上海分店 1997 年版。

11.[日]铃木淑夫:《日本金融自由化和金融政策》,夏斌译,中国金融出版社 1987 年版。

12.[美]米什金:《货币金融学》(第四版),李扬等译,中国人民大学出版社 1998 年版。

13.[英]迈克·巴克尔、约翰·汤普森:《英国金融体系》(第四版),陈敏强译,中国金融出版社 2005 年版。

14.[荷]尼尔斯·赫米斯、罗伯特·伦辛克:《金融发展与经济增长——发展中国家(地区)的理论与经验》,余昌淼等译,经济科学出版社 2001 年版。

15.[美]伊曼纽尔·N.卢萨基斯:《金融自由化与商业银行管理》,谭兴民等译,中国物价出版社 1992 年版。

16.[美]约瑟夫·熊彼特:《经济发展理论》,何畏等译,商务印书馆 1990 年版。

17.曾万达、罗伯特·科克:《亚洲国家的金融自由化、货币需求和货币政策》,黄兴海等译,中国金融出版社 1992 年版。

英文参考文献

1.Ajit Singh.,"Financial Liberalization,Stockmarkets and Economic Development",*The Economic Journal*,1997.

2.BIS,"*International Banking and Financial Market Developments*",March,1999.

3. Clara Cardone-Riportella, Reyes Samaniego-Medina, "What Drives Bank Securitisation? The Spanish Experience",*Journal of Banking & Finance*,Vol.34,No.11,2010,pp.2639-2651.

4.FDIC,"Clarifies Risks under New Safe Harbor Rule",*Asset Securitization Report*,2010(11).

5.Frank E.Nothaft,James L.Freund,"The Evolution of Securitization in Multifamily Mortgage Markets and Its Effect on Lending Rates",*Journal of Real Estate Research*,Vol.25,No.2,2003,pp.91-112.

6.Massimiliano Affinito,Edoardo Tagliaferri,"Why do(or did?)Banks Securitize their Loans? Evidence from Italy",*Journal of Financial Stability*,Vol.6,No.4,2010,pp.

189-202.

7.Michael Panley, "*Financial Innovation and Monetary Policy*", Leaper and Gard Ltd, 1992.

8. Patrick., " Financial Development and Economic Growth in Underdeveloped Countries", *Economic Development and Cultural Change*, 1996.

9."Special Purpose Entities(SPEs)and the Securitization Markets", *The Bond Market Association International Swaps & Derivatives Association Securities Industry Association*, 2002(2).

后　记

　　《当代世界金融发展特征与趋势研究》一书从构思、论证、写作到修改定稿，历时十年有余。最早是我在 20 世纪 90 年代后期为金融学本科高年级学生所做"金融学专题讲座"的讲稿。2002 年河北大学首次招收金融学硕士研究生后，就有了与研究生一起将这个题目系统整理、深入研究的想法。于是我提出初步研究思路和框架，全体作者论证、拟定具体写作提纲，各章执笔人分别撰写初稿、交换补充修改，终成此书。书中有几章与我指导的硕士研究生学位论文结合起来，如"金融自由化"一章与王晓冉硕士论文"金融自由化的国际经验借鉴及中国的政策选择"、"金融危机全球化"一章与王学伟硕士论文"全球性金融危机的成因及其对中国的启示"，内容基本是一致的。

　　实际上，在 2005 年我所指导的首届金融学硕士研究生毕业之时，本书初稿已经完成，只是后来的修改补充用了较长的时间。其中的原因，一是研究生离校后或深造或工作联系不便，时间也不充裕；二是其间发生了诸如美国次贷危机等有待观察的事件；三是有"本书研究的问题不是急于发表的问题"的想法，因为关于"趋势"的研究，也许时间长些论据会更充分、结论会更确定。

　　当然，成书时间长不能说明成果质量一定就好。因为涉及"世界金融发展特征与趋势"的研究著述可谓浩如烟海，尽管我们不遗余力地搜集整理，但实际上还是会挂一漏万；另一方面，在这个问题上，众多学者专家见仁见智，尽管我们在集"诸子百家"的智慧和成果之基础上，又经过了自己的思考和判断，但因研究水平等条件限制，本书的分析、判断及结论肯定存在争议,存在不足、缺陷甚至谬误;而且,作为"趋势研究",也确实需要更长时间的观察和检验。在对我国改革与发展的因应对策研究方面,本书仅提出了一些宏观思路,重点、难点问题深入、具体的探讨还有待后续努力,浅显自知。正因为如此,本书期望成为破题之作和引玉之砖。

最后说明,由于本书形成过程较长,研究生作者们相继毕业离校,在后期书稿的结构调整、新资料的补充、部分内容的修改增删直至文字格式的校改方面,河北大学金融系马丽华副教授(东北财经大学博士生)及我所指导的世界经济专业金融方向博士研究生、金融学硕士研究生做了大量的、卓有成效的工作,对本书的完成作出了重要贡献。所以,本书应属于我们金融学研究生师生的集体研究成果。

人民出版社郑海燕副主任对本书的修改、编辑、出版付出了辛勤劳动,谨此致谢。

书中或有错误、不当之处,当由我负责。

康书生

2014 年 9 月 19 日于河北大学

策划编辑:郑海燕
封面设计:吴燕妮
责任校对:张红霞

图书在版编目(CIP)数据

当代世界金融发展特征与趋势研究/康书生 等著.
 -北京:人民出版社,2015.2
ISBN 978 - 7 - 01 - 014222 - 7

Ⅰ.①当…　Ⅱ.①康…　Ⅲ.①金融事业-经济发展-研究-世界
　Ⅳ.①F831

中国版本图书馆 CIP 数据核字(2014)第 278778 号

当代世界金融发展特征与趋势研究

DANGDAI SHIJIE JINRONG FAZHAN TEZHENG YU QUSHI YANJIU

康书生　等著

人民出版社 出版发行
(100706　北京市东城区隆福寺街 99 号)

北京龙之冉印务有限公司印刷　新华书店经销

2015 年 2 月第 1 版　2015 年 2 月北京第 1 次印刷
开本:710 毫米×1000 毫米 1/16　印张:20
字数:278 千字

ISBN 978 - 7 - 01 - 014222 - 7　定价:55.00 元

邮购地址 100706　北京市东城区隆福寺街 99 号
人民东方图书销售中心　电话 (010)65250042　65289539